律师业务指导用书
LUSHI YEWU ZHIDAO YONGSHU

专业全面 / 查找便捷 / 高效实用

司法文书研究中心 ◎ 编著

律师
文书样式、制作与范例

LUSHI WENSHU YANGSHI
ZHIZUO YU FANLI

中国法制出版社
CHINA LEGAL PUBLISHING HOUSE

本书编委会

荣丽双　李 晓　李 辽
刘宇娇　王 茹　牛 辰

文书写作——律师的必修课

在律师实务中，法律文书占据着重要的地位，掌握法律文书写作是律师必备的一项重要技能，可以说是必修课。对律师来说，法律文书的水平直接影响职业形象。有人说，律师不是作家，文书只要格式规范、要素全面、语句通顺即可。但如若想成为一名成功的律师，不仅要有丰富的办案经验，宽广的社交圈子，更必不可少的便是深厚的法律文书功底。因此，作为一名律师，不仅要熟知法律知识、法律条文，更要熟练掌握工作中常用的各种法律文书。鉴于此，为了方便广大律师学习、查阅相关法律文书，我们特意编写了《律师文书样式、制作与范例》一书，希望能给律师及从事其他法律实务的读者朋友带来帮助。本书的特色主要如下：

一、全面性

本书包括民事诉讼法律文书、刑事诉讼法律文书、行政诉讼法律文书、海事诉讼法律文书、仲裁法律文书、知识产权类文书、婚姻家庭类文书、投资创业类文书、法律服务类文书，几乎涵盖所有律师业务层面，相当全面。

二、实用性

本书中所收录和编写的法律文书，具有较强的实用性，能够让律师们更好地应用到实践中。本书还特别添加了实例示范版块，选取了生活中常见的案例或事项来进行相关文书范本的撰写，不仅能让读者更直观地了解各种文书的写法，也能够带领大家活学活用。

三、专业性

本书具有较强的专业性，书中的文书范本，不仅有来自官方的示范文本，更有来自资深律师、法官的专业指导。此外，为了让读者更深刻地理解法律文书的重要性，本书除了介绍各种文书的具体写作方法之外，还配以相关法律知识的介绍以及相关法律条文。

四、便捷性

本书在目录设置上，科学且具体。以文书所涉领域进行分类的方式，对不同领域律师业务涉案文书的查询与检索提供了极大的便利，具有很强的便捷性。

本书之前两版精装版都颇受好评，本次根据《民法典》，以及《刑法》《民事诉讼法》等法律法规的修改，结合实际变化，进行了更新和补充，并改为平装出版。

最后，衷心希望本书能够成为您办案过程中的得力助手！诚然，由于时间和编辑水平的限制，本书在编写的过程中难免会有瑕疵，敬请批评指正！

目 录

第一章 民事诉讼法律文书

一、诉状类
民事起诉状 ·· 1
民事反诉状 ·· 5
民事上诉状 ·· 8
民事答辩状 ··· 12
民事诉讼代理词 ··· 16
再审申请书 ··· 19
选民资格案件起诉状 ··· 23

二、申请类
无独立请求权第三人参加诉讼申请书 ······································· 26
回避申请书 ··· 28
证据保全申请书 ··· 31
财产保全申请书 ··· 34
财产保全担保书 ··· 37
先予执行申请书 ··· 40
管辖权异议书 ·· 42
不公开审理申请书 ·· 45
增加诉讼请求申请书 ··· 48
撤诉申请书 ··· 50
宣告失踪（或死亡）申请书 ·· 52
申请执行书 ··· 55

执行异议书 ··· 59
支付令申请书 ·· 62
支付令异议书 ·· 65
公示催告申请书 ··· 67
减（免、缓）交诉讼费用申请书 ································· 71
通知证人出庭申请书 ·· 73
宣告无（或限制）行为能力人申请书 ···························· 75
承认外国法院判决申请书 ·· 78
认定财产无主申请书 ·· 80
确认调解协议申请书 ·· 83
人身安全保护令申请书 ··· 85

三、证明、委托代理类

民事诉讼授权委托书 ·· 88
法定代表人身份证明书 ··· 90
其他组织主要负责人身份证明书 ··································· 92
共同诉讼代表人推选书 ··· 93

第二章 刑事诉讼法律文书

一、诉状类

刑事自诉状 ·· 96
刑事附带民事起诉状 ·· 101
刑事答辩状 ·· 105
刑事上诉状 ·· 108
刑事辩护词 ·· 112
刑事反诉状 ·· 116

二、申请类

回避申请书 ·· 120
刑事撤诉申请书 ·· 123
抗诉申请书 ·· 125

取保候审申请书 ·· 127
解除强制措施申请书 ······································ 130
重新鉴定申请书 ·· 132
减刑（或假释）申请书 ···································· 134
刑事赔偿申请书 ·· 137

三、证明、委托代理类
刑事辩护授权委托书 ······································ 140

第三章　行政诉讼法律文书

一、诉状类
行政起诉状 ·· 143
行政上诉状 ·· 147
再审申请书 ·· 150
行政诉讼答辩状 ·· 153

二、申请书类
行政撤诉申请书 ·· 156
停止执行行政行为申请书 ·································· 159
不公开审理申请书 ·· 162
执行异议书 ·· 164

三、其他行政申请文书
行政复议申请书 ·· 167
撤回行政复议申请书 ······································ 170
行政赔偿申请书 ·· 173

第四章　海事诉讼法律文书

执行海事仲裁裁决申请书 ·································· 177
承认和执行外国法院判决（或裁定）申请书 ·················· 180
承认和执行国外海事仲裁裁决申请书 ························ 183
诉前扣船申请书 ·· 186

诉讼扣船申请书 189
拍卖船舶申请书 192
海事强制令申请书 194
海事证据保全申请书 197
完成举证说明书（审理船舶碰撞案件用） 200
变更当事人申请书（诉讼中保险人提起代位求偿用） 202
追加油污损害共同被告申请书 205
海事支付令申请书 207
海事公示催告申请书 209
设立海事赔偿责任限制基金申请书 212
担保函（为设立基金提供担保用） 215
异议书（对设立基金有异议用） 218
债权登记申请书 220
船舶优先权催告申请书 222

第五章 仲裁法律文书

一、经济仲裁类

仲裁协议书 225
仲裁申请书 228
仲裁答辩状 231
仲裁反请求书 234
执行仲裁裁决申请书 237
撤销仲裁裁决申请书 241

二、劳动争议仲裁类

劳动仲裁申请书 244
劳动仲裁答辩书 248
执行劳动仲裁裁决申请书 251
撤销劳动仲裁裁决申请书 254

第六章　知识产权类文书

发明专利请求书 ······ 257
实用新型专利请求书 ······ 263
外观设计专利请求书 ······ 269
商标注册申请书 ······ 275
专利申请权转让合同 ······ 280
技术转让（专利实施许可）合同 ······ 292
专利权质押合同 ······ 304
要求恢复被删除或断开链接的网络内容的说明 ······ 313
要求删除或断开链接侵权网络内容的通知 ······ 316

第七章　婚姻家庭类文书

收养协议 ······ 320
遗赠扶养协议 ······ 324
遗嘱 ······ 326
离婚协议 ······ 329
财产分割协议 ······ 332
婚前财产协议 ······ 336
抚养协议 ······ 340
赡养协议 ······ 343

第八章　投资创业类文书

公司章程 ······ 346
合伙协议 ······ 352
破产申请书 ······ 356
股份转让书 ······ 358
出资证明书 ······ 361

第九章 法律服务类文书

法律意见书 …………………………………………………………… 363
非诉讼调解书 ………………………………………………………… 365
律师声明 ……………………………………………………………… 367
委托代理协议 ………………………………………………………… 369
会见笔录 ……………………………………………………………… 371

第一章　民事诉讼法律文书

一、诉状类

民事起诉状

文书简介

> 民事起诉状，是与民事案件有直接利害关系的公民、法人或者其他组织，为维护其民事权益，就有关民事权利义务的争议，向人民法院提起诉讼，请求追究被告的民事责任所使用的法律文书。
>
> 我国《民事诉讼法》第123条规定，起诉应当向人民法院递交起诉状，并按照被告人数提出副本。书写起诉状确有困难的，可以口头起诉，由人民法院记入笔录，并告知对方当事人。

文书样式

民事起诉状

原告：_____

被告：_____

诉讼请求：_____

_____

事实和理由：_____

_____

证据及其来源，证人姓名和住址：_____

此致

×××人民法院

附：本诉状副本×份。

起诉人：_____

××××年××月××日

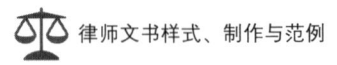 制作要点

1. 标题：写"民事起诉状"。

2. 当事人基本情况：当事人是公民的，写明姓名、性别、出生年月日、民族、职业或工作单位、住址及联系方式；当事人是法人或者其他组织的，写明名称、住所地、法定代表人或者主要负责人的姓名、职务以及联系方式。被告方的情况尽量从合同、负责人名片、公开网站等方面得知。如果有第三人参加诉讼的，应在写完当事人之后，写明第三人的姓名和基本情况，并且根据案情需要，证明第三人与原、被告的关系。此外，原告如有法定代理人或委托代理人的，写明法定（或委托）代理人姓名、性别、年龄、民族、职业或职务、工作单位或住址、与原告的关系，代理人是律师的，可只写姓名、职务、单位。

3. 诉讼请求：请求事项必须写得明确、具体，不能写得含糊其词、抽象笼统。

4. 事实和理由

事实部分：要围绕诉讼目的，全面反映案件事实的客观真实情况。叙事要完整，要讲明民事案件事实的六个要素，即时间、地点、人物、事件、原因和结果；叙事要真实，不能编造。起诉状是法院受理案件的重要根据之一，叙述案情时，必须实事求是，反映案件事实的本来面貌；叙事要明确。与争议事实有直接关系的事实，要详细叙述明白，与案情事实关系不重要，但必须交代清楚的，可以简要概括。叙述事实用词要准确，表达要恰当。

理由部分：主要是列举证据，说明证据来源、证人姓名和住址；根据事实，对照法律有关条款进行理由上的论证。

5. 证据及其来源，证人姓名和住址：有关举证事项，应写明证据的名称、

件数、来源或证据线索；有证人的，应写明证人的姓名、住址。

6. 尾部及附项：尾部包括致送人民法院的名称、起诉人签名、起诉时间；附项主要为起诉状副本，按被告人数提交。如有物证、书证等，一并附在起诉状之后即可。

实例示范

> 甲商贸有限公司主要从事烟酒批发、零售业务。2021年11月，甲商贸有限公司开始给新开业的便民小吃店送各种酒水。甲商贸有限公司的业务员根据便民小吃店的要求按时送货，便民小吃店收货后用其店内的点菜单为业务员出具收货凭证，并署上收货服务员的名字。2022年5月，便民小吃店被吊销了营业执照，其业主张某关闭了饭店。便民小吃店经营期间欠甲商贸有限公司酒水款共计23800元。甲商贸有限公司多次向张某催要货款，张某均以没钱为借口拒绝偿还。无奈之下，甲商贸有限公司决定向法院起诉。那么，此诉状应如何书写呢？

民事起诉状

原告：甲商贸有限公司，住所地：河北省廊坊市××商业楼×号。

法定代表人：李某，经理，联系方式：130×××3654。

被告：便民小吃店。

业主：张某，男，1950年1月1日生，汉族，住廊坊市××小区×号楼×门×号。联系方式：171×××7117。

诉讼请求：

1. 要求被告给付货款23800元，并自2022年5月10日起至全部货款给付之日止按银行同期贷款利率的四倍支付欠款利息。

2. 全部诉讼费用由被告承担。

事实和理由：原告经营各种烟酒。2021年11月原告开始与被告建立买卖合同关系，双方口头约定原告向被告供应酒水，按照市场价格结算。原告应被告的要求向被告供应了各种白酒和啤酒，但被告在停业之后并未及时结清所欠的酒款。截止到2022年5月9日，被告共欠原告酒款23800元。此欠款经原告多次催要，被告至今未付。故此，请求贵院依法判令被告给付货款23800元，并自2022年5月10日起至全部货款给付之日止按银行同期贷款利率的四倍支付欠款利息。

证据及其来源：

（1）被告为原告出具的收货凭据25张；

（2）被告承诺还款的电话录音。

此致

廊坊市某县人民法院

附：本诉状副本1份。

起诉人：甲商贸有限公司

法定代表人：李某

2022年6月10日

法条链接

《中华人民共和国民事诉讼法》

第一百二十三条 起诉应当向人民法院递交起诉状，并按照被告人数提出副本。

书写起诉状确有困难的，可以口头起诉，由人民法院记入笔录，并告知对方当事人。

第一百二十四条 起诉状应当记明下列事项：

（一）原告的姓名、性别、年龄、民族、职业、工作单位、住所、联系方式，法人或者其他组织的名称、住所和法定代表人或者主要负责人的姓名、职务、联系方式；

（二）被告的姓名、性别、工作单位、住所等信息，法人或者其他组织的名称、住所等信息；

（三）诉讼请求和所根据的事实与理由；

（四）证据和证据来源，证人姓名和住所。

民事反诉状

文书简介

> 民事反诉状是民事案件的被告以本诉原告为被告，向法院提起的与本诉相反的独立的诉讼请求的书面文件。在诉讼中，被告方认为原告方也存在侵害被告方合法权益的事实，也向法院提起诉讼请求，要求法院一并处理，这就是提起反诉。而相应的诉状就是反诉状。
>
> 反诉中所提出的反诉内容，一定要与本诉有牵连。如果是完全不相关的两件事情，仅仅是当事人相同，那么不应当以反诉的形式提起诉讼，而应当另行提起诉讼。

文书样式

民事反诉状

反诉原告（本诉被告）：_____

反诉被告（本诉原告）：_____

反诉请求：_____

_____

事实和理由：_____

_____

证据及其来源，证人姓名和住址：_____

_____

此致

×××人民法院

附：反诉状副本×份。

反诉人：_____
×××年××月××日

制作要点

1. 标题：写"民事反诉状"。

2. 当事人基本情况：反诉原告即为本诉被告，反诉被告即为本诉原告，应当用括号在后面标明该信息。当事人是公民的，应当写明姓名、性别、出生年月日、民族、职业或工作单位、住址及联系方式；当事人是法人、其他组织的，应写明其名称、住所地、法定代表人或者主要负责人的姓名、职务和联系方式。反诉原告如有法定代理人或委托代理人的，写明法定（或委托）代理人姓名、性别、年龄、民族、职业或职务、工作单位或住址、与反诉原告的关系，代理人是律师的，可只写姓名、职务、单位。

3. 反诉请求：这部分必须明确、具体。有多个反讼请求的须分项列出。

4. 事实和理由：该部分即针对本诉，提出原告方侵犯我方合法权益的事实以及相关理由和证据，提出反讼请求的依据和法律适用等内容。事实理由要写清楚、透彻，描述事实和说明理由时要把握住争议的焦点所在。

5. 证据及其来源，证人姓名和住址：有关举证事项，应写明证据的名称、件数、来源或证据线索；有证人的，应写明证人的姓名、住址。

6. 尾部及附项：尾部包括致送人民法院的名称、反诉人签名、反诉时间；附项主要为反诉状副本，份数根据被反诉人的人数提交，被反诉人的人数为几人，就提交几份反诉状副本。

实例示范

2022年2月7日12时许，王某驾驶冀B*****号微型普通客车由西向东行驶至某路段时，与赵某无证驾驶的农用车相撞。赵某农用车上载有乘客吴某。事故造成王某、赵某、吴某受伤，王某及赵某驾驶的车辆不同程度受损。事故发生后王某报警，交警到达事故现场进行勘查后，作出（2022）第×号道路交通事故认定书，认定王某承担此事故的主要责任，赵某承担次要责任。后赵某将王某起诉到法院，要求法院判决王某赔偿其医疗费、误工费等损失8万元，车辆损失2000元。王某收到人民法院邮寄的传票后，认为自己也有很大损失，赵某也应该赔偿自己，遂决定向人民法院提出反诉。

民事反诉状

反诉原告（本诉被告）：王某，女，1982年1月15日生，汉族，住××市××区××院×号楼×门×号。联系方式：138×××7543。

反诉被告（本诉原告）：赵某，男，1991年2月1日生，汉族，住××市××区××镇××村×号。联系方式：138×××2098。

反诉请求：要求反诉被告赔偿反诉原告交通事故损失5万元。

事实和理由：2022年2月7日12时许，反诉原告驾驶冀B*****号微型普通客车由西向东行驶至某路段，越线超车时，与反诉被告无证驾驶的无牌照三轮农用车相撞，造成两车不同程度受损，反诉原告、反诉被告及乘车人吴某受伤。经市公安交通警察支队A交警大队（2022）第×号道路交通事故认定书认定，反诉原告承担此事故的主要责任，反诉被告承担次要责任。反诉原告受伤后救治于市中医医院，两次住院共32天，医疗费支出39421.59元。故此，请求贵院依法判令反诉被告赔偿反诉原告医疗费、误工费、伙食补助费、交通费等共计人民币5万元。

证据及其来源：

（1）门诊病历、住院病历、用药明细、诊断证明、出院证明、住院及门诊票据；

（2）反诉原告单位出具的工资表、误工证明、单位的组织机构代码复印件、营业执照复印件；

（3）护理人与反诉原告的亲属关系证明、护理人所在单位出具的工资表、误工证明、单位的组织机构代码复印件、营业执照复印件；

（4）交通费用票据。

此致

某市某区人民法院

附：本反诉状副本1份。

反诉人：王某

2022年4月20日

法条链接

《中华人民共和国民事诉讼法》

第五十四条　原告可以放弃或者变更诉讼请求。被告可以承认或者反驳诉讼请求，有权提起反诉。

第一百四十三条　原告增加诉讼请求，被告提出反诉，第三人提出与本案有关的诉讼请求，可以合并审理。

第一百四十七条　被告经传票传唤，无正当理由拒不到庭的，或者未经法庭许可中途退庭的，可以缺席判决。

民事上诉状

文书简介

民事上诉状指民事诉讼当事人，不服地方各级人民法院第一审民事判决或裁定，依照法定程序和期限，向上一级人民法院提起上诉，请求撤销或变更原审裁判的书状。

文书样式

民事上诉状

上诉人（一审原/被告）：_____

被上诉人（一审原/被告）：_____

上诉人因_____一案，不服×××人民法院×××年××月××日作出的（××××）×民初×号判决（或裁定），现提出上诉。

上诉请求：
_____

上诉理由：
_____

此致

×××人民法院

附：本上诉状副本×份。

上诉人：_____
××××年××月××日

📝 制作要点

1. 标题：写"民事上诉状"。

2. 当事人基本情况：先写上诉人，再写被上诉人，包括上诉人和被上诉人的姓名、性别、出生年月日、民族、职业或工作单位、住址及联系方式；法人或者其他组织的名称、住所地和法定代表人或者主要负责人的姓名、职务以及联系方式。上诉人如有法定代理人或委托代理人的，写明法定（或委托）代理人姓名、性别、年龄、民族、职业或职务、工作单位或住址、与上诉人的关系，代理人是律师的，可只列写姓名、职务、单位。

3. 上诉请求：说明具体的请求，是要求撤销原审裁判，改变原审的全部处理决定，还是要求对原审裁判作部分变更。请求目的要写得明确、具体、详尽。

4. 事实和理由：

民事上诉状的上诉理由主要是针对原审裁判，而不是针对对方当事人的；民事起诉状则完全是论述认为对方当事人的无理之处，这就是上诉状和起诉状在写法上的根本区别。针对原审裁判，论证不服的理由，可从以下几个方面进行：

（1）对原审认定事实错误的论证。着重提出原审裁判所认定的事实是全部错误，还是部分错误；说明客观事实真相究竟如何。上诉状中提出的与原审认定的事实相对抗的客观事实真相，必须举出确实充分的证据来加以证实。

（2）对原审确定性质不当的论证。具体指出其定性不当之处。

（3）对原判适用实体法不当的论证。这是指原判引用有关的实体法条文，或者是与案情事实不相适应；或者是在引用有关法律条文上存在片面性；或者是曲解了法律条款等，以致造成处理不当的。要举出有关法律条款，具体地分析论证。

（4）对原审适用程序法不当，因而影响正确审判的论证。这是指原审在审理案件中，违反了程序法的规定，因此造成案件处理不当的，可以据实予以提出，以作为要求改变原审裁判的理由。

上诉理由之后通常跟着结束语。通常的写法是："综上所述，说明×××人民法院（或原审）所作的判决（或裁定）不当，特向你院上诉，请求撤销原判（或裁定），给予依法改判（或重新处理）。"

5. 尾部及附项：

（1）致送机关，可写为：此致×××人民法院转报×××中级（或高级）人民法院；也可直接写为：此致×××中级（或高级）人民法院。

（2）署名：上诉人：_____（签名或盖章），并注明日期。

（3）附项：本上诉状副本×份。

实例示范

> 周甲是从事收购废旧建材业务的个体工商户。2021年11月，周甲经朋友介绍到河北省某市某拆迁工地收购废铁，他在工地上认识了承包拆迁工程的李乙，周甲和李乙商量好从李乙处收购废铁。二人熟识后，李乙因工地挖掘机加油的事情询问周甲是否认识经营流动加油车的人，周甲就向朋友韩丙介绍了李乙加油的业务。2022年1月，韩丙开始为李乙的挖掘机加油。2022年3月，周甲从李乙处购买了3万元废铁，周甲想通过银行转账方式将钱转给李乙，李乙称自己还欠韩丙的加油款，让周甲将钱直接转给韩丙就行了。工程结束后，李乙不知去向。韩丙就向周甲索要李乙尚未付的油款45000元。周甲觉得是自己帮助介绍的业务，李乙不知踪迹，于是答应等自己有钱了就给韩丙。殊不知，韩丙将此段话录音，以此为证据向法院起诉，称周甲为实际用油人，要求周甲给付油款。法院经过审理，判决周甲在判决生效后15日内给付韩丙油款45000元。周甲不服此判决，欲向某市中级人民法院提起上诉。

民事上诉状

上诉人（一审被告）：周甲，男，1975年1月11日生，汉族，住××市××城×号楼×门×室。联系方式：189××××3285。

被上诉人（一审原告）：韩丙，男，1974年1月7日生，汉族，住××

市××小区×楼×单元×号。联系方式：173×××2970。

上诉人因与被上诉人买卖合同纠纷一案，不服某市某区人民法院（2022）冀×民初×号民事判决书，特提起上诉。

上诉请求：

1. 依法撤销某市某区人民法院（2022）冀×民初×号民事判决书，改判驳回被上诉人的全部诉讼请求；

2. 两审的诉讼费用全部由被上诉人承担。

上诉理由：上诉人与被上诉人之间不存在买卖合同关系，上诉人不承担给付被上诉人加油款的合同义务。

根据被上诉人提交的第二段录音、上诉人方的证人证言可以充分证实上诉人并不是购买、使用被上诉人汽油的人，只是帮助被上诉人联系了其与李乙的加油业务，实际购买、使用被上诉人汽油的人是李乙。而上诉人给被上诉人打款 3 万元，是因为上诉人与李乙之间也有经济往来，上诉人从李乙处收购废铁，上诉人应付给李乙 3 万元废铁钱，李乙表示其尚欠被上诉人的油款，委托上诉人将应付给李乙的 3 万元收购废铁款直接转给被上诉人。因此，上诉人通过银行转账给被上诉人的 3 万元并不是上诉人给付被上诉人的油款，而是李乙给付给被上诉人的油款。

本案中，被上诉人明知使用其汽油的人为李乙，在找不到李乙的情况下，就恶意将介绍业务的上诉人列为被告，以分担其债权无法实现的风险。一审法院无视上诉事实，偏袒被上诉人，在没有充分证据的情况下就认定上诉人与被上诉人存在买卖合同关系，将给付油款的合同义务强加给上诉人，这对上诉人是不公平、不公正的。故此，申请人上诉至某市中级人民法院，请求贵院依法撤销某市某区人民法院（2022）冀×民初×号民事判决书，改判驳回被上诉人的全部诉讼请求。

此致
某市中级人民法院

附：本上诉状副本 1 份。

上诉人：周甲

2022 年 5 月 12 日

法条链接

《中华人民共和国民事诉讼法》

第一百七十一条　当事人不服地方人民法院第一审判决的，有权在判决书送达之日起十五日内向上一级人民法院提起上诉。

当事人不服地方人民法院第一审裁定的，有权在裁定书送达之日起十日内向上一级人民法院提起上诉。

第一百七十二条　上诉应当递交上诉状。上诉状的内容，应当包括当事人的姓名，法人的名称及其法定代表人的姓名或者其他组织的名称及其主要负责人的姓名；原审人民法院名称、案件的编号和案由；上诉的请求和理由。

第一百七十三条　上诉状应当通过原审人民法院提出，并按照对方当事人或者代表人的人数提出副本。

当事人直接向第二审人民法院上诉的，第二审人民法院应当在五日内将上诉状移交原审人民法院。

民事答辩状

文书简介

民事答辩状，是民事被告、被上诉人针对原告或上诉人的起诉或上诉，阐述自己认定的事实和理由，予以答复和辩驳的一种书状。

我国《民事诉讼法》第128条、第174条规定，人民法院应当在立案或收到上诉状之日起5日内将起诉状副本发送被告或被上诉人，被告或被上诉人在收到之日起15日内提出答辩状。被告人或被上诉人逾期不提出答辩状，不影响人民法院审理。

文书样式

民事答辩状

答辩人：

对×××人民法院（××××）×民×号＿＿＿＿＿＿＿＿＿一案的起诉，答辩如下：

＿＿＿＿＿＿＿＿＿＿＿＿＿＿＿＿＿＿＿＿＿＿＿＿＿＿＿＿＿＿

＿＿＿＿＿＿＿＿＿＿＿＿＿＿＿＿＿＿＿＿＿＿＿＿＿＿＿＿＿＿

证据及来源，证人姓名和住所：＿＿＿＿＿＿＿＿＿＿＿＿

此致

×××人民法院

附：答辩状副本×份。

答辩人：＿＿＿＿＿＿
××××年××月××日

制作要点

1. 标题：写"民事答辩状"。

2. 答辩人基本情况：写明答辩人的姓名、性别、出生年月日、民族、职业或工作单位、住址及联系方式。如答辩人系无诉讼行为能力人，应写明其法定代理人的姓名、性别、出生年月日、民族、职业或工作单位、住址，及其与答辩人的关系、联系方式。答辩人是法人或其他组织的，应写明其名称和所在地址、法定代表人或者主要负责人的姓名、职务及联系方式。如答辩人委托律师代理诉讼，应在其项后写明代理律师的姓名及代理律师所在的律师事务所名称。

3. 答辩缘由：写明答辩人因什么案件进行答辩。

4. 答辩理由：应针对原告或上诉人的诉讼请求及其所依据的事实与理由进行反驳与辩解。答辩人主要从实体方面针对原告或上诉人提出的事实、理由、证据和请求事项进行答辩，全面否定或部分否定其所依据的事实和证据，从而否定其理由和诉讼请求。一审被告的答辩还可以从程序方面进行，例如提出原告不是正当的原告，或原告起诉的案件不属于受诉法院管辖，或原告的起诉不符合法定的起诉条件，说明原告无权起诉或起诉不合法，从而否定案件。

5. 答辩请求：答辩请求是答辩人在阐明答辩理由的基础上针对原告的诉

讼请求向人民法院提出应根据有关法律规定保护答辩人的合法权益的请求。一审民事答辩状中的答辩请求主要有：（1）要求人民法院驳回起诉，不予受理；（2）要求人民法院否定原告请求事项的全部或一部分；（3）提出新的主张和要求，如追加第三人；（4）提出反诉请求。如果民事答辩状中的请求事项为两项以上，在写请求事项时应逐项写明。对上诉状的答辩请求应为支持原判决或原裁定，反驳上诉人的要求。

6. 证据：答辩中有关举证事项，应写明证据的名称、件数、来源或证据线索；有证人的，应写明证人的姓名、住址。

7. 尾部及附项：尾部包括致送人民法院的名称、答辩人签名、答辩时间；附项主要应当写明答辩状副本份数。

实例示范

> 刘某是A建设工程有限公司的预算员。该公司承建了B小区一座12层住宅楼，之后公司将住宅楼的部分工程转包给了李某，刘某代表公司B小区工程项目部在与李某的转包合同上签字。合同签订后，李某就进入施工现场开始施工。工程结束后，A公司并未按合同约定给付足额的工程款，于是李某将A公司及刘某列为共同被告，要求二被告连带承担给付工程款的义务。刘某认为自己只是A公司雇佣的员工，工程款不是自己拖欠的，自己不应承担连带责任。

民事答辩状

答辩人：刘某，男，1982年2月1日生，汉族，住石家庄市××小区×楼×门×室，联系方式：183××××2288。

原告诉答辩人及A建设工程有限公司建筑工程施工合同纠纷一案，答辩人提出以下答辩意见：

答辩人只是被告A建设工程有限公司的职工，在转包合同上签字也是履行工作内容的职务行为，答辩人不是本案适格被告，不应承担连带给付工程款的合同义务。

答辩人2021年1月应聘到A建筑工程有限公司工作，担任预算员职务，工资是每月6000元，主要负责工程预算及公司建筑施工合同的管理。2021年10月中旬，A建筑工程有限公司成立了B小区工程项目部，答辩人在项目部负责预算等工作。2021年11月初，答辩人受公司项目部的指派与原告签订转包合同，合同签订后原告开始进驻现场施工，答辩人就再也没有与原告接触过，直到现在原告将答辩人起诉至法院。

综上，答辩人只是受被告A建筑工程有限公司指派与原告签订合同，在转包合同上签署自己的名字也是履行职务的行为，其合同项下的义务应由A建筑工程有限公司承担，答辩人不是合同的相对方，不应承担给付原告工程款的合同义务，应驳回原告对答辩人所有的诉讼请求。

此致
石家庄市某区人民法院

附：答辩状副本1份。

答辩人：刘某

2022年5月18日

法条链接

《中华人民共和国民事诉讼法》

第一百二十八条　人民法院应当在立案之日起五日内将起诉状副本发送被告，被告应当在收到之日起十五日内提出答辩状。答辩状应当记明被告的姓名、性别、年龄、民族、职业、工作单位、住所、联系方式；法人或者其他组织的名称、住所和法定代表人或者主要负责人的姓名、职务、联系方式。人民法院应当在收到答辩状之日起五日内将答辩状副本发送原告。

被告不提出答辩状的，不影响人民法院审理。

第一百七十四条　原审人民法院收到上诉状，应当在五日内将上诉状副本送达对方当事人，对方当事人在收到之日起十五日内提出答辩状。人民法院应当在收到答辩状之日起五日内将副本送达上诉人。对方当事人不提出答辩状的，不影响人民法院审理。

原审人民法院收到上诉状、答辩状，应当在五日内连同全部案卷和证据，报送第二审人民法院。

民事诉讼代理词

文书简介

民事诉讼代理词是代理人在诉讼中依据事实和法律，在法庭辩论阶段发表的，以维护委托人合法权益为目的的，表明代理人对案件处理意见的诉讼文书。

文书样式

代理词

尊敬的审判长、审判员：

××律师事务所依照《中华人民共和国民事诉讼法》第61条的规定，受_____的委托，指派我担任_____的诉讼代理人，参与本案_____（一审/二审）活动。开庭前，我听取了被代理人的陈述，查阅了本案案卷材料，进行了必要的调查。现发表如下代理意见：

一、_____

二、_____

综上所述，_____

诉讼代理人：_____

××律师事务所

××××年××月××日

制作要点

1. 首部：写"代理词"。开头的习惯称呼语是"尊敬的审判长、审判员"。

2. 序言：简要说明代理律师出庭代理诉讼的合法性、代理权限范围、出庭前准备工作概况等。

3. 正文：正文是代理词的核心内容。这一部分应根据具体案情、被代理人所处的诉讼地位、诉讼目的和请求以及被代理人与对方当事人的关系等因素来确定其内容。代理人应当在代理权限内，依据事实和法律，陈述并论证被代理人提供的事实与理由成立，从而支持其主张和请求，同时揭示、驳斥对方。如是二审代理词，还应对原判决进行评论，提出要求和意见等。

4. 结束语：本部分是归纳全文的结论性见解和具体主张，为被代理人提出明确的诉讼请求。要简明扼要。

5. 尾部：代理人签名，并注明日期。

实例示范

> 袁某和苏某是一对夫妻，有一个5岁的儿子。自从儿子出生后，两人之间在育儿方面的矛盾越来越多。每次和苏某争吵过后，袁某都会借口工作忙在外过夜。儿子3岁时，袁某与同公司的小张发展出恋爱关系，并在公司附近租了一个房间供小张居住。自从与小张恋爱以后，袁某回家的次数更少了。一年以后，苏某发现了袁某与小张的婚外情关系，坚决提出离婚。苏某与袁某商量好婚内财产的分割问题以后，因都想要儿子的抚养权而产生了纠纷。于是，苏某将袁某诉至法庭，要求取得儿子的抚养权。

代理词

尊敬的审判长、审判员：

××律师事务所依照《中华人民共和国民事诉讼法》第61条的规定，受苏某的委托，指派我担任苏某的诉讼代理人，参与本案一审活动。开庭前，我听取了被代理人的陈述，查阅了本案案卷材料，进行了必要的调查。现发表如下代理意见：

一、原告与被告的感情确已破裂，请法院依法判决原告与被告离婚。原告与被告在儿子出生后，感情便趋于平淡。被告忽视原告为家庭所做出的贡献，常常以加班为借口外宿。两年前，被告与他人发展出婚外情关系，并瞒着原告在外与他人同居。《中华人民共和国民法典》规定，夫妻应当互相忠实，互相尊重，互相关爱。而被告的行为明显违背了夫妻之间的忠实义务，给原告和孩子都造成了伤害。

二、原告与被告的儿子更适合由原告抚养。一方面，儿子的年龄较小，跟随作为母亲的原告生活更为合适，况且，原告有稳定的工作、较高的学历，可以担负起抚养教育孩子的重任。另一方面，自儿子出生以来，原告在照顾儿子方面一直亲力亲为，与儿子之间存在着非常深刻的感情羁绊。如果强行让原告与儿子分立，无疑会伤害到两人的情感。而被告在家的时间屈指可数，与儿子聚少离多，在生活和心理上对儿子付出的关怀都比较少。由此可见，由原告来直接抚养儿子更有利于儿子的健康成长。

综上所述，原告与被告之间的夫妻感情确已破裂，恳请贵院依法判决原告与被告离婚，儿子由原告抚养，以维护原告与儿子的合法权益。

诉讼代理人：郑乙
××律师事务所
2022年7月8日

法条链接

《中华人民共和国民事诉讼法》

第六十一条　当事人、法定代理人可以委托一至二人作为诉讼代理人。

下列人员可以被委托为诉讼代理人：

（一）律师、基层法律服务工作者；

（二）当事人的近亲属或者工作人员；

（三）当事人所在社区、单位以及有关社会团体推荐的公民。

第六十三条　诉讼代理人的权限如果变更或者解除，当事人应当书面告知人民法院，并由人民法院通知对方当事人。

第六十五条　离婚案件有诉讼代理人的，本人除不能表达意思的以外，仍应出庭；确因特殊情况无法出庭的，必须向人民法院提交书面意见。

《中华人民共和国律师法》

第二十五条　律师承办业务，由律师事务所统一接受委托，与委托人签订书面委托合同，按照国家规定统一收取费用并如实入账。

律师事务所和律师应当依法纳税。

第三十条　律师担任诉讼法律事务代理人或者非诉讼法律事务代理人的，应当在受委托的权限内，维护委托人的合法权益。

第三十六条　律师担任诉讼代理人或者辩护人的，其辩论或者辩护的权利依法受到保障。

再审申请书

文书简介

再审申请书是指对于人民法院作出的已经生效的判决或者裁定，民事诉讼当事人或者其法定代理人认为确实存在错误，请求对该案重新审理而依法提交的法律文书，即申诉时提交的文书。

文书样式

再审申请书

再审申请人：＿＿＿＿＿＿＿＿＿＿＿＿＿＿＿＿

被申请人：＿＿＿＿＿＿＿＿＿＿＿＿＿＿＿＿＿

原审原告/被告/第三人：＿＿＿＿＿＿＿＿＿＿

再审申请人＿＿＿＿＿＿＿因＿＿＿＿＿＿＿一案，不服×××人民法院于××××年××月××日作出的（××××）×民初/终×号民事判决书/裁定书/调解书，现提出再审申请。

再审请求：＿＿

事实和理由：＿＿＿

此致
×××人民法院

附：本民事再审申请书副本×份。

再审申请人：＿＿＿＿＿＿
××××年××月××日

📝 制作要点

1. 标题：写"再审申请书"。

2. 当事人基本情况：再审申请人是公民的，应当写明姓名、性别、出生年月日、民族、职业或工作单位、住址及联系方式；再审申请人是法人、其他组织的，应写明其名称、住所地、法定代表人或者主要负责人的姓名、职务和联系方式。有委托代理人的，应写明委托代理人的姓名，工作单位或律师事务所名称。

3. 案件来源：写明再审申请人不服或认为确有错误的法院判决或裁定的案件的来源。

4. 请求事项：根据案情写明再审申请人的请求，例如撤销原判决，要求对案件重新审理。

5. 事实和理由：针对生效的判决、裁定，阐明再审申请人认为法院判决或裁定确有错误之处，并写明理由。写明事实和理由时一般会从生效判决或裁定认定事实是否清楚、证据是否真实充分、适用法律是否正确、审判程序是否合法，以及量刑情节是否存在错误这几个方面进行阐述。

6. 尾部及附项：致送人民法院名称；申请人签名，申请人为法人或其他组织的，应加盖单位公章，并由其法定代表人或者主要负责人签名，如果委托律师为申诉人代书申诉状，可在申诉状的最后写上代书律师的姓名及其所在律师事务所的名称；注明申请日期。附项附上副本材料。

实例示范

王某与石某是邻居，石某听其他村民说王某在四处散布自己的谣言，便找到王某与其理论，因王某态度蛮横，石某一怒之下就拿起手边的板凳将王某手臂和腿部打伤。后王某住院治疗。出院以后，王某向法院提起诉讼，要求石某赔偿自己人民币 3 万元。县人民法院依法对该案进行了审理，最后判决石某赔偿王某人民币 28900 元。在判决生效后，石某发现王某在起诉时提交的医疗费用清单系伪造的，因此，向温州市中级人民法院申请再审。

再审申请书

再审申请人（一审被告）：石某，男，1967年4月22日生，汉族，住温州市××县××村×号，联系方式：183×××8764。

被申请人（一审原告）：王某，女，1970年7月2日生，汉族，住温州市××县××村×号，联系方式：138×××2009。

再审申请人石某因与被申请人王某人身侵权纠纷一案，不服县人民法院于2022年1月18日作出的（2022）浙×民初×号民事判决书，现向温州市中级人民法院申请再审。

再审请求：请求温州市中级人民法院撤销（2022）浙×民初×号民事判决书，对案件进行重新审理。

事实和理由：因申请人与被申请人产生民事纠纷，申请人失手将被申请人打伤导致其住在县医院治疗，后被申请人向县人民法院提起民事诉讼，要求申请人赔偿被申请人3万元人民币。法院经审理后判决申请人赔偿被申请人医疗费、营养费和误工费等各项费用共计人民币28900元，并于2022年1月18日作出（2022）浙×民初×号民事判决书，申请人于2022年1月24日收到该判决书。2022年4月18日，申请人得知被申请人与县医院医生郭某系亲戚关系，被申请人住院期间的医疗费用清单和伤情说明均系郭某伪造，申请人得知这一事实，有郭某的办公室同事毛某的证言证明。申请人认为该医疗费用清单和伤情说明系本案认定事实的主要证据，该证据是否伪造严重影响本案的判决。

综上所述，申请人认为原审法院认定事实不清，判决结果对申请人十分不公平，现根据《中华人民共和国民事诉讼法》相关规定向贵院申请再审。

此致
温州市中级人民法院

附：本民事再审申请书副本1份。

再审申请人：石某

2022年5月10日

法条链接

《中华人民共和国民事诉讼法》

第二百零六条 当事人对已经发生法律效力的判决、裁定，认为有错误的，可以向上一级人民法院申请再审；当事人一方人数众多或者当事人双方为公民的案件，也可以向原审人民法院申请再审。当事人申请再审的，不停止判决、裁定的执行。

第二百零七条 当事人的申请符合下列情形之一的，人民法院应当再审：

（一）有新的证据，足以推翻原判决、裁定的；

（二）原判决、裁定认定的基本事实缺乏证据证明的；

（三）原判决、裁定认定事实的主要证据是伪造的；

（四）原判决、裁定认定事实的主要证据未经质证的；

（五）对审理案件需要的主要证据，当事人因客观原因不能自行收集，书面申请人民法院调查收集，人民法院未调查收集的；

（六）原判决、裁定适用法律确有错误的；

（七）审判组织的组成不合法或者依法应当回避的审判人员没有回避的；

（八）无诉讼行为能力人未经法定代理人代为诉讼或者应当参加诉讼的当事人，因不能归责于本人或者其诉讼代理人的事由，未参加诉讼的；

（九）违反法律规定，剥夺当事人辩论权利的；

（十）未经传票传唤，缺席判决的；

（十一）原判决、裁定遗漏或者超出诉讼请求的；

（十二）据以作出原判决、裁定的法律文书被撤销或者变更的；

（十三）审判人员审理该案件时有贪污受贿，徇私舞弊，枉法裁判行为的。

第二百零八条 当事人对已经发生法律效力的调解书，提出证据证明调解违反自愿原则或者调解协议的内容违反法律的，可以申请再审。经人民法院审查属实的，应当再审。

第二百一十条 当事人申请再审的，应当提交再审申请书等材料。人民法院应当自收到再审申请书之日起五日内将再审申请书副本发送对方当事人。对方当事人应当自收到再审申请书副本之日起十五日内提交书面意见；不提交书面意见的，不影响人民法院审查。人民法院可以要求申请人和对方当事人补充有关材料，询问有关事项。

《最高人民法院关于适用〈中华人民共和国民事诉讼法〉的解释》

第三百七十五条 当事人申请再审，应当提交下列材料：

（一）再审申请书，并按照被申请人和原审其他当事人的人数提交副本；

（二）再审申请人是自然人的，应当提交身份证明；再审申请人是法人或者其他组织的，应当提交营业执照、组织机构代码证书、法定代表人或者主要负责人身份证明书。委托他人代为申请的，应当提交授权委托书和代理人身份证明；

（三）原审判决书、裁定书、调解书；

（四）反映案件基本事实的主要证据及其他材料。

前款第二项、第三项、第四项规定的材料可以是与原件核对无异的复印件。

第三百七十六条 再审申请书应当记明下列事项：

（一）再审申请人与被申请人及原审其他当事人的基本信息；

（二）原审人民法院的名称，原审裁判文书案号；

（三）具体的再审请求；

（四）申请再审的法定情形及具体事实、理由。

再审申请书应当明确申请再审的人民法院，并由再审申请人签名、捺印或者盖章。

选民资格案件起诉状

文书简介

选民资格案件起诉状是指公民对于选举委员会公布的选民资格名单有异议，向选举委员会申诉后，对于选举委员会的申诉决定不服，依法向人民法院提起诉讼时提交的法律文书。

需要注意，公民对选举委员会公布的选民资格名单有异议时，必须先向选举委员会申诉，对申诉结果不服的，才能依法向人民法院提起诉讼。

📖 文书样式

起诉状

起诉人：＿＿＿＿＿＿＿＿＿＿＿＿＿＿＿＿＿＿＿＿＿

诉讼请求：请求依法确认＿＿＿＿＿在＿＿＿＿＿选区具有/不具有选民资格。

事实和理由：＿＿＿＿＿＿＿＿＿＿＿＿＿＿＿＿＿＿＿＿

＿＿＿＿＿＿＿＿＿＿＿＿＿＿＿＿＿＿＿＿＿＿＿＿＿＿

此致

×××人民法院

附：×××选举委员会关于＿＿＿＿＿的决定。

起诉人：＿＿＿＿＿＿
×××年××月××日

📝 制作要点

1. 标题：写"起诉状"。

2. 起诉人基本情况：应当写明姓名、性别、出生年月日、民族、职业或工作单位、住址及联系方式。

3. 诉讼请求：写明自己的诉求，即请求依法确认某人在某选区具有或不具有选民资格。

4. 事实和理由：阐述起诉人或有关公民具有或不具有选民资格的事实和理由，可以举证说明。阐述事实时要清楚具体，理由要真实且有说服力。

5. 尾部及附项：致送人民法院名称；起诉人签名，并注明日期。附项为选举委员会的相关决定。

📔 实例示范

张某是 A 市 B 区的居民。2016 年，张某因故意伤害罪被判处有期徒刑 6 年。2020 年，张某因在监狱内表现良好，获减刑提前释放。2021 年，B 区人大代表换届选举，选举委员会在社区内张贴了选民名单，但张某未看到自己的名字。张某找到选举委员会进行申诉，并提交了"申诉状"，但选举委员会对张某的答复是，因为他曾经触犯法律被判刑，不具备选民资格。张某认为自己已经不再是监狱里的罪犯，不属于被剥夺政治权利期间，因此享有选举权。张某对申诉决定不服，遂向法院提起了诉讼，并提交了起诉状。

起诉状

起诉人：张某，男，1980年11月23日生，汉族，住A市B区××路×号，工作单位：A市××建材厂，联系方式：156×××3355。

请求事项：确定张某在B区具有选民资格。

事实和理由：2016年，张某因故意伤害罪被判有期徒刑6年，2020年因表现良好被提前释放。2021年，B区人大代表换届选举，选举委员会公布的名单中并没有起诉人的名字，起诉人对此向B区选举委员会进行了申诉，但选举委员会坚称起诉人曾是罪犯，不具有选民资格。起诉人认为，虽然自己曾经被判刑，但如今已经刑满释放，其政治权利并未被剥夺，因此是享有选举权的，自己应该具有选民资格。若因起诉人曾经犯过罪就否定以后其所有的权利，这对起诉人是不公平的。

起诉人认为B区选举委员会的决定不符合法律规定，也损害了起诉人的合法利益。根据《中华人民共和国民事诉讼法》的规定，向贵院提起诉讼，请依法对起诉人的选民资格进行确认。

此致
A市B区人民法院

附：B选举委员会关于×××的决定。

起诉人：张某

2021年8月16日

法条链接

《中华人民共和国民事诉讼法》

第一百八十八条 公民不服选举委员会对选民资格的申诉所作的处理决

定，可以在选举日的五日以前向选区所在地基层人民法院起诉。

第一百八十九条　人民法院受理选民资格案件后，必须在选举日前审结。审理时，起诉人、选举委员会的代表和有关公民必须参加。

人民法院的判决书，应当在选举日前送达选举委员会和起诉人，并通知有关公民。

二、申请类

无独立请求权第三人参加诉讼申请书

文书简介

无独立请求权第三人参加诉讼申请书是指无独立请求权的第三人向法院递交的，请求参与到正在进行的诉讼中的文书。这里的第三人参加诉讼申请书适用于没有独立请求权的第三人，因为有独立请求权的第三人可以直接提起诉讼。

文书样式

申请书

申请人：_____

请求事项：以无独立请求权的第三人参加你院_____一案的诉讼。

事实和理由：_____
_____

此致

×××人民法院

申请人：_____
××××年××月××日

制作要点

1. 标题：写"申请书"。

2. 申请人基本情况：申请人是公民的，应当写明姓名、性别、出生年月日、民族、职业或工作单位、住址及联系方式；申请人是法人、其他组织的，应写明其名称、住所地及法定代表人或者主要负责人的姓名、职务和联系方式。

3. 请求事项：写明因什么案件提出什么申请。

4. 事实和理由：该部分主要是陈述为何要参与诉讼。事实和理由都要写清楚、透彻，并写明支持原告（被告）一方的所依据的客观事实和主要理由。

5. 尾部：致送人民法院名称；申请人签名，申请人为法人或其他组织的，应加盖单位公章，并由其法定代表人或者主要负责人签名；注明申请日期。

实例示范

甲钢铁有限责任公司于2021年9月2日与乙贸易有限责任公司签订了一份买卖合同，合同约定甲公司将一批价值210万元的钢材卖给乙公司，并于当年10月1日前将货物送到，乙公司则在收到货物后一个月付清货款。9月29日，甲公司如约将钢材送到了乙公司，但乙公司既未对产品质量和合同履行提出任何异议，也未如约付款，甲公司几次索要货款未果。后甲公司得知乙公司曾在2021年8月将一台价值180万元的设备卖给丙机械厂，货款至今未收回。为维护自己的合法权益，甲公司提起代位权诉讼，将丙机械厂告上法庭，要求丙机械厂向甲公司支付其拖欠乙公司的180万元货款。因本案的处理结果与乙公司有法律上的利害关系，因此乙公司打算以第三人的身份参加诉讼。

申请书

申请人：乙贸易有限责任公司，地址：A市B区××街×号。

法定代表人：张某，总经理，联系方式：156×××9834。

以无独立请求权的第三人参加你院（2021）某民初123号甲钢铁有限责任公司诉丙机械厂买卖合同纠纷一案的诉讼。

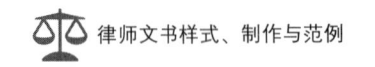

事实和理由：

申请人于 2021 年 8 月与被告丙机械厂签订买卖合同，将一台价值 180 万元的设备卖给被告，被告拖欠货款至今未还。申请人因此遇到资金周转困难，难以偿还原告 210 万元的钢材货款。现原告已向被告起诉，申请人认为该案的处理结果关系到申请人的债权是否能够实现，故此，向贵院申请以第三人身份参加诉讼，请求法院支持原告的诉讼请求。

此致
A 市 B 区人民法院

申请人：乙贸易有限责任公司
法定代表人：张某
2022 年 1 月 5 日

法条链接

《中华人民共和国民事诉讼法》

第五十九条　对当事人双方的诉讼标的，第三人认为有独立请求权的，有权提起诉讼。

对当事人双方的诉讼标的，第三人虽然没有独立请求权，但案件处理结果同他有法律上的利害关系的，可以申请参加诉讼，或者由人民法院通知他参加诉讼。人民法院判决承担民事责任的第三人，有当事人的诉讼权利义务。

前两款规定的第三人，因不能归责于本人的事由未参加诉讼，但有证据证明发生法律效力的判决、裁定、调解书的部分或者全部内容错误，损害其民事权益的，可以自知道或者应当知道其民事权益受到损害之日起六个月内，向作出该判决、裁定、调解书的人民法院提起诉讼。人民法院经审理，诉讼请求成立的，应当改变或者撤销原判决、裁定、调解书；诉讼请求不成立的，驳回诉讼请求。

回避申请书

文书简介

回避申请书，是指在人民法院审理民事案件过程中，因执行审判任务的审判人员或其他有关人员与案件具有一定利害关系，遇有法律规定的情形时，当事人及其诉讼代理人向人民法院提交的，请求有关人员退出本案诉讼活动的法律文书。回避申请适用于审判人员、书记员、翻译人员、鉴定人、勘验人。

文书样式

申请书

申请人：_____

请求事项：_____

事实及理由：_____

_____

此致

×××人民法院

申请人：_____
××××年××月××日

制作要点

1. 标题：写"申请书"。

2. 申请人基本情况：申请人是公民的，应当写明姓名、性别、出生年月日、民族、职业或工作单位、住址及联系方式；申请人是法人、其他组织的，应写明其名称、住所地、法定代表人或者主要负责人的姓名、职务和联系方式。

3. 请求事项：写明案由，被申请回避人的诉讼地位和姓名。

4. 事实及理由：该部分主要阐明当事人请求回避的事实根据，具有法律规定应当回避的具体情形，以及有何事实材料予以证明。

5. 尾部：致送人民法院名称；申请人签名，法人或其他组织应加盖公章，并由法定代表人或者主要负责人签名；注明申请日期。

实例示范

2022年2月3日，宋某骑电动车出行，经过一个狭窄的十字路口时被对向驶来的另一辆电动车撞倒在地。宋某身上多处擦伤，脸上擦伤最为

> 严重。肇事的电动车主陈某要求私了，宋某同意。但事后陈某反悔，不肯支付宋某医疗费。无奈之下，宋某诉诸法庭。法院予以受理。开庭前宋某得知本案的书记员马某的妻子与陈某是多年的同事，关系很好，遂向法院提出回避申请。

申请书

申请人：宋某，男，1985年6月5日出生，汉族，住A市B区××街×号，联系方式：152×××7210。

请求事项：申请你院（2022）×号申请人诉陈某人身损害赔偿纠纷一案的书记员马某回避。

事实及理由：

据悉，被申请人马某的妻子与本案被告陈某同在一个单位任职长达9年，两人所在科室属于关联部门，工作联系紧密，马某亦与陈某认识，往来较多。为避免本案不公正审理，根据《中华人民共和国民事诉讼法》第47条规定，书记员与本案当事人、诉讼代理人有其他关系，可能影响对案件公正审理的，应当回避。因此，特申请书记员马某回避。

此致

A市B区人民法院

申请人：宋某
2022年3月10日

法条链接

《中华人民共和国民事诉讼法》

第四十七条 审判人员有下列情形之一的，应当自行回避，当事人有权用口头或者书面方式申请他们回避：

（一）是本案当事人或者当事人、诉讼代理人近亲属的；

（二）与本案有利害关系的；

（三）与本案当事人、诉讼代理人有其他关系，可能影响对案件公正审理的。

审判人员接受当事人、诉讼代理人请客送礼，或者违反规定会见当事人、诉讼代理人的，当事人有权要求他们回避。

审判人员有前款规定的行为的，应当依法追究法律责任。

前三款规定，适用于书记员、翻译人员、鉴定人、勘验人。

第四十八条　当事人提出回避申请，应当说明理由，在案件开始审理时提出；回避事由在案件开始审理后知道的，也可以在法庭辩论终结前提出。

被申请回避的人员在人民法院作出是否回避的决定前，应当暂停参与本案的工作，但案件需要采取紧急措施的除外。

第五十条　人民法院对当事人提出的回避申请，应当在申请提出的三日内，以口头或者书面形式作出决定。申请人对决定不服的，可以在接到决定时申请复议一次。复议期间，被申请回避的人员，不停止参与本案的工作。人民法院对复议申请，应当在三日内作出复议决定，并通知复议申请人。

证据保全申请书

文书简介

证据保全是指人民法院在证据可能灭失或以后难以取得的特殊情况下，对证据采取固定保护的一种措施。证据保全可由诉讼参加人提出申请，也可由人民法院根据案件的需要主动决定。

证据保全申请书，就是指申请人在证据可能灭失或以后难以取得的情况下，申请人民法院对证据予以保全的法律文书。

文书样式

申请书[①]

申请人：_____

被申请人：_____

[①] 以诉讼中的证据保全为例。

请求事项：因（××××）×号_____一案，请求裁定_____（写明证据保全措施）。

事实和理由：
_____
_____

此致
×××人民法院

申请人：_____
××××年××月××日

制作要点

1. 标题：写"申请书"。

2. 当事人基本情况：当事人是公民的，应当写明姓名、性别、出生年月日、民族、职业或工作单位、住址及联系方式；当事人是法人、其他组织的，应写明其名称、住所地及法定代表人或者主要负责人的姓名、职务和联系方式。

3. 请求事项：写明保全措施。

4. 事实和理由：该部分主要是陈述为何要进行保全，简要阐述证据保全背后所依托的案件事实以及难以取证的原因。其中，事实和理由都要写清楚、透彻。如果是诉前提出申请，还应写明提供的担保。

5. 尾部：致送人民法院名称；申请人签名，申请人为法人或其他组织的，应加盖单位公章，并由其法定代表人或者主要负责人签名；注明申请日期。

实例示范

赵某与丈夫秦某因相亲结识，结婚5年，感情不温不火。近几个月，赵某发现丈夫对自己态度冷淡，经常加班到很晚才回家，还总是神神秘秘地给别人打电话，便怀疑丈夫有了婚外情。一天，赵某趁丈夫出门忘带手机，偷偷查看他的短信和电话记录，发现丈夫与一名女子联系频繁、言语亲密，短信的内容证明了赵某的怀疑。在她的逼问下，丈夫秦某承认了自己出轨的事实，赵某心灰意冷，提出离婚。秦某不同意离婚，赵某更加生气，认为丈夫是贪恋自己工作挣钱多，并非对她感情深厚。赵某

> 遂向当地人民法院提出离婚，并提出证据保全申请，希望固定丈夫秦某与女子的短信内容和通话记录，以证明秦某在这段婚姻关系中存在过错。

申请书

申请人：赵某，女，1986年7月6日出生，汉族，职业：××集团××分公司人事部经理，住甲市乙区××小区×栋×单元×室，联系方式：180×××× 1234。

被申请人：秦某，男，1987年9月6日出生，汉族，联系方式：137×× ×× 1121。

请求事项：因（2022）某民初23号赵某诉秦某离婚纠纷一案，请求法院采取证据保全措施，固定被告秦某所持手机的通话记录和短信内容。

事实和理由：申请人诉秦某离婚纠纷一案，贵院已于2022年1月18日立案。申请人赵某因发觉丈夫秦某的婚外情而提出离婚。现被告秦某所持手机上存有与婚外情对象的通话和短信记录，证明了秦某在这段婚姻中的过错行为。如果秦某和该女子将短信内容和通话记录删除，则秦某的过错行为将难以证实，致本案事实的认定出现困难。

根据以上事实和理由，请求人民法院采取证据保全措施，迅速固定秦某所持手机上的通话记录和短信内容。

此致
甲市乙区人民法院

申请人：赵某
2022年1月21日

法条链接

《中华人民共和国民事诉讼法》

第八十四条 在证据可能灭失或者以后难以取得的情况下，当事人可以在诉讼过程中向人民法院申请保全证据，人民法院也可以主动采取保全措施。

因情况紧急，在证据可能灭失或者以后难以取得的情况下，利害关系人可以在提起诉讼或者申请仲裁前向证据所在地、被申请人住所地或者对案件有管辖权的人民法院申请保全证据。

证据保全的其他程序，参照适用本法第九章保全的有关规定。

财产保全申请书

文书简介

> 财产保全申请是民事诉讼中的重要内容，是指人民法院在案件审理前或者诉讼过程中，对当事人的财产或者争议标的物所采取的一种强制措施。
>
> 财产保全申请可以在起诉时提出，也可以在诉讼中提出，即财产保全分为诉前财产保全和诉中财产保全。其中，诉前财产保全由利害关系人提出申请，必须提供担保，否则，法院可以驳回申请。

文书样式

申请书

申请人：_____

被申请人：_____

请求事项：_____

_____

事实与理由：_____

_____

申请人提供_____作为担保。（有些情况不需要担保的，可不写。）

此致

×××人民法院

申请人：_____
×××年××月××日

制作要点

1. 标题：写"申请书"。

2. 当事人基本情况：这一部分主要是申请人和被申请人的基本情况。当事人是公民的，应当写明姓名、性别、出生年月日、民族、职业或工作单位、住址及联系方式；当事人是法人、其他组织的，应写明其名称、住所地及法定代表人或者主要负责人的姓名、职务和联系方式。

3. 请求事项：这部分必须明确、具体地写出请求的内容，如扣押/冻结/查封被申请人的财产（写明保全财产的名称、性质、数量、数额、所在地等），然后写明保全期限。有多个请求的须分项列出。

4. 事实与理由：该部分主要是陈述为何要进行保全，简要阐述财产保全背后所依托的事实。其中，事实和理由都要写清楚、透彻。如果是诉前财产保全申请，还应当注明担保情况，包括名称、数量、性质、数额、所在地等。

5. 尾部：致送人民法院名称；申请人签名，申请人为法人或其他组织的，应加盖单位公章，并由其法定代表人或者主要负责人签名；注明申请日期。

实例示范

> 张大爷早年丧妻，一个人将两个儿子抚养成人。张大爷去世后，兄弟两个分割老人遗产时产生分歧，分歧的对象是家里祖传的一块玉佩。老大张大某拿出一张遗嘱，认为老人已经将玉佩给了自己，但玉佩在弟弟张小某那里，要求弟弟返还玉佩。弟弟张小某则坚称玉佩是老人主动送给他的，并非自己擅自拿取，且认为哥哥手里的遗嘱年代久远，字迹模糊，真实性和有效性都值得怀疑。两兄弟因此僵持不下，大哥张大某将弟弟张小某告上法庭，要求返还家传玉佩。诉讼中，哥哥张大某得知侄子婚期将至，弟弟正准备为其购买婚房，担心本来收入不高的弟弟将玉佩拿去变卖，决定向法院申请诉讼财产保全。

申请书

申请人：张大某，男，1964 年 8 月 17 日生，汉族，住甲市乙县××路×号，乙县××有限责任公司，办公室主任，联系方式：187×××0016。

被申请人：张小某，男，1967年2月24日生，汉族，住甲市乙县××村×号，联系方式：134×××9236。

请求事项：请求扣押被申请人手中的家传玉佩一块，在法院判决生效前不允许被申请人动用和处分。

事实和理由：申请人诉被申请人张小某遗产纠纷一案，贵院已于2022年2月16日受理。申请人与被申请人为亲兄弟，现被申请人占有的玉佩为申请人与被申请人家族的祖传之物。二人父母去世后，申请人凭父亲的自书遗嘱要求被申请人返还玉佩，遭到被申请人的拒绝。为了防止被申请人转移或隐匿争议标的物，保证裁判文书的顺利执行，现向法庭申请财产保全，请求法庭依法扣押被申请人占有的祖传玉佩。

申请人愿以自有福克斯轿车一辆（车牌号：*******）作为担保。

此致
甲市乙县人民法院

申请人：张大某
2022年2月24日

法条链接

《中华人民共和国民事诉讼法》

第一百零三条　人民法院对于可能因当事人一方的行为或者其他原因，使判决难以执行或者造成当事人其他损害的案件，根据对方当事人的申请，可以裁定对其财产进行保全、责令其作出一定行为或者禁止其作出一定行为；当事人没有提出申请的，人民法院在必要时也可以裁定采取保全措施。

人民法院采取保全措施，可以责令申请人提供担保，申请人不提供担保的，裁定驳回申请。

人民法院接受申请后，对情况紧急的，必须在四十八小时内作出裁定；裁定采取保全措施的，应当立即开始执行。

第一百零四条　利害关系人因情况紧急，不立即申请保全将会使其合法权益受到难以弥补的损害的，可以在提起诉讼或者申请仲裁前向被保全财产所在地、被申请人住所地或者对案件有管辖权的人民法院申请采取保全措施。

申请人应当提供担保，不提供担保的，裁定驳回申请。

人民法院接受申请后，必须在四十八小时内作出裁定；裁定采取保全措施的，应当立即开始执行。

申请人在人民法院采取保全措施后三十日内不依法提起诉讼或者申请仲裁的，人民法院应当解除保全。

第一百零五条　保全限于请求的范围，或者与本案有关的财物。

第一百零六条　财产保全采取查封、扣押、冻结或者法律规定的其他方法。人民法院保全财产后，应当立即通知被保全财产的人。

财产已被查封、冻结的，不得重复查封、冻结。

第一百零七条　财产纠纷案件，被申请人提供担保的，人民法院应当裁定解除保全。

第一百零八条　申请有错误的，申请人应当赔偿被申请人因保全所遭受的损失。

财产保全担保书

文书简介

财产保全担保书，是指申请人在向人民法院申请财产保全措施时，依法向法院提交的，为其财产保全申请而提供财产担保的法律文书。

人民法院采取诉讼财产保全措施时，由于在诉讼过程中双方当事人的权利义务并未确定，申请人应当提供财产担保，避免因财产保全错误而给对方当事人带来损失。

文书样式

财产保全担保书

担保人：_____

被担保人：_____

担保内容：_____一案，_____已向贵院申请财产保全，现担保人愿就_____向贵院提出的诉讼财产保全申请作出如下担保，若因_____申请错误造成_____财产损失，我同意以担保财产承担赔偿责任。

1. _____
2. _____
3. _____

此致
×××人民法院

担保人：_____

××××年××月××日

制作要点

1. 标题：写"财产保全担保书"。

2. 当事人基本情况：当事人是公民的，应当写明姓名、性别、出生年月日、民族、职业或工作单位、住址及联系方式；当事人是法人、其他组织的，应写明其名称、住所地及法定代表人或者主要负责人的姓名、职务和联系方式。有委托代理人的，应写明委托代理人的姓名、工作单位或律师事务所名称。如果担保是由案外第三人作保证人的，还应写明被担保人的基本情况。

3. 担保内容：写明担保人为何案何人的诉讼财产保全申请提供担保以及提供怎样的担保。如以自己名下的存款或自己名下的房产作出担保。

4. 尾部：写明致送人民法院名称；担保人签名，担保人为法人或其他组织的，应加盖单位公章，并由其法定代表人或者主要负责人签名。如果委托律师代为办理的，应写明律师的姓名及其所在律师事务所的名称；注明申请日期。

实例示范

张某因与朋友郝某产生债权债务纠纷而向法院提起民事诉讼。诉讼过程中，原告张某申请法院对郝某的财产采取保全措施，法院为了保证将来生效判决的有效进行，同意依张某的申请将郝某名下的财产冻结，但要求张某提供担保。案外人李某为张某作了担保，并提交了诉讼财产保全担保书。

财产保全担保书

担保人：李某，男，1985年5月24日出生，汉族，住甲市河西路×号，甲市××国际集团，市场部经理，联系方式：135×××7733。

被担保人：张某，男，1982年12月23日出生，汉族，住甲市河东路×号，工作单位：甲市××集团，职务：产品设计师，联系方式：135××××3377。

担保内容：被担保人张某诉郝某债权债务纠纷一案，被担保人张某已向贵院申请财产保全，现担保人李某愿就被担保人张某向贵院提出的诉讼财产保全申请作出如下担保，若因张某申请错误造成郝某财产损失，担保人同意以担保财产承担赔偿责任：

1. 担保人负担采取诉讼财产保全措施所需全部费用；

2. 担保人愿以其名下银行存款人民币30万元作担保，开户行：中国工商银行某支行，账号：6222384720128××××。

3. 担保人愿意将上述银行存款交予你院作抵押，以支付上述所需费用。

此致
甲市某区人民法院

担保人：李某

2022年3月7日

法条链接

《中华人民共和国民事诉讼法》

第一百零三条　人民法院对于可能因当事人一方的行为或者其他原因，使判决难以执行或者造成当事人其他损害的案件，根据对方当事人的申请，可以裁定对其财产进行保全、责令其作出一定行为或者禁止其作出一定行为；当事人没有提出申请的，人民法院在必要时也可以裁定采取保全措施。

人民法院采取保全措施，可以责令申请人提供担保，申请人不提供担保的，裁定驳回申请。

人民法院接受申请后，对情况紧急的，必须在四十八小时内作出裁定；裁定采取保全措施的，应当立即开始执行。

先予执行申请书

文书简介

先予执行申请书,是原告因生活或其他方面急需,在案件起诉后、判决前要求人民法院责令被告预先给付一定数额款项时使用的文书。

文书样式

申请书

申请人:_____

被申请人:_____

请求事项:_____

事实和理由:_____

_____

申请人提供_____作为担保。(不需要提供担保的,可不写。)

此致

×××人民法院

申请人:_____
××××年××月××日

制作要点

1. 标题:写"申请书"。

2. 当事人基本情况:写明申请人和被申请人的基本情况。当事人是公民的,应当写明姓名、性别、出生年月日、民族、职业或工作单位、住址及联系方式;当事人是法人、其他组织的,应写明其名称、住所地及法定代表人或者主要负责人的姓名、职务和联系方式。

3. 请求事项:将申请人要求先予执行的标的的名称、数额(量)及给付方式写清楚。

4. 事实与理由：写明需先予执行的事实，说明申请人对于被申请人并无对待给付的义务；申请理由应着重提出被申请人必须先行给付的事实根据。提供担保的，写明担保财产状况。

5. 尾部：致送人民法院名称；申请人签名，申请人为法人或其他组织的，应加盖单位公章，并由其法定代表人或者主要负责人签名；注明申请日期。

实例示范

> 冯大爷与王大妈是一对老夫妻，早年二人无子，便在社会福利机构通过正规程序领养了养子小冯，未再生育。小冯长大后，得知自己不是冯大爷与王大妈的亲生儿子，对二老态度非常不好。冯大爷与王大妈非常伤心，尽管积蓄不多，但也从不开口跟小冯要钱。2021年3月，冯大爷病重，家里的积蓄都花得差不多了，小冯在亲戚的压力之下给冯大爷出了一部分医疗费。4个月后，冯大爷还是不幸离世。冯大爷离世后不久，年老体弱的王大妈因为过度伤心，身体出现了很多毛病，加上无人照顾，生活也陷入困境。亲友多次联系小冯，但他均不予理会，后在亲友的帮助下，王大妈将养子小冯告上法庭。案件审理过程中，王大妈向法院提出了先予执行申请，请求养子小冯支付赡养费。

申请书

申请人：王某，女，1944年5月21日生，汉族，住××市××县××村×号，联系方式：138××××3387。

被申请人：冯某，男，1974年10月3日生，汉族，住××市××县××路×号，××县××公司工程师，联系方式：152××××9772。

请求事项：裁定被申请人先行给付申请人赡养费2000元。

事实和理由：申请人与被申请人为养母子关系。申请人诉被申请人支付赡养费纠纷一案已经由贵院于2022年2月9日受理，但申请人因年老体弱，无收入来源，当前的生活已经陷入困境，每日三餐由邻里接济才可解决。而被申请人已工作多年，有固定住处和收入来源。因此，现依据《中华人民共和国民事诉讼法》第109条的规定向贵院申请先予执行。

此致

某市某县人民法院

> 申请人：王某
>
> 2022 年 2 月 16 日

法条链接

《中华人民共和国民事诉讼法》

第一百零九条　人民法院对下列案件，根据当事人的申请，可以裁定先予执行：

（一）追索赡养费、扶养费、抚养费、抚恤金、医疗费用的；

（二）追索劳动报酬的；

（三）因情况紧急需要先予执行的。

第一百一十条　人民法院裁定先予执行的，应当符合下列条件：

（一）当事人之间权利义务关系明确，不先予执行将严重影响申请人的生活或者生产经营的；

（二）被申请人有履行能力。

人民法院可以责令申请人提供担保，申请人不提供担保的，驳回申请。申请人败诉的，应当赔偿被申请人因先予执行遭受的财产损失。

第一百一十一条　当事人对保全或者先予执行的裁定不服的，可以申请复议一次。复议期间不停止裁定的执行。

管辖权异议书

文书简介

> 管辖权异议是当事人一项重要的诉讼权利。管辖权异议书是指当事人提出的、认为受理案件的第一审法院对该案没有管辖权的意见或主张的法律文书。

📖 文书样式

异议书

异议人（被告）：_____
委托代理人：_____
请求事项：
将×××人民法院_____（写明案号、当事人和案由）一案移送×××人民法院管辖。
事实和理由：
_____
_____

特此请求你院将本案依法移送×××人民法院审理。请予准许。
此致
×××人民法院

异议人：_____
××××年××月××日

📝 制作要点

1. 标题：写"异议书"。

2. 异议人的基本情况，异议人是公民的，写明姓名、性别、出生年月日、民族、职业或工作单位、住址及联系方式；异议人是法人、其他组织的，应写明其名称、住所地及法定代表人或者主要负责人的姓名、职务和联系方式。

3. 请求事项：写明异议人因何案件，请求移送至哪家法院。

4. 事实和理由：结合案件事实，实事求是地写明案件不能在所受理法院审理的理由和法律依据。

5. 尾部：致送人民法院名称；申请人签名或盖章；注明申请日期。

实例示范

> 张大某和张小某是亲兄弟，二人来自安徽省甲市，大学毕业以后，均留在上海生活。2014年，二人的父亲去世，在甲市留下一套房子，由其母亲居住。后来，母亲突发心脏病去世，且在去世之前并未留下遗嘱说明这套房子由谁继承。张大某和张小某办理完母亲的后事以后继续回上海工作，二人并未商议房子的归属问题，遂房子被搁置。2022年，张大某突然告知张小某，因为他是长子，所以老家甲市的房子应该归他所有，他准备把房子卖掉并且已经找到了买家。张小某觉得张大某从未关心和照顾过父母，父母的生活费都是由自己负担，父母生病时也是自己照顾，老家的房子应该归自己所有。张小某遂起诉至其现住址所在地的上海市某区人民法院，法院也受理了此案。张大某认为，该案同时涉及遗产继承和不动产纠纷，应该由他老家也就是甲市的法院管辖，不应该由现住址所在地的法院管辖，于是，张大某向法院提交了答辩状和管辖权异议申请。

异议书

异议人：张大某，男，1982年6月7日出生，汉族，住上海市某区××路×号。联系方式：156×××culos×6724。

委托代理人：万某，上海市××律师事务所律师。

请求事项：将上海市某区人民法院（2022）×号张小某诉遗产继承一案移送安徽省甲市某区人民法院管辖。

事实与理由：

上海市某区人民法院对本案无权管辖。原告张小某与本人虽都为该区常住居民，但原告张小某是因遗产继承提起的诉讼，被继承人死亡时在安徽，并且诉讼标的物即老家的房屋也在安徽。贵院在未调查作为遗产的不动产所在地的情况下受理此案是不符合民事诉讼法律规定的。《中华人民共和国民事诉讼法》第34条规定："下列案件，由本条规定的人民法院专属管辖：（一）因不动产纠纷提起的诉讼，由不动产所在地人民法院管辖；（二）因港口作业中发生纠纷提起的诉讼，由港口所在地人民法院管辖；

(三) 因继承遗产纠纷提起的诉讼，由被继承人死亡时住所地或者主要遗产所在地人民法院管辖。"根据该规定，本案应该由安徽省甲市某区人民法院管辖。

《中华人民共和国民事诉讼法》第 130 条第 1 款规定："人民法院受理案件后，当事人对管辖权有异议的，应当在提交答辩状期间提出。人民法院对当事人提出的异议，应当审查。异议成立的，裁定将案件移送有管辖权的人民法院；异议不成立的，裁定驳回。"根据上述事实和法律规定，请求你院将本案依法移送管辖，交由安徽省甲市某区人民法院审理。请予准许。

此致
上海市某区人民法院

异议人：张大某
2022 年 3 月 30 日

法条链接

《中华人民共和国民事诉讼法》

第一百三十条　人民法院受理案件后，当事人对管辖权有异议的，应当在提交答辩状期间提出。人民法院对当事人提出的异议，应当审查。异议成立的，裁定将案件移送有管辖权的人民法院；异议不成立的，裁定驳回。

当事人未提出管辖异议，并应诉答辩的，视为受诉人民法院有管辖权，但违反级别管辖和专属管辖规定的除外。

不公开审理申请书

文书简介

不公开审理申请书是指在诉讼程序开始以后，当事人要求法院对案件进行不公开审理所出具的文书。当事人要求人民法院对案件不公开审理，可以采用口头和书面两种形式，不公开审理申请书则指书面形式。

根据法律规定，离婚案件和涉及商业秘密案件的不公开审理，需由案件当事人申请。

文书样式

申请书

申请人：_____

请求事项：不公开审理你院（××××）×号_____一案。

事实和理由：_____

此致

×××人民法院

申请人：_____
××××年××月××日

制作要点

1. 标题：写"申请书"。

2. 申请人基本情况：申请人是公民的，写明姓名、性别、出生年月日、民族、职业或工作单位、住址及联系方式；申请人是法人、其他组织的，应写明其名称、住所地及法定代表人或者主要负责人的姓名、职务和联系方式。

3. 请求事项：写明申请哪个案件不公开审理。

4. 事实和理由：写明申请人的要求和申请理由。理由要充分，切合实际，层级清楚，语言准确、具体。

5. 尾部：申请人签名，申请人为法人或其他组织的，应加盖单位公章，并由其法定代表人或者主要负责人签名；注明申请日期。

实例示范

> 魏某与刘某结婚以后育有一女，夫妻二人都对女儿十分疼爱，刘某为了安心照顾女儿，辞职当起了全职太太。魏某和刘某的夫妻关系一直很好，还被评为小区里的模范夫妻。后来，魏某开始早出晚归，且常常夜不归宿，对妻子刘某和女儿的关心也不如从前，甚至经常无缘无故和刘某吵架。后来，刘某发现魏某在外面有个年轻的情人。刘某对此非常生气，她不能原谅丈夫的背叛，于是向魏某提出离婚，魏某顾及自己的

> 颜面，而且也舍不得与女儿分开，因此不同意离婚。协议不成，刘某诉至法院，并提交了不公开审理申请书。

申请书

申请人：刘某，女，1986年9月6日出生，汉族，××公司行政部职工，住A市××小区×栋×号，联系方式：187×××7227。

请求事项：

不公开审理你院（2022）×号刘某诉魏某离婚纠纷一案。

事实和理由：

首先，本案涉及夫妻生活的隐私问题，我不想让更多的人知道我们离婚的真实原因。其次，本案如果公开审理，会对魏某的名声造成一定影响，我不愿因此影响他以后的生活。最后，我的女儿马上就要参加中考，如果知道她的父亲做的一些事情，一定会很失望，公开审理会影响我女儿的情绪，我决定等女儿顺利结束中考以后再将此事的真实原因告知。

根据《中华人民共和国民事诉讼法》第137条第2款的规定，特向你院提出不公开审理的申请。

此致
某市某区人民法院

申请人：刘某
2022年4月8日

法条链接

《中华人民共和国民事诉讼法》

第一百三十七条 人民法院审理民事案件，除涉及国家秘密、个人隐私或者法律另有规定的以外，应当公开进行。

离婚案件，涉及商业秘密的案件，当事人申请不公开审理的，可以不公开审理。

第一百五十一条第一款 人民法院对公开审理或者不公开审理的案件，一律公开宣告判决。

增加诉讼请求申请书

📄 文书简介

> 增加诉讼请求申请书是指原告向人民法院提起诉讼以后，发现原诉状的诉讼请求不全面，不能满足自己的要求，因而向人民法院提出申请，请求增加诉讼请求的文书。

📖 文书样式

申请书

申请人：_____

请求事项：_____

_____

事实与理由：_____

_____

此致

×××人民法院

申请人：_____
××××年××月××日

📝 制作要点

1. 标题：写"申请书"。

2. 申请人基本情况：申请人是公民的，应当写明姓名、性别、出生年月日、民族、职业或工作单位、住址及联系方式；申请人是法人、其他组织的，应写明其名称、住所地及法定代表人或者主要负责人的姓名、职务和联系方式。如果公民系无诉讼行为能力人，则应由其法定代理人代为提出申请，除写明基本情况外，还应注明与被代理人的关系。

3. 增加诉讼请求事项：这是对原诉状的补充。如果原诉讼请求不全面，则应表明原诉状是怎么要求的，现在补充哪些内容；如果原诉状有遗漏，则应将被遗漏的要求具体写明。有多个请求的须分项列出。

4. 事实与理由：应围绕新补充的诉讼请求来写，注意不要与原诉状重复。记叙事实时，应将纠纷事实发生的时间、地点、原因、经过、结局表述清楚。

5. 尾部：致送人民法院名称；申请人签名，申请人为法人或其他组织的，应加盖单位公章，并由其法定代表人或者主要负责人签名；注明申请日期。

实例示范

> 刘某和邓某是邻居，邓某在一家私企上班，工作之余与刘某一起合伙做服装生意。起初，二人的生意做得还不错，但后来刘某过于看重眼前利益，与邓某经常因观点不同而争吵。2022年2月9日，邓某决定不再与刘某合作，便去刘某家要回自己曾经投入的资产，二人在交谈时态度都很强硬，很快，谈话变成了吵架，刘某对邓某大打出手，导致邓某的左臂骨折，并住院两个月，且出院以后的一个多月不能正常工作。邓某在向法院起诉时，只是请求被告刘某支付自己的医疗费6000元，后来咨询律师，邓某才知道营养费和误工费也是可以请求被告支付的，于是决定再向法院申请，要求被告刘某支付自己误工费15000元和营养费2000元。

申请书

申请人：邓某，男，1980年6月9日生，汉族，住甲市乙区××路×号，联系方式：137××××2267。

委托代理人：邹某，甲市××律师事务所律师。联系方式：137××××9876。

请求事项：

对于你院（2022）×号邓某诉刘某人身侵权纠纷一案，增加诉讼请求如下：请求判令被告赔偿原告误工费15000元、营养费2000元，共计17000元。

事实与理由：

2022年2月9日，原告邓某在被告刘某家与之商议解除合作等事项。二人在交谈中发生激烈的争吵，随后被告对原告大打出手，导致原告左臂折断。原告因此住院两个月，为此，原告邓某曾于 2022 年 2 月 21 日向贵院提起诉讼，要求被告赔偿医疗费 6000 元。现原告欲追加诉讼请求，由于原告住院以及康复期间无法正常工作，造成误工费 15000 元，并且，在住院治疗和出院休养期间，产生营养费 2000 元。因此，原告请求被告给予误工费 15000 元和营养费 2000 元，共计人民币 17000 元。证据为：原告邓某单位开具的收入证明；辽化市医院开具的营养药品清单。

现根据《中华人民共和国民事诉讼法》第 143 条的规定，特向法院申请增加前列诉讼请求，请求法院合并审理。

此致
甲市乙区人民法院

申请人：邓某

2022 年 3 月 9 日

法条链接

《中华人民共和国民事诉讼法》

第一百四十三条　原告增加诉讼请求，被告提出反诉，第三人提出与本案有关的诉讼请求，可以合并审理。

撤诉申请书

文书简介

> 撤诉申请书，是指民事案件中，原告在依法提起诉讼后、人民法院判决之前，基于某种原因向人民法院提出撤回诉讼的书面申请。

文书样式

申请书

申请人：

请求事项：_____
_____
事实与理由：_____
_____

此致
×××人民法院

申请人：_____
××××年××月××日

制作要点

1. 标题：写"申请书"。

2. 申请人基本情况：申请人是公民的，应当写明姓名、性别、出生年月日、民族、职业或工作单位、住址及联系方式；申请人是法人、其他组织的，应写明其名称、住所地及法定代表人或者主要负责人的姓名、职务和联系方式。

3. 请求事项：撤回申请人关于某一案件的起诉。

4. 正文：简要说明起诉时间和案件的性质（即什么案件），然后陈述为何要撤诉，写明撤诉理由，最后请求准予撤诉。现实生活中当事人撤诉的原因多种多样，如双方经协商达成和解，对方当事人主动履行义务，上诉人愿意服从原裁判等。

5. 尾部：致送人民法院名称；申请人签名，申请人为法人或其他组织的，应加盖单位公章，并由其法定代表人或者主要负责人签名；注明申请日期。

实例示范

> 杨某是A市B区××小区×号楼×室的房屋所有权人，皮某是该房屋的承租人。2015年皮某与杨某签订承租合同并一直居住在此。2021年开始，皮某一直拖欠房租，杨某多次催促，皮某都以各种理由拒绝支付。2022年，皮某已经拖欠了杨某一年的房租，杨某遂收回了房子，皮某搬离该房屋时承诺会在一个月内将拖欠的一年房租全部还给杨某。3个月后，皮某仍然未还钱，杨某向法院提起了诉讼。皮某得知后马上将所欠房租还给了杨某，故杨某决定撤回起诉。

申请书

　　申请人：杨某，男，1970年1月19日出生，汉族，住A市B区××路×号，联系方式：135××××6234。

　　请求事项：撤回你院（2022）×号申请人诉皮某房屋租赁纠纷一案的起诉。

　　事实和理由：申请人杨某于2022年4月8日向贵院起诉与被申请人皮某房屋租赁纠纷一案，现被申请人已经主动将所欠房租还给申请人，并说明了拖欠房租的缘由，向申请人表示了歉意。申请人认为被申请人并非故意拖欠房租，且已经履行了支付房租的义务，故决定撤回起诉，请求贵院予以准许。

　　此致
A市B区人民法院

申请人：杨某
2022年4月20日

法条链接

《中华人民共和国民事诉讼法》

　　第一百四十八条　宣判前，原告申请撤诉的，是否准许，由人民法院裁定。人民法院裁定不准许撤诉的，原告经传票传唤，无正当理由拒不到庭的，可以缺席判决。

宣告失踪（或死亡）申请书

文书简介

> 宣告失踪（或死亡），是指经利害关系人申请，由人民法院对下落不明满一定期间的人宣告为失踪人（或死亡人）的制度。宣告失踪（或死亡）申请书即利害关系人依法向人民法院申请宣告公民失踪（或死亡）而提交的书面申请。

📖 文书样式

申请书

申请人：_____

申请事项：_____

事实和理由：_____

申请人_____与下落不明人_____，男/女，××××年××月××日出生，_____族，_____（写明工作单位和职务或者职业），住_____，系_____（写明双方的关系）。_____（写明下落不明的事实和时间）。

此致

×××人民法院

附：_____关于_____下落不明的证明。

申请人：_____
××××年××月××日

📝 制作要点

1. 标题：写"申请书"。

2. 当事人基本情况：写明姓名、性别、出生年月日、民族、职业或工作单位、住址及联系方式。

3. 申请事项：请求人民法院宣告被申请人失踪（或死亡），请求宣告失踪的，还要申请指定财产代管人。

4. 事实和理由：该部分主要是陈述为何要宣告某人失踪或死亡，写明失踪的事实、时间，并指出已经符合法定的宣告条件。

5. 尾部及附项：致送人民法院名称；申请人签名；注明申请日期；附项附上公安机关或者其他有关机关关于该公民下落不明的书面证明。

✒️ 实例示范

> 柳某是贵州省水城县人，父母体弱多病，家境贫穷。2009 年，柳某初中毕业以后就辍学在家务农。2018 年 10 月，柳某与同乡王某一同外出

> 打工，2018年12月王某回家告知柳某的父母其与柳某失去了联系。2019年开始，柳某的父母和亲戚朋友到各处寻找柳某，也未寻得柳某的下落。2022年，柳某下落不明已经满三年，柳某的父亲在亲戚的劝说下，决定向法院提出申请，请求宣告儿子柳某失踪。

申请书

申请人：柳某河，男，1958年3月27日生，汉族，住贵州省水城县××乡××村×号，联系方式：137×××8332。

申请事项：

1. 宣告柳某失踪；

2. 指定柳某河为失踪人柳某的财产代管人。

事实和理由：申请人柳某河与下落不明人柳某，男，1988年9月20日出生，汉族，住贵州省水城县××乡××村×号，系父子关系。2018年12月，与柳某一同外出打工的王某回乡，柳某未归，且与王某和家人失去了联系。2019年1月起，柳某的父母与亲戚朋友开始多方寻找柳某，但未果。至今，柳某下落不明已经三年。

根据《中华人民共和国民事诉讼法》第190条的规定，特向贵院提出申请，请求宣告柳某为失踪人。

此致

水城县人民法院

附：水城县公安局关于柳某下落不明的书面证明。

申请人：柳某河
2022年3月25日

法条链接

《中华人民共和国民事诉讼法》

第一百九十条　公民下落不明满二年，利害关系人申请宣告其失踪的，向下落不明人住所地基层人民法院提出。

申请书应当写明失踪的事实、时间和请求，并附有公安机关或者其他有关机关关于该公民下落不明的书面证明。

第一百九十一条 公民下落不明满四年，或者因意外事件下落不明满二年，或者因意外事件下落不明，经有关机关证明该公民不可能生存，利害关系人申请宣告其死亡的，向下落不明人住所地基层人民法院提出。

申请书应当写明下落不明的事实、时间和请求，并附有公安机关或者其他有关机关关于该公民下落不明的书面证明。

第一百九十二条 人民法院受理宣告失踪、宣告死亡案件后，应当发出寻找下落不明人的公告。宣告失踪的公告期间为三个月，宣告死亡的公告期间为一年。因意外事件下落不明，经有关机关证明该公民不可能生存的，宣告死亡的公告期间为三个月。

公告期间届满，人民法院应当根据被宣告失踪、宣告死亡的事实是否得到确认，作出宣告失踪、宣告死亡的判决或者驳回申请的判决。

第一百九十三条 被宣告失踪、宣告死亡的公民重新出现，经本人或者利害关系人申请，人民法院应当作出新判决，撤销原判决。

申请执行书

文书简介

申请执行书，是指生效法律文书中的权利人，在义务人不履行法律确定其应承担的义务时，向人民法院提交的，请求强制义务人履行义务，以实现自己权利的法律文书。申请执行权是当事人享有的重要权利。

文书样式

申请执行书

申请执行人：_____

被执行人：_____

申请执行人×××与被执行人×××_____（写明案由）一案，

×××人民法院（或其他生效法律文书的作出机关）（××××）×民×号民事判决（或其他生效法律文书）已发生法律效力。被执行人_____未履行/未全部履行生效法律文书确定的给付义务，特向你院申请强制执行。

请求事项：_____
_____

事实与理由：_____
_____

此致
×××人民法院

附：生效法律文书×份。

申请执行人：_____
××××年××月××日

制作要点

1. 标题：写"申请执行书"。

2. 当事人基本情况：写明申请执行人和被执行人的基本情况。当事人是公民的，应当写明姓名、性别、出生年月日、民族、职业或工作单位、住址及联系方式；当事人是法人、其他组织的，应写明其名称、住所地及法定代表人或者主要负责人的姓名、职务和联系方式。

3. 写明案由及被执行人未履行相关判决的事实。

4. 请求事项：这部分内容必须明确、具体。有多个请求的须分项列出。

5. 事实与理由：首先简要阐述作为执行根据的生效法律文书的基本内容，说明被申请人应履行的义务。其次写明被申请人拒不履行法律文书所确认的义务的情况（如知道被申请人可供强制执行的财产状况，写明其经济收入、现有财产等）。最后根据有关法律的规定，向人民法院提出强制执行的申请。

6. 尾部及附项：致送人民法院名称；申请执行人签名，申请执行人为法人或其他组织的，应加盖单位公章，并由其法定代表人或者主要负责人签名；注明申请日期；附项附上执行依据的生效法律文书。

> **实例示范**
>
> 刘某因邻居张某在自己门前倒水而不满,与张某发生口角。争吵中,刘某顺手拿起一根木棍打向张某的头部,导致张某严重脑震荡,住院治疗两个月。出院以后,张某将刘某告上法庭,法院经审理后,判决刘某向张某支付各种费用总计11760元。但刘某只是支付给张某2000元,剩下的钱在张某的多次催促下仍拒不支付。张某向法院申请强制执行。

申请执行书

申请执行人:张某,女,1970年3月14日生,汉族,住山东省莱城市莱城区××小区×号,联系方式:156×××3455。

被执行人:刘某,女,1968年6月28日生,汉族,住山东省莱城市××小区×号,联系方式:156×××2887。

申请执行人张某与被执行人刘某人身侵权纠纷一案,贵院(2021)鲁×民初×号民事判决已发生法律效力。被执行人刘某未履行生效法律文书确定的给付义务,特向贵院申请强制执行。

请求事项:

1. 强制被执行人履行莱城区人民法院2021年11月30日作出的(2021)鲁×民初×号民事判决所确定的义务;

2. 被执行人承担本案申请执行费用。

事实与理由:

申请执行人张某与被执行人刘某人身侵权纠纷一案,贵院已作出(2021)鲁×民初×号民事判决。根据该判决,被执行人应于该判决生效后20日内赔偿申请执行人11710元,本案受理费50元,被执行人应向申请执行人共计支付11760元。该判决已于2021年12月6日向被执行人送达。该判决生效后,被执行人只支付给申请执行人2000元,经申请执行人多次催促,被执行人仍拒绝支付余下的数额,被执行人未完全履行判决书确定的义务。

为维护申请执行人的合法权益,特依法提出以上请求,请人民法院依法强制被执行人刘某履行生效判决所确定的义务。

此致

莱城区人民法院

附：（2021）鲁×民初×号民事判决书。

申请执行人：张某

2021 年 12 月 6 日

法条链接

《中华人民共和国民事诉讼法》

第二百四十三条　发生法律效力的民事判决、裁定，当事人必须履行。一方拒绝履行的，对方当事人可以向人民法院申请执行，也可以由审判员移送执行员执行。

调解书和其他应当由人民法院执行的法律文书，当事人必须履行。一方拒绝履行的，对方当事人可以向人民法院申请执行。

第二百四十四条第一款　对依法设立的仲裁机构的裁决，一方当事人不履行的，对方当事人可以向有管辖权的人民法院申请执行。受申请的人民法院应当执行。

第二百四十五条第一款　对公证机关依法赋予强制执行效力的债权文书，一方当事人不履行的，对方当事人可以向有管辖权的人民法院申请执行，受申请的人民法院应当执行。

第二百四十六条　申请执行的期间为二年。申请执行时效的中止、中断，适用法律有关诉讼时效中止、中断的规定。

前款规定的期间，从法律文书规定履行期间的最后一日起计算；法律文书规定分期履行的，从最后一期履行期限届满之日起计算；法律文书未规定履行期间的，从法律文书生效之日起计算。

执行异议书

文书简介

这里所讲的执行异议,是指人民法院在民事案件执行过程中,案外人对被执行财产的全部或一部分主张权利,要求人民法院停止或变更执行的请求。执行异议书就是向法院递交的相应法律文书。

文书样式

执行异议书

异议人(案外人):_____

申请执行人×××与被执行人×××_____(写明案由)一案,×××人民法院(或其他生效法律文书的作出机关)(××××)×民×号民事判决(或其他生效法律文书)已发生法律效力。异议人对×××人民法院执行_____(写明执行标的)不服,提出异议。

请求事项:_____

_____

事实与理由:_____

_____

此致

×××人民法院

附:生效法律文书×份。

申请人:_____
××××年××月××日

制作要点

1. 标题:写"执行异议书"。

2. 异议人基本情况：异议人是公民的，应当写明姓名、性别、出生年月日、民族、职业或工作单位、住址及联系方式；异议人是法人、其他组织的，应写明其名称、住所地及法定代表人或者主要负责人的姓名、职务和联系方式。

3. 写明案由及异议人不服的事项等。

4. 请求事项：这部分必须明确、具体。有多个请求的须分项列出。

5. 事实与理由：该部分主要是陈述提出异议的原因，说明案件执行标的（指物品、财产或某种行为）属于自己或者是案件的执行给自己的合法权利造成什么样的影响等。

6. 尾部及附项：致送人民法院名称；异议人签名，异议人为法人或其他组织的，应加盖单位公章，并由其法定代表人或者主要负责人签名；注明申请日期；附项附上相关生效法律文书。

实例示范

> 孙小某的父母在其3岁的时候离异，孙小某跟随母亲夏某一起生活，父亲孙某定期给其生活费。孙小某从小体弱多病，经常生病住院，每个月都需要大量的营养费和医疗费。母亲夏某收入微薄，孙小某主要是靠父亲给的生活费维持生活。2022年3月，孙小某刚满8岁，孙某与他人产生债权债务纠纷，导致其银行卡以及所有的财产被人民法院冻结。孙小某得不到父亲的生活费，无法正常生活和继续医治。母亲夏某认为，对于孙某个人的债务，他应该依法履行义务，但是不能侵害其对儿子孙小某的抚养义务。因此，夏某向法院提出了执行异议。

执行异议书

异议人：孙小某，男，2014年1月2日生，汉族，住A市B区北甲路×号。

法定代理人：夏某，女，1983年1月2日生，汉族，住A市B区北甲路×号，联系方式：134×××× 2394。

申请执行人王某与被执行人孙某债权债务纠纷一案，贵院（2022）×民初 123 号民事判决已发生法律效力。异议人对贵院执行孙某的所有财产不服，提出异议。

请求事项：请求贵院保留对孙小某的抚养费。

事实与理由：夏某系孙某的前妻，孙小某为二人之子。二人于 2017 年离异，法院判决孙小某跟夏某一起生活，但由夏某和孙某共同抚养，孙某每月支付 800 元抚养费。2022 年 3 月，孙某与王某产生经济纠纷，后经过诉讼审判，财产被强制执行，导致无法继续给付孙小某抚养费。孙小某由于身体原因日常花费较大，申请人无力单独抚养。据此，申请人请求贵院保留孙某对孙小某的抚养费用，以保障孙小某的合法权益。

此致
B 区人民法院

附：（2022）×民初 123 号民事判决书复印件一份。

异议人：夏某
2022 年 4 月 29 日

法条链接

《中华人民共和国民事诉讼法》

第二百三十二条　当事人、利害关系人认为执行行为违反法律规定的，可以向负责执行的人民法院提出书面异议。当事人、利害关系人提出书面异议的，人民法院应当自收到书面异议之日起十五日内审查，理由成立的，裁定撤销或者改正；理由不成立的，裁定驳回。当事人、利害关系人对裁定不服的，可以自裁定送达之日起十日内向上一级人民法院申请复议。

第二百三十四条　执行过程中，案外人对执行标的提出书面异议的，人民法院应当自收到书面异议之日起十五日内审查，理由成立的，裁定中止对该标的的执行；理由不成立的，裁定驳回。案外人、当事人对裁定不服，认为原判决、裁定错误的，依照审判监督程序办理；与原判决、裁定无关的，可以自裁定送达之日起十五日内向人民法院提起诉讼。

支付令申请书

文书简介

> 支付令是人民法院依照民事诉讼法规定的督促程序，根据债权人的申请，向债务人发出的限期履行给付金钱或有价证券义务的法律文书。债权人对拒不履行义务的债务人，可以直接向有管辖权的基层人民法院申请发布支付令，通知债务人履行债务。
>
> 支付令申请书即指以给付金钱或有价证券为标的的债权人，向人民法院提交的，请求法院依法定程序发出支付令，督促债务人限期偿还债务的法律文书。
>
> 申请支付令要符合下列条件：
> (1) 请求债务人给付金钱或有价证券；
> (2) 请求给付的金钱或有价证券已到期且数额确定，并写明请求所根据的事实和证据；
> (3) 债权人与债务人没有其他债务纠纷；
> (4) 支付令能够送达债务人。
>
> 此外，债务人在收到支付令之日起 15 日内不提出异议又不履行支付令的，债权人可直接申请人民法院强制执行。

文书样式

申请书

申请人：＿＿＿＿＿＿＿＿＿＿＿＿＿＿＿＿＿＿＿＿＿＿＿

被申请人：＿＿＿＿＿＿＿＿＿＿＿＿＿＿＿＿＿＿＿＿＿＿

请求事项：＿＿＿＿＿＿＿＿＿＿＿＿＿＿＿＿＿＿＿＿＿＿

事实与理由：＿＿＿＿＿＿＿＿＿＿＿＿＿＿＿＿＿＿＿＿＿

此致

×××人民法院

申请人：_____
×××年××月××日

📝 制作要点

1. 标题：写"申请书"。

2. 当事人基本情况：写明申请人和被申请人的基本情况。当事人是公民的，应当写明姓名、性别、出生年月日、民族、职业或工作单位、住址及联系方式；当事人是法人、其他组织的，应写明其名称、住所地及法定代表人或者主要负责人的姓名、职务和联系方式。

3. 请求事项：一般写为，向被申请人×××发出支付令，督促被申请人×××给付申请人×××_____（写明请求给付的金钱或者有价证券的名称和数量）。

4. 事实与理由：该部分主要是陈述为何要向法院申请支付令，简要阐述背景事实，如存在借款合同、借款已经到期、债务人不予清偿等。

5. 尾部：致送人民法院名称；申请人签名，申请人为法人或其他组织的，应加盖单位公章，并由其法定代表人或者主要负责人签名；注明申请日期。

🔨 实例示范

> 甲商贸有限责任公司于2022年3月3日向乙服装有限责任公司订购了一批服装，并签订了购买合同，货款为8万元，约定乙公司于2022年4月3日前将该批服装送至甲公司，甲公司收到货后10日内将货款转到乙公司账户。2022年4月1日，甲公司签收该批服装，但迟迟未向乙公司付款，2022年4月20日开始，乙公司多次向甲公司索要货款，甲公司均未支付。乙公司决定向人民法院申请支付令。

申请书

申请人：乙服装有限责任公司

住所地：山东省××市 A 区××路×号

法定代表人：刘某，职务：总经理，联系方式：180××××1234

被申请人：甲商贸有限责任公司

住所地：山东省××市 B 区××路×号

法定代表人：曹某，职务：总经理，联系方式：186××××3456

请求事项：

向被申请人甲商贸有限责任公司发出支付令，督促被申请人给付申请人乙服装有限责任公司人民币 8 万元。

事实和理由：

2022 年 3 月 3 日，被申请人甲商贸有限责任公司向申请人乙服装有限责任公司订购一批总价为 8 万元的服装，并签订合同，约定被申请人甲商贸有限责任公司收到货物后 10 日内支付货款。2022 年 4 月 1 日，被申请人签收货物，但迟迟不予付款，到约定期限后，申请人多次催告，被申请人仍然不予支付货款。基于以上事实，根据《中华人民共和国民事诉讼法》第 221 条的规定，请求人民法院依法向被申请人发出支付令，督促被申请人甲商贸有限责任公司立即支付货款人民币 8 万元整。

此致

某市 B 区人民法院

申请人：乙服装有限责任公司
法定代表人：刘某
2022 年 4 月 28 日

法条链接

《中华人民共和国民事诉讼法》

第二百二十一条　债权人请求债务人给付金钱、有价证券，符合下列条件的，可以向有管辖权的基层人民法院申请支付令：

（一）债权人与债务人没有其他债务纠纷的；

（二）支付令能够送达债务人的。

申请书应当写明请求给付金钱或者有价证券的数量和所根据的事实、证据。

第二百二十二条　债权人提出申请后，人民法院应当在五日内通知债权人是否受理。

第二百二十三条　人民法院受理申请后，经审查债权人提供的事实、证据，对债权债务关系明确、合法的，应当在受理之日起十五日内向债务人发出支付令；申请不成立的，裁定予以驳回。

债务人应当自收到支付令之日起十五日内清偿债务，或者向人民法院提出书面异议。

债务人在前款规定的期间不提出异议又不履行支付令的，债权人可以向人民法院申请执行。

支付令异议书

文书简介

支付令异议书，是指在督促程序中，债务人收到人民法院发出的支付令后，对支付令提出不同意见，向法院提交的明确表示其不履行债权人所请求内容的法律文书。

文书样式

异议书

异议人：_____

请求事项：裁定终结督促程序。

事实与理由：异议人于××××年××月××日收到你院于××××年××月××日根据_____申请发出的（××××）×民督×号支付令：_____（写明支付令内容）。

_____（写明终结督促程序的理由）。

此致

×××人民法院

异议人：_____
××××年××月××日

制作要点

1. 标题：写"异议书"。

2. 异议人基本情况：异议人是公民的，应当写明姓名、性别、出生年月日、民族、职业或工作单位、住址及联系方式；异议人是法人、其他组织的，应写明其名称、住所地及法定代表人或者主要负责人的姓名、职务和联系方式。

3. 请求事项：明确表示请求法院终结督促程序。

4. 事实与理由：这部分着重阐明异议人提出异议的事实根据。可以首先叙述支付令所涉债权债务关系发生、存在的具体情况，然后陈述其不履行债务的原因。并依照法律有关规定，提出支付令异议。申请人可对全部债权债务关系提出异议，也可以对部分债权债务关系提出异议，既可以对此债权债务关系提出异议，也可以提出债权人对其负有其他债务关系。

5. 尾部：致送人民法院名称；异议人签名，异议人为法人或其他组织的，应加盖单位公章，并由其法定代表人或者主要负责人签名；注明日期。

实例示范

> 我们链接到上一节支付令申请书的案例，乙服装有限责任公司向人民法院申请支付令，法院依法向被申请人甲商贸有限责任公司发出了支付令。但是，甲商贸有限责任公司称，在乙服装有限责任公司提供的服装中，有一部分存在质量瑕疵，有质检部门的报告为证，甲商贸有限责任公司按照合同约定可以拒绝支付货款，于是向法院提交了支付令异议书。

异议书

异议人：甲商贸有限责任公司

住所地：山东省××市B区××路×号

法定代表人：曹某，职务：总经理，联系方式：186××××3456

请求事项：裁定终结督促程序。

事实和理由：异议人于2022年5月16日收到贵院于2022年5月12日根据乙服装有限责任公司申请发出的（2022）×民督×号支付令：甲商贸有限责任公司立即向乙服装有限责任公司支付货款人民币8万元整。

2022年3月3日，异议人甲商贸有限责任公司订购乙服装有限责任公司的一批服装，货款为8万元，双方约定收到货后10日内支付货款。4月1日，甲商贸有限责任公司收到该批货后发现部分服装存在瑕疵，根据合同约定，甲商贸有限责任公司有权拒绝付款，乙服装有限责任公司应该对该部分存在瑕疵的服装负责并对甲商贸有限责任公司作出赔偿。

基于上述事实，异议人与申请人之间存在其他合同违约事项，故根据《中华人民共和国民事诉讼法》的有关规定，对某市B区人民法院发出的（2022）×民督×号支付令提出异议，请依法裁断，终止支付令效力，终结督促程序。

此致

某市B区人民法院

异议人：甲商贸有限责任公司

法定代表人：曹某

2022年5月19日

法条链接

《中华人民共和国民事诉讼法》

第二百二十三条 ……

债务人应当自收到支付令之日起十五日内清偿债务，或者向人民法院提出书面异议。

债务人在前款规定的期间不提出异议又不履行支付令的，债权人可以向人民法院申请执行。

第二百二十四条第一款 人民法院收到债务人提出的书面异议后，经审查，异议成立的，应当裁定终结督促程序，支付令自行失效。

公示催告申请书

文书简介

公示催告是票据人在丧失票据后，申请人民法院宣告票据无效，从而使丢失票据的人仍然占有票据权利的一种特殊的诉讼程序。

> 申请人向法院递交申请书后，法院将以公告的形式，催告利害关系人在一定期间申报权利。否则法院将作出除权判决，使丧失票据的人恢复票据权利。

文书样式

申请书

申请人：_____

请求事项：

1. 对_____票据进行公示催告；

2. 受理后立即通知票据支付人停止支付；

3. 在公告期满后，无人申报权利的，或申报被驳回的，人民法院作出除权判决，宣告已丧失的票据不再具有法律效力。

事实与理由：_____

此致

×××人民法院

申请人：_____
××××年××月××日

制作要点

1. 标题：写"申请书"。

2. 申请人基本情况：申请人是公民的，应当写明姓名、性别、出生年月日、民族、职业或工作单位、住址及联系方式；申请人是法人、其他组织的，应写明其名称、住所地及法定代表人或者主要负责人的姓名、职务和联系方式。

3. 请求事项：写明所失票据的种类、数量及票面金额、发票人、持票人、背书人等，并请求人民法院对所失票据进行公示催告。

4. 事实与理由：这部分主要阐述票据被盗、遗失、灭失的事实经过，是否采取补救措施等。

5. 尾部：致送人民法院名称；申请人签名，申请人为法人或其他组织的，应加盖单位公章，并由其法定代表人或者主要负责人签名；注明申请日期。

实例示范

> 苏州市甲有限责任公司与乙有限责任公司有业务往来，甲有限责任公司通过中国工商银行苏州支行某分行向乙有限责任公司签发一张银行承兑汇票。该汇票编号为＊＊＊＊＊＊＊＊，票面金额为人民币 10 万元，出票日期为 2022 年 3 月 12 日，出票人为甲有限责任公司，付款行为中国工商银行苏州支行某分行，收款人为乙有限责任公司。该汇票在送往收款人的途中不慎被快递公司丢失，现在苏州市甲有限责任公司欲向法院申请公示催告。

申请书

申请人：苏州市甲有限责任公司

住所地：苏州市××区××路×号

法定代表人：苏某，职务：总经理，联系方式：139×××‍×6837

请求事项：

1. 对汇票编号为＊＊＊＊＊＊＊＊，票面金额为人民币 10 万元的中国工商银行汇票进行公示催告；

2. 受理后立即通知票据支付人停止支付；

3. 在公告期满后，无人申报权利的，或申报被驳回的，人民法院作出除权判决，宣告已丧失的票据不再具有法律效力。

事实与理由：申请人因于 2022 年 3 月 12 日通过中国工商银行苏州支行某分行签发了银行汇票，汇票编号为＊＊＊＊＊＊＊＊，票面金额为人民币 10 万元，出票日期为 2022 年 3 月 12 日，出票人为申请人甲有限责任公司，付款行为中国工商银行苏州支行某分行，收款人为苏州市乙有限责任公司。该汇票在送至收款人的途中被快递公司丢失。

为保障申请人的票据权利，根据《中华人民共和国民事诉讼法》的相关规定，向贵院申请对该票据进行公示催告，并于公示催告期间届满后依法作出除权判决，宣告该票据无效，申请人有权向付款行请求支付。

此致

苏州市某区人民法院

申请人：苏州市甲有限责任公司
法定代表人：苏某
2022 年 3 月 28 日

法条链接

《中华人民共和国民事诉讼法》

第二百二十五条　按照规定可以背书转让的票据持有人，因票据被盗、遗失或者灭失，可以向票据支付地的基层人民法院申请公示催告。依照法律规定可以申请公示催告的其他事项，适用本章规定。

申请人应当向人民法院递交申请书，写明票面金额、发票人、持票人、背书人等票据主要内容和申请的理由、事实。

第二百二十六条　人民法院决定受理申请，应当同时通知支付人停止支付，并在三日内发出公告，催促利害关系人申报权利。公示催告的期间，由人民法院根据情况决定，但不得少于六十日。

第二百二十七条　支付人收到人民法院停止支付的通知，应当停止支付，至公示催告程序终结。

公示催告期间，转让票据权利的行为无效。

第二百二十八条　利害关系人应当在公示催告期间向人民法院申报。

人民法院收到利害关系人的申报后，应当裁定终结公示催告程序，并通知申请人和支付人。

申请人或者申报人可以向人民法院起诉。

第二百二十九条　没有人申报的，人民法院应当根据申请人的申请，作出判决，宣告票据无效。判决应当公告，并通知支付人。自判决公告之日起，申请人有权向支付人请求支付。

第二百三十条　利害关系人因正当理由不能在判决前向人民法院申报的，自知道或者应当知道判决公告之日起一年内，可以向作出判决的人民法院起诉。

减（免、缓）交诉讼费用申请书

文书简介

减（免、缓）交诉讼费用申请书是指交费确有困难的当事人，向人民法院递交的减（免、缓）诉讼费的书面申请。本项申请只适用于自然人。

文书样式

申请书

申请人：_____

请求事项：_____

事实与理由：_____

_____

此致

×××人民法院

申请人：_____

×××年××月××日

制作要点

1. 标题：写"申请书"。

2. 申请人基本情况：写明姓名、性别、出生年月日、民族、职业或工作单位、住址及联系方式。

3. 请求事项：写减（免、缓）交诉讼费用_____元。

4. 事实与理由：该部分主要是陈述案由及减（免、缓）诉讼费用的原因，讲明申请减（免、缓）的金额及缓交的天数；陈述时要言辞恳切，实事求是，不能虚构和夸大事实。

5. 尾部：致送人民法院名称；申请人签名；注明申请日期。

实例示范

> 张大某和张小某是同父异母的兄弟，二人的母亲均已去世，二人跟随父亲一起生活。父亲去世后，张大某和张小某均认为父亲留下的房屋应该归自己所有，遂因房屋产权问题产生纠纷。为此，张小某将哥哥张大某诉至法院，但是，由于张小某刚上大学，父母均已过世，父亲留下的钱要为张小某交学费完成学业，除此以外张小某没有任何经济来源，因此，张小某无力按规定交纳诉讼费用。所以，张小某打算向法院申请免交诉讼费用。

申请书

申请人：张小某，男，2003年9月28日出生，汉族，学生，住A市B县小张庄村×号，联系方式：183×××3355。

请求事项：免交诉讼费用500元。

事实与理由：申请人张小某因房屋产权纠纷一案，已向贵院提起诉讼。申请人和被告张大某的父亲过世后，二人因均主张自己拥有房屋所有权而产生纠纷。申请人张小某目前是在校大学生，父母都已过世，父亲留下的钱需要用于下学期交学费以完成学业，除此以外申请人没有其他经济来源，生活十分拮据，无力交纳诉讼费用。故此，根据《中华人民共和国民事诉讼法》和《诉讼费用交纳办法》的相关规定，向贵院申请免交诉讼费用，或者待案件判决后再行交纳，望贵院批准。

此致
B县人民法院

申请人：张小某
2022年3月16日

法条链接

《中华人民共和国民事诉讼法》

第一百二十一条　当事人进行民事诉讼，应当按照规定交纳案件受理费。财产案件除交纳案件受理费外，并按照规定交纳其他诉讼费用。

当事人交纳诉讼费用确有困难的，可以按照规定向人民法院申请缓交、减交或者免交。

收取诉讼费用的办法另行制定。

通知证人出庭申请书

文书简介

通知证人出庭申请书是指当事人向法庭递交的请求证人出庭作证的法律文书。

文书样式

申请书

申请人：_____

请求事项：因_____一案，请求人民法院依法通知证人_____出庭作证，以证明_____（写明待证事实）。

事实与理由：_____

_____

此致

×××人民法院

申请人：_____
×××年××月××日

制作要点

1. 标题：写"申请书"。

2. 申请人基本情况：申请人是公民的，应当写明姓名、性别、出生年月日、民族、职业或工作单位、住址及联系方式；申请人是法人、其他组织的，应写明其名称、住所地及法定代表人或者主要负责人的姓名、职务和联系方式。

3. 请求事项：这部分须将案由、证人的个人信息、证明什么写清楚。一般可写成：申请证人某某对某某情况等证明事项出庭作证；请求人民法院准予某某在某某案中作为证人出庭作证。

4. 事实与理由：该部分主要是陈述为何要证人出庭作证，说明证人对案件了解程度，体现证人出庭作证之必要。

5. 尾部：致送人民法院名称；申请人签名，申请人为法人或其他组织的，应加盖单位公章，并由其法定代表人或者主要负责人签名；注明申请日期。

实例示范

> 一天，袁某骑自行车下班回家。刚到小区门口，袁某看到一位老人躺在地上，便骑到老人身边，停下后询问老人为何摔倒并将其扶起。此时，老人的儿媳妇匆忙赶来，看到袁某在搀扶老人便一口咬定是袁某将老人撞倒的。随后，老人的儿媳妇将老人送往医院，袁某便回家了。后来，老人的儿子程某将袁某诉至法院，请求认定老人是袁某所伤，并要求其赔偿老人的医疗费。袁某当即想到，事发当时，看门的赵大爷看到了这一幕，赵大爷可以证明老人不是袁某所撞，于是，袁某向法院申请让赵大爷作为证人出庭作证。

申请书

申请人：袁某，女，1989 年 4 月 2 日生，汉族，住甲市某区光明路园丁小区×－×－×，联系方式：138×××7245。

请求事项：因（2022）×民初 136 号程某代其父亲诉袁某人身侵权纠纷一案，请求人民法院通知赵某（身份证号：××××××19480512××××）作为证人出庭作证，以证明袁某没有撞倒程某的父亲。

事实和理由：在程某代其父亲诉袁某人身侵权案中，赵某目击了事情的经过。其可以证明程某的父亲并非被袁某撞倒，而是自己摔伤，袁某只是骑自行车路过并帮忙搀扶程某的父亲，并未对程某的父亲有任何侵权行为。赵某愿意出庭为袁某作证。

此致
甲市某区人民法院

申请人：袁某
2022 年 4 月 27 日

法条链接

《中华人民共和国民事诉讼法》

第七十五条　凡是知道案件情况的单位和个人，都有义务出庭作证。有关单位的负责人应当支持证人作证。

不能正确表达意思的人，不能作证。

宣告无（或限制）行为能力人申请书

文书简介

> 宣告无（或限制）行为能力人申请书是指某人（通常为精神病人）的利害关系人，向人民法院递交的，请求宣告某人为无民事行为能力人或者限制民事行为能力人的法律文书。

文书样式

申请书

申请人：_____

被申请人：_____

申请事项：

1. 宣告_____（被申请人姓名）为无（或限制）行为能力人。

2. 指定_____为_____的监护人。

事实和理由：申请人×××与被申请人×××系_____（写明双方的关系）。_____
_____（写明被申请人为无或限制民事行为能力人的事实）。

此致

×××人民法院

附：诊断证明/鉴定意见书。

申请人：_____
×××年××月××日

制作要点

1. 标题：写"申请书"。

2. 当事人基本情况：应当写明姓名、性别、出生年月日、民族、职业或工作单位、住址及联系方式等。

3. 申请事项：请求人民法院宣告某人（被申请人姓名）为无（或限制）行为能力人；指定谁为监护人。

4. 事实和理由：该部分主要是陈述为何要宣告某人为无（或限制）行为能力人，写明相应的事实及原因。

5. 尾部：致送人民法院名称；申请人签名；注明申请日期；有附项的附上相关证明。

实例示范

> 杨小某本是一个活泼开朗的女孩，失恋后因感情受挫得了抑郁症，多次自残均被家人阻止。后来，杨小某的母亲因车祸去世，杨小某受不了这双重打击，开始变得精神恍惚。一段时间后，杨小某已经不能正常工作和生活，经医生鉴定，杨小某患上了精神疾病。杨小某的父亲杨某带女儿去各大医院看病均未治愈。杨某欲向法院提出申请，请求宣告杨小某为无民事行为能力人。

申请书

申请人：杨某，男，1969 年 8 月 9 日出生，汉族，住甲市乙县曙光路 × 号，联系方式：××××××××。

被申请人：杨小某，女，1999 年 9 月 23 日出生，汉族，住甲市乙县曙光路 × 号，联系方式：××××××××。

申请事项：

1. 宣告杨小某为无民事行为能力人；

2. 指定杨某为杨小某的监护人。

事实和理由：

申请人杨某与被申请人杨小某系父女关系，杨小某于 2021 年 8 月在失恋和母亲去世的双重打击下患上精神疾病。申请人带被申请人去各大城市就医，至今未治愈，且被申请人目前已经不能正常工作和生活，衣食起居均需他人照顾。申请人特向贵院提出申请，请求宣告杨小某为无民事行为能力人。

此致
乙县人民法院

附：某医院的诊断证明。

申请人：杨某
2022 年 4 月 6 日

法条链接

《中华人民共和国民事诉讼法》

第一百九十四条　申请认定公民无民事行为能力或者限制民事行为能力，由利害关系人或者有关组织向该公民住所地基层人民法院提出。

申请书应当写明该公民无民事行为能力或者限制民事行为能力的事实和根据。

第一百九十五条　人民法院受理申请后，必要时应当对被请求认定为无民事行为能力或者限制民事行为能力的公民进行鉴定。申请人已提供鉴定意见的，应当对鉴定意见进行审查。

第一百九十六条　人民法院审理认定公民无民事行为能力或者限制民事行为能力的案件，应当由该公民的近亲属为代理人，但申请人除外。近亲属互相推诿的，由人民法院指定其中一人为代理人。该公民健康情况许可的，还应当询问本人的意见。

人民法院经审理认定申请有事实根据的，判决该公民为无民事行为能力或者限制民事行为能力人；认定申请没有事实根据的，应当判决予以驳回。

第一百九十七条　人民法院根据被认定为无民事行为能力人、限制民事行为能力人本人、利害关系人或者有关组织的申请，证实该公民无民事行为能力或者限制民事行为能力的原因已经消除的，应当作出新判决，撤销原判决。

承认外国法院判决申请书

文书简介

承认外国法院判决申请书是指根据我国相关法律规定，申请人民法院承认外国法院判决在我国领域内具有法律效力的法律文书。

文书样式

申请书

申请人：_____

请求事项：申请承认××国×××法院××××年××月××日作出的_____判决在中华人民共和国领域内具有法律效力。

事实和理由：_____

_____

此致

×××人民法院

附：1. 本申请书副本×份；

  2. 外国法院判决书正本或者经证明无误的副本以及中文译本×份。

申请人：_____
××××年××月××日

制作要点

1. 标题：写"申请书"。

2. 申请人基本情况：写明姓名、性别、出生年月日、国籍、职业或工作单位、住址及联系方式；有法定代理人的，写明法定代理人的姓名、职务和联系方式；有委托代理人的，应写明委托代理人的姓名、工作单位或律师事务所名称。

3. 请求事项：写明申请人民法院承认某国某法院于何时对何案作出的判决在我国领域范围内具有法律效力。

4. 事实和理由：写明在外国提起诉讼的时间和原因，阐述诉讼的过程和外国法院作出的最后判决结果。

5. 尾部和附项：尾部写明致送人民法院名称，申请人签名，并注明日期。附项部分应该附外国法院判决书和中文译本。

实例示范

> 2017年6月6日，林某和韩某在北京登记结婚。婚后，由于工作原因，二人一直分居，林某住在单位，韩某住在其母亲家。由于二人工作繁忙，所以一直维持此状态，未购置房屋也未生育子女。2018年3月，因工作需要，林某去往美国加利福尼亚州工作。2018年5月，林某决定与妻子韩某离婚，遂向所在州的法院提起了离婚诉讼。韩某收到起诉状副本和法院的传票以后，表示同意离婚，并到美国参加了诉讼。2018年6月27日，法院判决解除林某和韩某的婚姻关系。韩某回国后，申请北京市第二中级人民法院承认该外国法院作出的判决。

申请书

申请人：韩某，女，1983年6月24日生，中国籍，汉族，北京市某集团员工，住北京市××区××小区×号楼×室，联系方式：187×××˟0808。

请求事项：申请法院承认美国加利福尼亚州法院于2018年6月27日作出的第145号离婚判决在中华人民共和国领域内具有法律效力。

事实和理由：申请人韩某和林某于2017年6月6日在北京登记结婚，婚后二人一直分居，未生育子女，也未共同购置财产。2018年3月，林某去往美国工作，同年5月向美国加利福尼亚州法院提起诉讼，要求与申请人解除婚姻关系。申请人收到法院的出庭传票后，同意离婚并飞往美国参加诉讼。2018年6月27日，加利福尼亚州法院依据林某的诉讼请求，判决解除林某和韩某的婚姻关系。现申请人根据《中华人民共和国民事诉讼法》和《最高人民法院关于中国公民申请承认外国法院离婚判决程序问题的规定》的相关规定，请求贵院承认美国加利福尼亚州法院于 2018 年 6 月 27 日所作的判决在中华人民共和国领域内具有法律效力。

此致

北京市某中级人民法院

附：美国加利福尼亚州法院判决书和中译本各 1 份。

申请人：韩某

2018 年 12 月 26 日

法条链接

《中华人民共和国民事诉讼法》

第二百八十八条　外国法院作出的发生法律效力的判决、裁定，需要中华人民共和国人民法院承认和执行的，可以由当事人直接向中华人民共和国有管辖权的中级人民法院申请承认和执行，也可以由外国法院依照该国与中华人民共和国缔结或者参加的国际条约的规定，或者按照互惠原则，请求人民法院承认和执行。

认定财产无主申请书

文书简介

　　认定财产无主申请书是指对于没有权利主体或主体不明的财产，公民、法人或其他组织申请人民法院依法认定该财产为无主财产，并请求法院判归国家或集体所有而提交的法律文书。

文书样式

申请书

申请人：_____

请求事项：认定_____为无主财产，收归国家（_____集体）所有。
事实和理由：_____

_____

此致
×××人民法院

申请人：_____

××××年××月××日

📝 制作要点

1. 标题：写"申请书"。

2. 申请人基本情况：申请人是公民的，应当写明姓名、性别、出生年月日、民族、职业或工作单位、住址及联系方式；申请人是法人、其他组织的，应写明其名称、住所地及法定代表人或者主要负责人的姓名、职务和联系方式。

3. 请求事项：写明请求人民法院认定哪些财产无主，并要求法院将该财产收归国家或某集体所有。

4. 事实和理由：阐明申请人提出申请的事实根据和理由。写明申请人发现无主财产的经过以及无主财产的状态和特点，并注明与无主财产的关系。然后说明申请人认定该财产为无主财产的理由。

5. 结尾：致送人民法院名称；申请人签名，申请人为法人或其他组织的，应加盖单位公章，并由其法定代表人或者主要负责人签名；注明申请日期。

✍ 实例示范

> 冯某和妻子梁某与老人明某是邻居，明某的妻子儿女以及所有的亲人都在多年前的一次地震中去世，明某一直一个人生活。平日里，冯某夫妇经常帮忙照顾老人，老人对冯某夫妇感激不尽。2022年1月17日，明某生命危在旦夕，他对冯某说，自己没有亲人，死后财产也无人继承，这些年冯某一直照顾自己，其名下的房子就送给冯某了。冯某拒绝了老人明某的赠与，并表示自己对老人的照顾是应该的，不要任何回报，他会把明某的财产交给国家。老人去世后，冯某向法院提交了认定财产无主申请书。

申请书

申请人：冯某，男，1976年2月12日生，汉族，甲市××贸易有限公司员工，住甲市平安区××路15号，联系方式：×××××××。

请求事项：认定甲市平安区××路16号房屋为无主财产，并收归国家所有。

事实和理由：甲市平安区××路16号房屋原为明某所有，2022年1月17日，明某去世，由于其亲人都已不在人世，遂其财产无人继承。明某生前与申请人系邻居，由于申请人经常照料明某的生活，明某生前曾表示将其名下房产赠与申请人，但申请人拒绝了明某，放弃了该赠与，所以，明某去世后，其名下房屋系无主财产。

因此，申请人请求法院将甲市平安区××路16号房屋认定为无主财产，并判归国家所有。

此致
甲市平安区人民法院

申请人：冯某

2022年4月19日

法条链接

《中华人民共和国民事诉讼法》

第一百九十八条　申请认定财产无主，由公民、法人或者其他组织向财产所在地基层人民法院提出。

申请书应当写明财产的种类、数量以及要求认定财产无主的根据。

第一百九十九条　人民法院受理申请后，经审查核实，应当发出财产认领公告。公告满一年无人认领的，判决认定财产无主，收归国家或者集体所有。

第二百条　判决认定财产无主后，原财产所有人或者继承人出现，在民法典规定的诉讼时效期间可以对财产提出请求，人民法院审查属实后，应当作出新判决，撤销原判决。

确认调解协议申请书

文书简介

确认调解协议申请书是当事人通过调解组织达成调解协议后，申请司法确认时需要提交的法律文书。双方当事人自调解协议生效之日起30日内，共同向下列人民法院提出：(1) 人民法院邀请调解组织开展先行调解的，向作出邀请的人民法院提出；(2) 调解组织自行开展调解的，向当事人住所地、标的物所在地、调解组织所在地的基层人民法院提出；(3) 调解协议所涉纠纷应当由中级人民法院管辖的，向相应的中级人民法院提出。

文书样式

申请书

申请人：_____

申请人：_____

请求事项：

确认申请人_____与_____于××××年××月××日达成的_____调解协议有效。

事实和理由：××××年××月××日，申请人_____与_____经_____主持调解，达成了如下调解协议：

_____。

申请人出于解决纠纷的目的自愿达成协议，没有恶意串通、规避法律的行为；如果因为该协议内容而给国家、集体或他人造成损害的，愿意承担相应的民事责任和其他法律责任。

此致

×××人民法院

附：调解协议及调解组织主持调解的证明等材料。

申请人：_____

××××年××月××日

制作要点

1. 标题：写"申请书"。

2. 当事人基本情况：当事人是公民的，应当写明姓名、性别、出生年月日、民族、职业或工作单位、住址及联系方式；当事人是法人、其他组织的，应写明名称、住所地、法定代表人或者主要负责人的姓名、职务和联系方式。

3. 请求事项：这部分写明需要法院进行确认的调解协议名称。

4. 事实和理由：这部分需要写明达成调解协议的日期、调解组织名称以及调解协议的内容，除此之外，还需要写明为当事人主持调解的调解组织名称。

5. 尾部及附项：致送人民法院名称；申请人签名，申请人为法人或其他组织的，应加盖单位公章，并由其法定代表人或者主要负责人签名；注明申请日期。附项附上调解协议及调解组织主持调解的证明等材料。

实例示范

> 刘某与金某是上下楼邻居。因刘某总是在楼上的家中进行跳绳等运动，干扰到金某一家人的生活，于是金某上楼找刘某理论。在理论过程中，刘某与金某发生了口角，两人一言不合动起手来。金某的身材较为瘦弱，被刘某打伤，到医院治疗。治疗期间，金某所花的医疗费、交通费以及误工费等总计11000元。事后，刘某与金某向某调解组织申请调解，并达成了调解协议。随后，他们向法院申请确认调解协议的效力。

申请书

申请人：金某，男，1980年7月16日出生，汉族，现住××县××路××小区2号楼501室，联系方式：135××××6369

申请人：刘某，男，1985年8月4日出生，汉族，现住××县××路××小区2号楼601室，联系方式：152××××3589

请求事项：确认申请人金某与刘某于 2021 年 10 月 12 日达成的《就金某受伤一事的调解协议》合法有效。

事实和理由：2021 年 10 月 12 日，申请人金某与刘某经某调解组织主持调解，达成了如下调解协议：

刘某一次性赔偿金某医疗费、误工费、交通费等各项经济损失 11000 元，于一周内付清。

申请人出于解决纠纷的目的自愿达成协议，没有恶意串通、规避法律的行为；如果因为该协议内容而给国家、集体或他人造成损害的，愿意承担相应的民事责任和其他法律责任。

此致
某县人民法院

附：调解协议及调解组织主持调解的证明。

申请人：金某
刘某
2021 年 10 月 13 日

法条链接

《中华人民共和国民事诉讼法》

第二百零二条　人民法院受理申请后，经审查，符合法律规定的，裁定调解协议有效，一方当事人拒绝履行或者未全部履行的，对方当事人可以向人民法院申请执行；不符合法律规定的，裁定驳回申请，当事人可以通过调解方式变更原调解协议或者达成新的调解协议，也可以向人民法院提起诉讼。

人身安全保护令申请书

文书简介

当遭受家庭暴力或者面临家庭暴力的现实危险时，可以向人民法院申请人身安全保护令。申请人身安全保护令应当以书面形式作出，并且申

> 请人一般应当为遭受家庭暴力的本人。如果当事人是无民事行为能力人、限制民事行为能力人，或者因受到强制、威吓等原因无法申请人身安全保护令的，其近亲属、公安机关、妇女联合会、居民委员会、村民委员会、救助管理机构可以代为申请。

文书样式

申请书

申请人：_____

被申请人：_____

请求事项：_____

事实和理由：_____

_____

此致

×××人民法院

申请人：_____
××××年××月××日

制作要点

1. 标题：写"申请书"。

2. 当事人基本情况：写明当事人的姓名、性别、出生年月日、民族、职业或工作单位、住址及联系方式。代为申请的，也要写明相关信息。

3. 请求事项：这部分需要写明保护申请人人身安全的措施。

4. 事实和理由：如果正在遭受家暴的，需要写清遭受家暴的具体情形；如果尚未遭受家暴，而是面临家暴的现实危险的，需要写出具体的事实和理由。

5. 尾部：致送人民法院名称；申请人签名，其他组织代为申请的，应加盖公章，并由其负责人签名；注明申请日期。

实例示范

> 张某和任某结婚以后，张某曾多次殴打任某。不堪忍受的任某决定和张某离婚。在离婚诉讼的过程中，张某不思悔改，变本加厉地跟踪、殴打任某。于是，任某决定向人民法院申请人身保护令。

申请书

申请人：任某，女，1989年5月2日出生，汉族，住××县××街道××小区6号楼621室。联系方式：137×××6894。

被申请人：张某，男，1989年9月4日出生，汉族，住××县××街道××小区4号楼312室。联系方式：135×××9542。

请求事项：

请求人民法院依法签发人身保护令：禁止被申请人殴打、跟踪申请人。

事实和理由：

因被申请人在婚姻关系中多次殴打申请人，申请人不堪忍受，于2021年10月18日向贵院提出离婚诉讼。起诉后，被申请人变本加厉，经派出所警告教育后仍然不思悔改，多次跟踪并殴打申请人，严重影响申请人的正常生活。

申请人依法向人民法院申请人身保护令。请批准！

此致

某县人民法院

申请人：任某
2021年11月18日

法条链接

《中华人民共和国反家庭暴力法》

第二十三条　当事人因遭受家庭暴力或者面临家庭暴力的现实危险，向人民法院申请人身安全保护令的，人民法院应当受理。

当事人是无民事行为能力人、限制民事行为能力人，或者因受到强制、威吓等原因无法申请人身安全保护令的，其近亲属、公安机关、妇女联合会、居民委员会、村民委员会、救助管理机构可以代为申请。

第二十四条　申请人身安全保护令应当以书面方式提出；书面申请确有困难的，可以口头申请，由人民法院记入笔录。

第二十五条　人身安全保护令案件由申请人或者被申请人居住地、家庭暴力发生地的基层人民法院管辖。

第二十七条　作出人身安全保护令，应当具备下列条件：

（一）有明确的被申请人；

（二）有具体的请求；

（三）有遭受家庭暴力或者面临家庭暴力现实危险的情形。

三、证明、委托代理类

民事诉讼授权委托书

文书简介

> 授权委托书是指当事人为把代理权授予委托代理人而制作的一种法律文书。它是委托人实施授权行为的证明，是产生代理权的直接根据。授权委托书分为两种：一种是民事代理授权委托书；另一种是诉讼代理授权委托书。在民事诉讼中，相应的诉讼代理授权委托书即为民事诉讼授权委托书。

文书样式

民事诉讼授权委托书

委托人：＿＿＿＿＿＿＿＿＿＿＿＿＿＿＿＿＿＿＿＿＿＿＿＿＿＿

受委托人：＿＿＿＿＿＿＿＿＿＿＿＿＿＿＿＿＿＿＿＿＿＿＿＿＿

现委托＿＿＿＿＿＿在我与＿＿＿＿＿＿因＿＿＿＿＿＿＿＿纠纷一案中，作为我参加诉讼的诉讼代理人。

代理人＿＿＿＿＿＿＿的代理权限为：＿＿＿＿＿＿＿＿＿＿＿＿

代理事项为：＿＿＿＿＿＿＿＿＿＿＿＿＿＿＿＿＿＿＿＿＿＿＿

委托人：＿＿＿＿＿＿＿

×××年××月××日

制作要点

1. 当事人基本情况：委托人和受委托人的姓名、性别、出生日期、职业、现住址及联系方式。如果委托人是法人或其他组织的，应写明其名称、住所地及法定代表人或者主要负责人姓名、职务、联系方式等。

2. 委托事项：委托的事项一定要写得明确、具体，不能笼统、模糊。

3. 委托权限范围：委托的权限范围是代理人实施代理行为有效的依据，一定要写明确。写明是一般委托（即委托代理人只能代当事人为一般的诉讼行为，如提出证据、进行辩论、申请财产保全等），还是特别委托（即委托代理人受托进行某些重大诉讼行为，如有权代理当事人承认、变更、放弃诉讼请求；有权提起上诉或反诉；有权与对方当事人和解等）。

4. 当事人署名：委托人签名或盖章；法人或其他组织的，应加盖公章并由法定代表人或者主要负责人签名；注明日期。

实例示范

> 楚某与朋友康某因琐事产生纠纷，楚某在与康某争执的过程中失手将康某打伤。康某住院治疗花去了大额的医疗费，出院以后，康某向法院提起民事诉讼，要求楚某赔偿自己的损失。楚某觉得自己不懂法律，遂请来了律师事务所的董律师作为自己的诉讼代理人，并在律师的帮助下写了一份民事诉讼授权委托书。

民事诉讼授权委托书

委托人：楚某，男，汉族，1988年4月4日生，住××市××区××路×号；联系方式：132××××6291。

受委托人：董某，辽宁××律师事务所律师。

现委托董某在我与康某民事纠纷一案中，作为我参加诉讼的诉讼代理人。

代理人董某的代理权限为：特别委托代理。

代理事项为：起诉、立案、代收、递交本案法律文书，申请撤诉，承认、放弃、变更诉讼请求，进行和解，提起反诉或者上诉，执行判决。

委托人：楚某
2022年3月11日

法条链接

《中华人民共和国民事诉讼法》

第五十二条第一款　当事人有权委托代理人，提出回避申请，收集、提供证据，进行辩论，请求调解，提起上诉，申请执行。

第六十二条　委托他人代为诉讼，必须向人民法院提交由委托人签名或者盖章的授权委托书。

授权委托书必须记明委托事项和权限。诉讼代理人代为承认、放弃、变更诉讼请求，进行和解，提起反诉或者上诉，必须有委托人的特别授权。

侨居在国外的中华人民共和国公民从国外寄交或者托交的授权委托书，必须经中华人民共和国驻该国的使领馆证明；没有使领馆的，由与中华人民共和国有外交关系的第三国驻该国的使领馆证明，再转由中华人民共和国驻该第三国使领馆证明，或者由当地的爱国华侨团体证明。

法定代表人身份证明书

文书简介

> 法定代表人身份证明书是指法定代表人代表法人进行诉讼时，法人向法院出具的证明其法定代表人身份，并证明其有权代表法人参加诉讼、行使诉讼权利和履行诉讼义务的法律文书。
>
> 法定代表人指依照相关规定，代表法人行使职权的负责人。法定代表人的行为就是法人的行为，可以直接代表法人向法院起诉或应诉。

文书样式

法定代表人身份证明书

　　_____（姓名、性别、年龄）在我公司（单位、企业）担任_____职务，是我公司（单位、企业）的法定代表人。

　　特此证明。

附：法定代表人住址：
联系方式：

_____公司（加盖公章）

××××年××月××日

制作要点

1. 标题：写"法定代表人身份证明书"。

2. 首先写明法定代表人的姓名、性别、年龄，其次写明在公司担任什么职务，如董事长或总经理。注明"特此证明"。

3. 结尾写明公司全称并加盖公章，标明日期，附法定代表人的住址和联系方式。

实例示范

> 甲有限责任公司与乙实业有限责任公司产生买卖合同纠纷，甲有限责任公司的法定代表人王某需要参加诉讼，为此，甲有限责任公司为王某出具了一份身份证明书。

法定代表人身份证明书

王某，男，42岁，在我公司担任总经理职务，是我公司的法定代表人。特此证明。

附：法定代表人住址：××市××区××路××小区×号
联系方式：187××××7788

甲有限责任公司（盖章）

2022年4月18日

法条链接

《中华人民共和国民事诉讼法》

第五十一条 公民、法人和其他组织可以作为民事诉讼的当事人。

法人由其法定代表人进行诉讼。其他组织由其主要负责人进行诉讼。

其他组织主要负责人身份证明书

文书简介

其他组织主要负责人身份证明书是指在民事诉讼或者行政诉讼中,不具备法人资格的组织作为当事人时,提供的代表该组织进行诉讼的负责人身份证明的法律文书。

文书样式

主要负责人身份证明书

_____(姓名、性别、年龄)在我单位担任_____职务,是我单位的主要负责人。

特此证明。

附:主要负责人住址:
联系方式:

_____(单位全称加盖公章)
××××年××月××日

制作要点

1. 标题:写"主要负责人身份证明书"。

2. 写明主要负责人的姓名、性别、年龄,并写明在本单位担任什么职务。注明"特此证明"。

3. 结尾写明单位全称并加盖公章,标明日期,附主要负责人的住址和联系方式。

实例示范

> A市甲纸箱厂与乙合伙公司产生债权债务纠纷。乙合伙公司的刘某作为该公司的诉讼代表人参加了诉讼，乙合伙公司向法院提交了诉讼代表人身份证明书，以证明刘某的诉讼代表人身份。

主要负责人身份证明书

刘某，男，40岁，在我公司担任总经理职务，是我公司的主要负责人。特此证明。

附：主要负责人住址：A市B区××路×号
　　联系方式：183×××7689

A市乙合伙公司（盖章）

2022年3月19日

法条链接

《中华人民共和国民事诉讼法》

第五十一条　公民、法人和其他组织可以作为民事诉讼的当事人。
法人由其法定代表人进行诉讼。其他组织由其主要负责人进行诉讼。

共同诉讼代表人推选书

文书简介

> 　　共同诉讼代表人推选书，是指共同诉讼的当事人向法院提供的推选代表人代表共同诉讼人进行诉讼的法律文书。
> 　　当事人一方人数众多的共同诉讼，可以由当事人推选代表人参加。代表人的诉讼行为对其所代表的当事人发生效力，但诉讼代表人若想变更、放弃诉讼请求或者承认对方当事人的诉讼请求，需要征得其他当事人同意。

文书样式

共同诉讼代表人推选书

对于_____一案，我们共同推选_____（姓名、性别、年龄、身份证号）为我方参加诉讼的代表人，其诉讼行为对全体推选人/单位发生效力。

特此证明。

附：代表人住址：
联系方式：

推选人：_____
××××年××月××日

制作要点

1. 标题：写"共同诉讼代表人推选书"。

2. 首先写明案由，然后写明共同诉讼代表人的姓名、性别、年龄，全文可写"我们共同推选_____为我方参加诉讼的代表人，其诉讼行为对全体推选人/单位发生效力。特此证明"。

3. 所有的推选人都要签字，并写明日期。附项部分需附代表人的住址和联系方式。

实例示范

> 张某和其余十几位邻居因与小区的物业公司产生纠纷而共同向法院提起民事诉讼，由于人数众多，邻居们决定推选一位诉讼代表人。张某是一位退休的老教师，学历较高，为人正直，邻居们决定选张某为诉讼代表人，并提交了一份共同诉讼代表人身份证明书。

共同诉讼代表人推选书

对于馨雅小区业主诉甲物业公司一案，我们共同推选张某（男，66岁，身份证号：××××× 19560316 ××××）为我方参加诉讼的代表人，其诉讼行为对全体推选人发生效力。

特此证明。

附：代表人住址：A 市 B 区馨雅小区×－×－×
　　联系方式：183×××× 2789

推选人：张某　林某　孟某
侯某　马某　朱某
周某　魏某　刘某
2022 年 3 月 23 日

法条链接

《中华人民共和国民事诉讼法》

第五十五条　当事人一方或者双方为二人以上，其诉讼标的是共同的，或者诉讼标的是同一种类、人民法院认为可以合并审理并经当事人同意的，为共同诉讼。

共同诉讼的一方当事人对诉讼标的有共同权利义务的，其中一人的诉讼行为经其他共同诉讼人承认，对其他共同诉讼人发生效力；对诉讼标的没有共同权利义务的，其中一人的诉讼行为对其他共同诉讼人不发生效力。

第五十六条　当事人一方人数众多的共同诉讼，可以由当事人推选代表人进行诉讼。代表人的诉讼行为对其所代表的当事人发生效力，但代表人变更、放弃诉讼请求或者承认对方当事人的诉讼请求，进行和解，必须经被代表的当事人同意。

第二章　刑事诉讼法律文书

一、诉状类

刑事自诉状

文书简介

刑事自诉状是刑事自诉案件的被害人或者他的法定代理人为追究被告人的刑事责任，直接向人民法院提起诉讼时所使用的法律文书。根据我国《刑事诉讼法》第19条第3款的规定，自诉案件，由人民法院直接受理。

《刑事诉讼法》第210条规定，自诉案件包括下列案件：

（1）告诉才处理的案件；

（2）被害人有证据证明的轻微刑事案件；

（3）被害人有证据证明对被告人侵犯自己人身、财产权利的行为应当依法追究刑事责任，而公安机关或者人民检察院不予追究被告人刑事责任的案件。

凡属上述法律规定范围以内的刑事案件，被害人或是他的法定代理人有权向人民法院提出刑事自诉，请求人民法院受理，并在依法审理后作出公正裁决。

文书样式

刑事自诉状

自诉人：

被告人：＿＿＿＿＿＿＿＿＿＿＿＿＿＿＿＿＿＿＿＿＿＿＿＿

案由：＿＿＿＿＿＿＿＿＿＿＿＿＿＿＿＿＿＿＿＿＿＿＿＿＿

诉讼请求：＿＿＿＿＿＿＿＿＿＿＿＿＿＿＿＿＿＿＿＿＿＿

＿＿＿＿＿＿＿＿＿＿＿＿＿＿＿＿＿＿＿＿＿＿＿＿＿＿＿＿

事实与理由：＿＿＿＿＿＿＿＿＿＿＿＿＿＿＿＿＿＿＿＿＿

＿＿＿＿＿＿＿＿＿＿＿＿＿＿＿＿＿＿＿＿＿＿＿＿＿＿＿＿

证据及其来源，证人姓名和住址：＿＿＿＿＿＿＿＿＿＿＿

＿＿＿＿＿＿＿＿＿＿＿＿＿＿＿＿＿＿＿＿＿＿＿＿＿＿＿＿

此致

×××人民法院

附：本诉状副本×份。

自诉人：＿＿＿＿＿＿

××××年××月××日

制作要点

1. 标题：写"刑事自诉状"。

2. 当事人基本情况：这部分主要是自诉人（代为告诉人）和被告人的基本情况。当事人是公民的，应当写明姓名、性别、年龄、民族、职业、工作单位、住址、联系方式；当事人是法人、其他组织的，应写明其名称、所在地址、法定代表人或者主要负责人的姓名、职务和联系方式。

3. 案由和诉讼请求：这部分必须写得明确、具体。案由即为被告人被控告的罪名。诉讼请求应写明要求追究被告人何种罪名，有多个诉讼请求的须分项列出。

4. 事实与理由：这部分应全面反映案件事实的客观真实情况，陈述起诉的原因。要写清被告人犯罪的时间、地点、侵害的对象、动机、目的、情节、手段及造成的后果，阐明被告人构成犯罪的罪名和法律依据。有附带民事诉讼内容的，在被告人的犯罪事实之后写明。事实与理由要写清楚、透彻，描述事实和说明理由时要把握住争议的焦点所在。

5. 证据及其来源，证人姓名和住址：有关举证事项，应写明证据的名称、件数、来源或证据线索。有证人的,应写明证人的姓名、住址。

6. 尾部及附项:尾部包括致送人民法院的名称、自诉人签名、自诉时间;附项列明本诉状副本及份数。

实例示范

> 张某和谢某是邻居,早在谢某父亲年轻的时候,两家人就因宅基地的地界问题结下了仇。一日,张某又为琐事与谢某父亲发生争执并大打出手,张某在争执中吃了亏,见惹不起谢某父亲,便纠集妻儿老小去谢某家常住,一家人不仅吃住在谢某家,还邀请亲朋好友到谢某家喝酒、打牌,闹得谢某家根本无法正常生活。谢某多次好言相劝让其离开,张某都置之不理,后村干部也多次进行劝说,张某始终不肯罢休。对此,检察院没有提起公诉,谢某在忍无可忍之下,向人民法院提起了刑事自诉。

刑事自诉状

自诉人:谢某,男,汉族,1986年1月15日生,住××市××县××村,联系方式:131×××8956。

被告人:张某,男,汉族,1960年10月3日生,住××市××县××村,联系方式:151×××3212。

案由:非法侵入住宅。

诉讼请求:被告人张某犯非法侵入住宅罪,请求人民法院依法追究张某的刑事责任。

事实和理由:自诉人和被告人是邻居,多年前自诉人的父亲和被告人就因宅基地的地界问题发生过纠纷,两家为此结仇,关系也向来不和。但自诉人一直视被告人为长辈,对其很尊敬,也从未冒犯过。然而,2021年1月12日,被告人因其孙子被自诉人家门前的一块石头绊倒,就认为是自诉人故意挑事,存心使坏,便在自诉人家门口指桑骂槐。对此,自诉人不愿多生事端,便假装没听见,待在家不出来。恰巧自诉人的父亲路过此地,便和被告人较起劲来,甚至大打出手,被告人个子小吃了亏,见又惹不起自诉人的父亲,为了泄愤，便纠集妻儿老小到自诉人家常住，吃、喝、用都在自诉人家，甚至还隔三岔五地把亲朋好友聚集到自诉人家喝酒、打牌，常常通宵达旦。自诉人多次好言相劝让其离开，被告人都置之不理，后村干部也多次进行劝说，被告人依然我行我素，在自诉人家中肆意妄行，闹得自诉人及家人不得安宁。自诉人的妻子因此患上神经衰弱症，儿子也因家里的事情影响了正常的学习，考试成绩下滑。被告人的行为已经严重影响了自诉人及其家人的正常生活。

住宅不受侵犯是宪法规定的公民基本权利。自诉人依法享有住宅不受侵犯的权利，而被告人不顾自诉人的反对，无故强行入住自诉人家中，吃喝玩乐扰乱自诉人的正常生活，且经自诉人及村干部多次劝说都不离开，其行为影响恶劣，对自诉人及其家人伤害很大。被告人上述违法行为有被告人在自诉人家中居住寻事的物证，邻居、村干部和自诉人儿子的班主任等人证、医院对自诉人的妻子患神经衰弱症的诊断等进行证明。

综上所述，被告人为泄私愤，而不惜去破坏自诉人的正常生活，其行为已触犯了《中华人民共和国刑法》第245条的规定，构成非法侵入住宅罪，请求依法追究其刑事责任。

证据及其来源，证人姓名和住址：

证据一：自诉人提供的证明被告人在自诉人家中居住、生活、喝酒、打牌的证据；

证据二：证人王某，男，××市××县××村村民，系自诉人邻居；

证据三：证人方某，男，××市××县××村村干部；

证据四：证人钱某，女，县第一小学教师，××市××县××村村民，系自诉人的儿子的班主任；

证据五：县人民医院的诊断证明1份。

此致

××市××县人民法院

附：本诉状副本1份。

自诉人：谢某
2021年3月22日

法条链接

《最高人民法院关于适用〈中华人民共和国刑事诉讼法〉的解释》

第一条 人民法院直接受理的自诉案件包括:

(一) 告诉才处理的案件:

1. 侮辱、诽谤案 (刑法第二百四十六条规定的,但严重危害社会秩序和国家利益的除外);

2. 暴力干涉婚姻自由案 (刑法第二百五十七条第一款规定的);

3. 虐待案 (刑法第二百六十条第一款规定的,但被害人没有能力告诉或者因受到强制、威吓无法告诉的除外);

4. 侵占案 (刑法第二百七十条规定的)。

(二) 人民检察院没有提起公诉,被害人有证据证明的轻微刑事案件:

1. 故意伤害案 (刑法第二百三十四条第一款规定的);

2. 非法侵入住宅案 (刑法第二百四十五条规定的);

3. 侵犯通信自由案 (刑法第二百五十二条规定的);

4. 重婚案 (刑法第二百五十八条规定的);

5. 遗弃案 (刑法第二百六十一条规定的);

6. 生产、销售伪劣商品案 (刑法分则第三章第一节规定的,但严重危害社会秩序和国家利益的除外);

7. 侵犯知识产权案 (刑法分则第三章第七节规定的,但严重危害社会秩序和国家利益的除外);

8. 刑法分则第四章、第五章规定的,可能判处三年有期徒刑以下刑罚的案件。

本项规定的案件,被害人直接向人民法院起诉的,人民法院应当依法受理。对其中证据不足、可以由公安机关受理的,或者认为对被告人可能判处三年有期徒刑以上刑罚的,应当告知被害人向公安机关报案,或者移送公安机关立案侦查。

(三) 被害人有证据证明对被告人侵犯自己人身、财产权利的行为应当依法追究刑事责任,且有证据证明曾经提出控告,而公安机关或者人民检察院不予追究被告人刑事责任的案件。

第三百一十八条 提起自诉应当提交刑事自诉状;同时提起附带民事诉

讼的，应当提交刑事附带民事自诉状。

第三百一十九条　自诉状一般应当包括以下内容：

（一）自诉人（代为告诉人）、被告人的姓名、性别、年龄、民族、出生地、文化程度、职业、工作单位、住址、联系方式；

（二）被告人实施犯罪的时间、地点、手段、情节和危害后果等；

（三）具体的诉讼请求；

（四）致送的人民法院和具状时间；

（五）证据的名称、来源等；

（六）证人的姓名、住址、联系方式等。

对两名以上被告人提出告诉的，应当按照被告人的人数提供自诉状副本。

刑事附带民事起诉状

文书简介

> 刑事附带民事诉讼是指司法机关在刑事诉讼过程中，在解决被告人刑事责任的同时，附带解决因被告人的犯罪行为所造成的物质损失的赔偿问题而进行的诉讼活动。
>
> 刑事附带民事起诉状是被害人或者他的法定代理人向人民法院提交的，请求给予被告人刑事处罚和就其犯罪行为给予被害人损害赔偿的法律文书。

文书样式

刑事附带民事起诉状

原告人：_____

被告人：_____

诉讼请求：_____

_____

事实与理由：_____

证据及其来源，证人姓名和住址：_____

_____

此致

×××人民法院

附：本诉状副本×份。

具状人：_____

××××年××月××日

制作要点

1. 标题：写"刑事附带民事起诉状"。

2. 当事人基本情况：这一部分主要是原告人和被告人的基本情况。当事人是公民的，应当写明姓名、性别、出生年月日、民族、职业或工作单位、住址及联系方式；当事人是法人、其他组织的，应写明其名称、住所地、法定代表人或者主要负责人的姓名、职务和联系方式。

3. 诉讼请求：这部分必须写得明确、具体。有多个诉讼请求的须分项列出，不能太笼统。

4. 事实与理由：该部分为被告人犯罪的时间、地点、侵害的对象、动机、目的、情节、手段及造成的后果，理由应阐明被告人构成犯罪的罪名和法律依据。在写明被告人的犯罪事实之后，将因此犯罪行为导致的物质损失陈述清楚。

5. 证据及其来源，证人姓名和住址：有关举证事项，应写明证据的名称、件数、来源或证据线索。有证人的，应写明证人的姓名、住址。

6. 尾部及附项：致送人民法院的名称、自诉人签名、自诉时间；附项列明本诉状副本及份数。

实例示范

2019年3月18日20点30分左右，张某和老伴孙某在家附近的人行道上行走，突然从背后开来一辆轿车，张某躲闪不及，被车撞倒。老伴赶紧报警，交通警察到达事故现场后，及时进行了抢救，并对此次事故作

> 出了责任认定,确认私家轿车车主薛某系酒后驾车,对此次事故负全部责任。送院就医的张某由于伤势过重,经抢救无效而死亡。

刑事附带民事起诉状

原告人:孙某(系受害人张某之妻),女,1953年8月3日出生,汉族,住陕西省××市××区A小区×号楼×单元×室,联系方式:150×××8976。

原告人:张大某(系受害人张某之子),男,1985年5月13日出生,汉族,住陕西省××市××区B小区×号楼×单元×室。

原告人:张小某(系受害人张某之女),女,1982年10月9日出生,汉族,住陕西省××市××区C小区×号楼×单元×室。

以上三原告人共同委托代理人:徐某,陕西××律师事务所律师。联系方式:135×××7889。

被告人:薛某,男,1980年10月9日出生,住陕西省××市D小区×号楼×单元×室,因涉嫌交通肇事罪现被羁押在××市第一看守所,联系方式:131×××3232。

被告人:中国某保险股份有限公司××支公司(以下简称××支公司)。法定代表人:袁某。住所地:陕西省××市××大道×号。

诉讼请求:

1. 依法追究被告人薛某犯交通肇事罪的刑事责任。

2. 判令被告人薛某赔偿三原告人因交通肇事致张某死亡的抢救费3000元,死亡赔偿金180320元,丧葬费8300元,交通费1200元,精神损害抚慰金5000元,被抚养人的生活费为25323.5元,以上各项赔偿金额总计223143.5元。

3. 判令被告人××支公司在保险责任限额范围承担连带赔偿责任。

事实与理由:

2019年3月18日20点30分左右,被害人张某和老伴孙某从超市购物后回家,途经附近的某路段,两人均在人行道上正常行走,受害人张某被被告人薛某驾驶的一辆车牌号为陕******的轿车从后面撞倒,事故发生后,被告人薛某下车查看情况，一身酒味。由于轿车是从背后驶来，所以受害人张某无法躲闪，在医院经过 3 个小时的抢救，最终抢救无效身亡。该次事故经××市公安局交通警察大队（2019）第×号事故责任认定书认定，被告人薛某承担本次交通事故的全部责任，受害人张某不负事故责任。另外经查明，被告人在××支公司投保了机动车交通事故责任强制保险，其中死亡伤残赔偿限额为 110000 元。

　　原告人认为，根据《中华人民共和国刑法》第 133 条和《最高人民法院关于审理交通肇事刑事案件具体应用法律若干问题的解释》第 2 条的规定，被告人薛某无视国家道路安全法规和他人人身财产安全，在饮酒后驾车上路，造成了重大的交通事故，其行为已经构成交通肇事罪。根据《中华人民共和国刑事诉讼法》第 101 条第 1 款的规定，被害人由于被告人的犯罪行为而遭受物质损失的，在刑事诉讼过程中，有权提起附带民事诉讼。被害人死亡或者丧失行为能力的，被害人的法定代理人、近亲属有权提起附带民事诉讼。现三原告人依法提起附带民事诉讼，请法院依法判决。

　　证据及其来源：

　　（1）××市公安局交通警察大队（2019）第×号事故责任认定书；

　　（2）医院抢救医疗费用明细表；

　　（3）孙某的身份证明及收入状况证明；

　　（4）交通费报销凭证。

　　此致

××市××区人民法院

　　附：本诉状副本 2 份。

具状人：孙某、张大某、张小某

2019 年 9 月 4 日

法条链接

《中华人民共和国刑事诉讼法》

　　第一百零一条　被害人由于被告人的犯罪行为而遭受物质损失的，在刑事诉讼过程中，有权提起附带民事诉讼。被害人死亡或者丧失行为能力的，被害人的法定代理人、近亲属有权提起附带民事诉讼。

如果是国家财产、集体财产遭受损失的，人民检察院在提起公诉的时候，可以提起附带民事诉讼。

第一百零三条　人民法院审理附带民事诉讼案件，可以进行调解，或者根据物质损失情况作出判决、裁定。

第一百零四条　附带民事诉讼应当同刑事案件一并审判，只有为了防止刑事案件审判的过分迟延，才可以在刑事案件审判后，由同一审判组织继续审理附带民事诉讼。

刑事答辩状

文书简介

刑事答辩是指对于被害人提起自诉的案件，被告人也可以"针锋相对"地进行反驳，以表明自己没有犯罪或情节轻微。刑事答辩状即被告人就此向法院提交的法律文书。

文书样式

刑事答辩状

答辩人：＿＿＿＿＿＿＿＿
因＿＿＿＿＿诉我＿＿＿＿＿＿＿＿一案，答辩如下：

＿＿

（针对诉状或上诉状的指控所作出的答辩理由）＿＿＿＿＿＿＿＿＿

＿＿

此致
×××人民法院

附：答辩书副本×份。

答辩人：_____

××××年××月××日

制作要点

1. 标题：写"刑事答辩状"。

2. 答辩人基本情况：写明答辩人的姓名、性别、出生年月日、民族、职业、工作单位、住址及联系方式。如答辩人系无诉讼行为能力人，应在其项后写明其法定代理人的姓名、性别、出生年月日、民族、职业、工作单位和职务、住址及联系方式，及其与答辩人的关系；答辩人是法人或其他组织的，应写明其名称和住所地、法定代表人或者主要负责人的姓名、职务及联系方式。如答辩人委托律师代理诉讼，应在其项后写明代理律师的姓名及代理律师所在的律师事务所名称。

3. 答辩缘由：写明答辩人因哪一起案件进行答辩。

4. 事实和理由：应针对对方当事人的诉讼请求及其所依据的事实与理由进行反驳与辩解，针对对方当事人的事实、理由、证据和请求事项，全面否定或部分否定其所依据的事实和证据，从而否定其理由和诉讼请求。也就是依据事实证据和法律规定，对起诉人起诉中的不实、捏造或违法的指控进行逐条反驳。答辩中有关举证事项，应写明证据的名称、件数、来源或证据线索。有证人的，应写明证人的姓名、住址。

5. 尾部及附项：尾部包括致送人民法院的名称、答辩人签名、答辩时间；附项主要应当写明答辩状副本及份数。

实例示范

> 周某是某大型企业产品部经理秘书，因工作关系常和经理王某一起吃饭应酬、出差，两人关系密切。王某的妻子方某经过调查发现周某与丈夫有不正当男女关系，便向领导告发了此事，领导当众批评了周某，并免去了其经理秘书一职。周某非常恼火，一气之下以诽谤罪起诉方某。作为被告的方某作出了答辩。

刑事答辩状

答辩人：方某，女，1978年8月28日出生，汉族，住山西省××市××小区×号楼，联系方式：131××××4565。

因周某指控答辩人犯诽谤罪一案，现提出答辩如下：

第一，答辩人的行为不构成诽谤罪。本罪主观上必须是故意，即行为人明知自己散布的是足以损害他人名誉的虚假事实，而希望这种结果的发生。本罪在犯罪客观方面表现为行为人实施了捏造并散布某种虚构的事实，并且达到足以使他人人格、名誉贬损，情节严重的程度。

从本案情况来看，在主观上，答辩人并没有损害周某人格、名誉的故意，答辩人将自己调查得知的周某与自己丈夫的不正当男女关系这一事实向上级领导反映，而不是在公众场合大肆散播，其目的是制止丈夫和周某的不正当关系继续发展，并非损害周某的名誉。且单位同事皆知周某和答辩人丈夫的不正当男女关系。在客观上，答辩人既没有捏造事实，也没有散布虚构的事实。答辩人向上级领导反映的周某与丈夫的不正当男女关系是事实，有周某朋友和答辩人单位同事作证。所以答辩人的行为并不具备诽谤罪成立的条件，不构成犯罪。

第二，从道德上来看，周某的行为应当受到谴责，但她不仅没有悔改之意，反而采取恶人先告状的错误做法，向法院起诉，要求追究答辩人的刑事责任，并对她进行赔礼道歉和精神损失赔偿。对此，答辩人请求法院查明真相，驳回周某的诉讼请求。

综上所述，答辩人的行为不构成诽谤罪，请求人民法院依法作出宣告答辩人无罪判决，并驳回自诉人的其他诉讼请求。

此致
××市××区人民法院

附：答辩书副本1份。

答辩人：方某

2019年7月18日

法条链接

《中华人民共和国刑事诉讼法》

第二百一十一条 人民法院对于自诉案件进行审查后，按照下列情形分别处理：

（一）犯罪事实清楚，有足够证据的案件，应当开庭审判；

（二）缺乏罪证的自诉案件，如果自诉人提不出补充证据，应当说服自诉人撤回自诉，或者裁定驳回。

……

第二百一十三条 自诉案件的被告人在诉讼过程中，可以对自诉人提起反诉。反诉适用自诉的规定。

刑事上诉状

文书简介

> 刑事上诉状是刑事公诉案件的被告人和刑事自诉案件的自诉人不服一审法院的裁决，在法定的上诉期内，向原审法院的上级法院提出的要求重审的法律文书。

文书样式

刑事上诉状

上诉人：＿＿＿＿＿＿＿＿＿＿＿＿＿＿＿

上诉人因＿＿＿＿＿＿＿＿一案，不服×××人民法院（××××）×刑初×号判决，现提出上诉。

上诉请求：＿＿＿＿＿＿＿＿＿＿＿＿＿＿＿

＿＿＿＿＿＿＿＿＿＿＿＿＿＿＿＿＿＿＿＿

上诉理由：＿＿＿＿＿＿＿＿＿＿＿＿＿＿＿

＿＿＿＿＿＿＿＿＿＿＿＿＿＿＿＿＿＿＿＿

此致

×××人民法院

附：本上诉状副本×份。

上诉人：_____
××××年××月××日

制作要点

1. 标题：写"刑事上诉状"。

2. 当事人基本情况：上诉人是公民的，应当写明姓名、性别、出生年月日、民族、职业或工作单位、住址及联系方式；上诉人是法人、其他组织的，应写明其名称、住所地及法定代表人或者主要负责人的姓名、职务和联系方式。

上诉人如有法定代理人或委托代理人的，写明法定（或委托）代理人姓名、性别、年龄、民族、职业或职务、工作单位或住址、联系方式以及与上诉人的关系，代理人是律师的，只写姓名、职务。

3. 上诉请求：说明具体的请求目的，要写得明确、具体、详尽。

4. 上诉理由：刑事上诉状的上诉理由主要是针对原审裁判，而不是针对对方当事人，可以对原审认定事实错误、适用法律错误或对所犯之罪定性错误等来进行论述。

5. 尾部及附项：致送人民法院名称；上诉人签名和上诉人为法人或其他组织的，应加盖单位公章，并由其法定代表人或者主要负责人签名，注明上诉日期；附项附上上诉状副本及其份数。

实例示范

> 周某是某市健身房的教练，一日下班较晚，开车回家途经一偏僻处，被三名男子持刀拦截抢车。周某被迫下车后即被三劫匪暴打，在拼尽全力反抗后，周某制服了一名持刀劫匪，并以该名劫匪为人质要挟其他同伙还车。另外两名劫匪怕闹出人命就把车还给了周某，谁料被周某当作人质的劫匪却示意其他同伙说周某不敢拿刀捅他，让其同伙开车逃跑。情急之下，周某捅了该劫匪一刀，致使该劫匪当场死亡，其他同伙见出

> 了人命，便迅速逃离现场。人民法院以故意杀人罪判处周某有期徒刑 10 年，周某觉得自己属于"正当防卫"，于是提起了上诉。

刑事上诉状

上诉人：周某，男，28 岁，汉族，某健身房教练，住××市××大街×号。联系方式：183×××2822。

上诉人因故意杀人一案，不服××市中级人民法院（2019）×刑初×号刑事判决，现提出上诉。

上诉请求：

1. 判决撤销××市中级人民法院（2019）×刑初×号刑事判决；

2. 判决认定上诉人的行为属于正当防卫，不构成刑事犯罪。

上诉理由：

1. 上诉人的行为属于正当防卫，不应以故意杀人罪定罪处罚，一审法院对上诉人的行为定性错误。

在本案中，一审法院认为当劫匪把车还给上诉人后，实际侵害已经消失，上诉人实施防卫的条件已经不存在，从而认定上诉人的行为不构成正当防卫，应该以故意杀人罪定罪量刑。但事实上，在两名劫匪把车归还给上诉人后，车还未处在上诉人可控范围内，再加上被当作人质的劫匪进行挑衅，此时犯罪行为仍在延续，并未终结，上诉人如果不采取措施，车辆还会被劫走，而且生命也可能受到其他两名劫匪的威胁，比如开车撞他。上诉人的行为是在进行自我保护，应认定为正当防卫。对此，《中华人民共和国刑法》第 20 条第 3 款有明确规定："对正在进行行凶、杀人、抢劫、强奸、绑架以及其他严重危及人身安全的暴力犯罪，采取防卫行为，造成不法侵害人伤亡的，不属于防卫过当，不负刑事责任。"

2. 上诉人的行为不符合故意杀人罪的构成要件。

故意杀人罪在主观上须有非法剥夺他人生命的故意，在客观上实施了非法剥夺他人生命的行为。本案中，上诉人和三名劫匪素不相识，上诉人没有任何杀人的动机，把其中一名劫匪作为人质纯粹是为了自我保护，从未有要杀死对方的想法。虽然有一名劫匪身亡，但是上诉人是在面对劫匪人多势众，且该劫匪故意挑衅的情况下所为，并非上诉人故意要杀死该名劫匪。因此，上诉人的行为不符合故意杀人罪的构成要件。

3. 上诉人的行为并没有社会危害性，不应受到刑法惩罚。

几名劫匪采取暴力抢劫上诉人财物，其行为已经构成抢劫罪。被告人是为保护自己的生命及财产不受侵害，不得已才对劫匪采取措施，该行为没有社会危害性，因而也不应受到惩罚。

综上所述，一审法院对上诉人的行为定性错误，望贵院在查清事实的基础上，正确适用法律，依法进行改判。

此致
某省高级人民法院

附：本上诉状副本3份。

上诉人：周某

2019年3月14日

法条链接

《中华人民共和国刑事诉讼法》

第二百二十七条　被告人、自诉人和他们的法定代理人，不服地方各级人民法院第一审的判决、裁定，有权用书状或者口头向上一级人民法院上诉。被告人的辩护人和近亲属，经被告人同意，可以提出上诉。

附带民事诉讼的当事人和他们的法定代理人，可以对地方各级人民法院第一审的判决、裁定中的附带民事诉讼部分，提出上诉。

对被告人的上诉权，不得以任何借口加以剥夺。

第二百三十条　不服判决的上诉和抗诉的期限为十日，不服裁定的上诉和抗诉的期限为五日，从接到判决书、裁定书的第二日起算。

第二百三十一条　被告人、自诉人、附带民事诉讼的原告人和被告人通过原审人民法院提出上诉的，原审人民法院应当在三日以内将上诉状连同案卷、证据移送上一级人民法院，同时将上诉状副本送交同级人民检察院和对方当事人。

被告人、自诉人、附带民事诉讼的原告人和被告人直接向第二审人民法院提出上诉的，第二审人民法院应当在三日以内将上诉状交原审人民法院送交同级人民检察院和对方当事人。

刑事辩护词

文书简介

> 刑事辩护词是辩护人在参与刑事诉讼活动中，按照法定程序，为履行其职责，为维护被告人的合法权益，向法庭发表的演说词。
>
> 辩护权是犯罪嫌疑人、被告人的一项法定权利，其在遭遇司法机关追究刑事责任时，有权针对被指控的罪行进行无罪、罪轻、减轻或者免除处罚的辩解和辩论。

文书样式

刑事辩护词

审判长、审判员（人民陪审员）：

　　前言：＿＿＿＿＿＿＿＿＿＿＿＿＿＿＿＿＿＿＿＿＿＿＿＿＿＿

　　辩护理由：＿＿＿＿＿＿＿＿＿＿＿＿＿＿＿＿＿＿＿＿＿＿＿

＿＿＿＿＿＿＿＿＿＿＿＿＿＿＿＿＿＿＿＿＿＿＿＿＿＿＿＿＿＿＿

　　结束语：＿＿＿＿＿＿＿＿＿＿＿＿＿＿＿＿＿＿＿＿＿＿＿＿

＿＿＿＿＿＿＿＿＿＿＿＿＿＿＿＿＿＿＿＿＿＿＿＿＿＿＿＿＿＿＿

辩护人：＿＿＿＿＿
××律师事务所
××××年××月××日

制作要点

1. 标题：写"刑事辩护词"。
2. 称呼：可为"审判长、审判员（人民陪审员）"。
3. 前言：主要写明辩护人是依法进行辩护，具有为被告人出庭辩护的权利，交代在出庭前进行了哪些工作、辩护内容的来源以及辩护人对整个案件的看法。

4. 正文：此部分主要是写明辩护的理由、观点。辩护人应该从被告人的行为事实出发，对照有关的法律规定，论证被告人无罪、罪轻或应该予以减轻甚至免除其刑事责任的意见和根据。

5. 结束语：此部分为归纳和总结。概括辩护内容核心，如无罪、罪轻等。另外就是向法庭提出对被告人的处理建议。

6. 尾部：注明辩护人的姓名以及发表辩护词的时间。

实例示范

> 朱某是云南省甲市乙村村民，为人忠厚老实。在亲戚的诱惑与怂恿下，参与了一起以介绍对象假结婚来骗取彩礼的诈骗案件，获得好处费16000元。现被依法提起公诉，朱某的家人认为朱某是一时财迷心窍，听信了谗言才误入歧途的，便打算聘请律师为朱某辩护，以减轻对其的惩罚。王律师作为朱某的辩护人，为朱某书写了主张减轻其刑事处罚的辩护词。

刑事辩护词

尊敬的审判长、审判员：

依据《中华人民共和国刑事诉讼法》第 33 条和《中华人民共和国律师法》第 25 条的规定，云南省甲市某律师事务所依法接受本案被告人朱某近亲属的委托，指派我担任朱某的一审辩护人。接受委托后，我仔细查阅了公诉机关提交的全部案卷材料，会见了被告人，并进行了必要的调查，对本案案情有了较清楚的了解。辩护人对公诉机关指控被告人朱某构成诈骗罪没有异议，但对公诉机关的量刑意见持有异议。为维护被告人的合法权益，现对朱某涉嫌诈骗罪一案的量刑提出以下辩护意见：

一、对本案的事实和定性无异议

根据已查明的事实以及辩护人的阅卷调查，证明被告主观上有诈骗的故意，客观上有诈骗的行为，且被告对自己的犯罪事实也供认不讳，据此，辩护人对检察院提起的指控被告人犯诈骗罪的定性没有异议。

二、被告人朱某的犯罪情节并不严重

认定诈骗罪情节是否严重主要从诈骗所得数额、行为的社会危害性、罪犯的主观恶性以及犯罪行为导致的后果等方面来衡量。而从本案提交的事实和证据来看，被告人朱某的行为构不上情节严重。

1. 从行为的社会危害性来看，朱某诈骗对象是公民个人财产，没有造成严重的影响，因而其社会危害性不大。

2. 从犯罪的主观恶性来看，朱某一直遵纪守法，辛苦劳动赚钱养家，本次完全是受人引诱和怂恿才实施了犯罪行为，并非预谋策划、精心安排的，且其是初犯，犯罪后悔过态度较好，故其主观恶性较小。

3. 从犯罪涉案金额来看，朱某通过虚假婚姻获得赃款16000元，《最高人民法院、最高人民检察院关于办理诈骗刑事案件具体应用法律若干问题的解释》第1条明确规定，诈骗公私财物价值3000元至1万元以上为"数额较大"情形，因此朱某诈骗犯罪中所获赃款属于金额较大的情形，而非巨大或特别巨大。

4. 从犯罪行为导致的后果来看，朱某的犯罪行为并未对受害人造成死亡、精神失常或其他严重后果，因此其危害后果相对较小。

三、被告人朱某有法定与酌定从轻、减轻处罚的情节

1. 被告人朱某认罪态度好，如实供述犯罪行为及事实，可以从轻处罚。被告人朱某对指控的犯罪事实供认不讳，在调查过程中全面如实供述犯罪经过，无隐瞒、捏造等逃避侦查或推卸责任的行为，积极配合公安机关的调查，并表示愿意认罪服法。依据《中华人民共和国刑法》第67条第3款的规定，犯罪嫌疑人如实供述自己罪行的，可以从轻处罚。

2. 被告人朱某在案发后有积极退赃并进行补偿的行为。案发后，朱某让其家属把犯罪所得赃款如数退还给了受害人，并表示愿意进行补偿。对于退赃、退赔的，综合考虑多种因素的情况下，可以减少一定的基准刑。

3. 被告人系初犯，且悔罪表现明显，有利于改造。被告人朱某没有劣迹，不具有严重的人身危险性，也不具有从重处罚的情节，从案发到审判，在各个环节都有明显的悔罪表现，请法庭综合多方考量因素，予以从轻或减轻处罚。

综上所述，辩护人认为，被告人朱某犯诈骗罪无异议，但诈骗金额不大，

被告人朱某在归案后认罪态度好，积极退赃、补偿受害人，密切配合公、检机关调查，且为受人引诱和怂恿的初犯，其社会危害性及主观恶性相对较小，可以从轻或减轻处罚。建议法庭综合考虑朱某的犯罪情节，给予一次改过自新重新做人的机会。

以上辩护意见恳请法庭予以充分考虑。

辩护人：王某

某律师事务所（章）

2019 年 5 月 14 日

法条链接

《中华人民共和国刑事诉讼法》

第十一条　人民法院审判案件，除本法另有规定的以外，一律公开进行。被告人有权获得辩护，人民法院有义务保证被告人获得辩护。

第三十三条　犯罪嫌疑人、被告人除自己行使辩护权以外，还可以委托一至二人作为辩护人。下列的人可以被委托为辩护人：

（一）律师；

（二）人民团体或者犯罪嫌疑人、被告人所在单位推荐的人；

（三）犯罪嫌疑人、被告人的监护人、亲友。

正在被执行刑罚或者依法被剥夺、限制人身自由的人，不得担任辩护人。

被开除公职和被吊销律师、公证员执业证书的人，不得担任辩护人，但系犯罪嫌疑人、被告人的监护人、近亲属的除外。

第三十七条　辩护人的责任是根据事实和法律，提出犯罪嫌疑人、被告人无罪、罪轻或者减轻、免除其刑事责任的材料和意见，维护犯罪嫌疑人、被告人的诉讼权利和其他合法权益。

第三十八条　辩护律师在侦查期间可以为犯罪嫌疑人提供法律帮助；代理申诉、控告；申请变更强制措施；向侦查机关了解犯罪嫌疑人涉嫌的罪名和案件有关情况，提出意见。

《中华人民共和国律师法》

第二十八条　律师可以从事下列业务：

……

（三）接受刑事案件犯罪嫌疑人、被告人的委托或者依法接受法律援助机构的指派，担任辩护人，接受自诉案件自诉人、公诉案件被害人或者其近亲属的委托，担任代理人，参加诉讼；

……

第三十一条　律师担任辩护人的，应当根据事实和法律，提出犯罪嫌疑人、被告人无罪、罪轻或者减轻、免除其刑事责任的材料和意见，维护犯罪嫌疑人、被告人的诉讼权利和其他合法权益。

第三十五条　受委托的律师根据案情的需要，可以申请人民检察院、人民法院收集、调取证据或者申请人民法院通知证人出庭作证。

律师自行调查取证的，凭律师执业证书和律师事务所证明，可以向有关单位或者个人调查与承办法律事务有关的情况。

刑事反诉状

文书简介

> 刑事反诉状是指在刑事自诉过程中，被告人作为被害人指控自诉案件的原告人存在与本案相联系的犯罪行为，请求法院追究其刑事责任而提交的法律文书。
>
> 反诉的对象必须是本案的自诉人，反诉的内容必须是与本案相关的行为，反诉的案件主要包括侮辱、诽谤案（严重危害社会秩序和国家利益的除外），暴力干涉婚姻自由案，虐待案，侵占案，被害人有证据证明的轻微刑事案件等。

文书样式

刑事反诉状

反诉人（本诉被告人）：_____

被反诉人（本诉自诉人）：_____

反诉请求：_____
_____

事实和理由：_____
_____

证据及其来源：

1. _____
2. _____
3. _____

此致
×××人民法院

附：本反诉状副本×份。

反诉人：_____

××××年××月××日

制作要点

1. 标题：写"反诉状"或"刑事反诉状"。

2. 当事人基本情况：写明反诉人和被反诉人的姓名、性别、民族、出生年月日、住址、工作单位和联系方式。有委托代理人的，写明委托代理人的姓名和工作单位。

3. 反诉请求：写明自己的诉讼请求，一般反诉的诉讼请求包括请求法院认定被反诉人犯有某种罪行，并依法追究其刑事责任、驳回被反诉人的诉讼请求。

4. 事实和理由：写明被反诉人所犯罪行的时间、地点、情节等，并根据案情说明其犯罪性质和相关法律的规定等，要真实、客观地阐述反诉事实据以成立的理由，不得有虚假内容。

5. 证据及其来源：写明证明被反诉人犯罪的证据材料的来源等。

6. 尾部和附项：尾部写明致送人民法院的名称、反诉人签名并注明日期；附项部分附本反诉状的副本及份数。

📖 实例示范

> 2019年6月，冯某和邵某在一个饭局上经朋友介绍而相识，邵某对冯某产生了好感，之后两人来往密切。当时冯某已经结婚一年，邵某多次劝其离婚，冯某每次都敷衍过去。2020年8月，冯某清楚地告诉邵某，自己虽然喜欢他，但是不能和丈夫离婚。随后，邵某开始用各种手段强迫冯某离婚。2021年3月2日，冯某以"暴力干涉婚姻自由"为由将邵某告上法院。诉讼过程中，邵某不承认自己暴力干涉冯某的婚姻自由，并对其提出反诉，告其诽谤，且提交了刑事反诉状。

刑事反诉状

反诉人（本诉被告人）：邵某，男，汉族，1987年9月13日出生，某实业有限责任公司员工，住河南省信阳市××县××路×号，联系方式：186×××1234。

被反诉人（本诉自诉人）：冯某，女，汉族，1988年6月27日出生，某公司员工，住河南省信阳市××县××大街×号，联系方式：186××××7890。

反诉请求：

1. 请求法院认定被反诉人冯某犯有诽谤罪，并依法追究其刑事责任。
2. 请求法院驳回被反诉人的诉讼请求。

事实与理由：

2019年6月，反诉人邵某与被反诉人冯某相识，并彼此产生好感。后来反诉人得知被反诉人已经结婚，遂不想和其继续交往。2019年8月6日，被反诉人告知反诉人其与丈夫感情不好，正考虑离婚，并表示愿意继续和反诉人交往，请反诉人耐心等待一段时间。之后，反诉人多次问被反诉人为什么还没离婚，被反诉人均敷衍过去。2020年8月29日，被反诉人告知反诉人其不能和丈夫离婚，反诉人十分生气，但只是因在气头上而爆了几句粗口，并未对被反诉人实施任何暴力行为。随后，反诉人虽然多次找到被反诉人劝其和丈夫离婚，但每次都是好言相劝，未采取任何暴力手段。

反诉人认为，被反诉人冯某在亲戚朋友中散布反诉人采取暴力手段逼迫其离婚的流言蜚语，实属捏造事实，这种公然对反诉人进行诽谤的行为严重损害了反诉人的声誉。其行为已经触犯了刑法的相关规定，构成诽谤罪。请法院依法追究其刑事责任。

证据及其来源：

1. 2020年9月，反诉人好言劝被反诉人离婚和其回复的短信，证明反诉人对其言语柔和，并未采取暴力手段；

2. 证人楚某和王某的证言，证明被反诉人在朋友圈子里散布反诉人暴力逼其离婚的谣言。

此致
××县人民法院

附：本反诉状副本1份。

反诉人：邵某

2021年3月2日

法条链接

《中华人民共和国刑事诉讼法》

第二百一十三条　自诉案件的被告人在诉讼过程中，可以对自诉人提起反诉。反诉适用自诉的规定。

《最高人民法院关于适用〈中华人民共和国刑事诉讼法〉的解释》

第三百三十四条　告诉才处理和被害人有证据证明的轻微刑事案件的被告人或者其法定代理人在诉讼过程中，可以对自诉人提起反诉。反诉必须符合下列条件：

（一）反诉的对象必须是本案自诉人；

（二）反诉的内容必须是与本案有关的行为；

（三）反诉的案件必须符合本解释第一条第一项、第二项的规定。

反诉案件适用自诉案件的规定，应当与自诉案件一并审理。自诉人撤诉的，不影响反诉案件的继续审理。

二、申请类

回避申请书

📄 文书简介

> 刑事诉讼中的回避申请书,是指在案件处理过程中,因办案人员或其他有关人员与案件具有一定利害关系,属于法律规定的情形时,当事人及其法定代理人向有关机关请求有关人员退出本案诉讼活动的法律文书。
>
> 刑事诉讼中的回避申请适用于审判人员、检察人员、侦查人员、书记员、翻译人员、鉴定人。

📖 文书样式

回避申请书

申请人:＿＿＿＿＿＿＿＿＿＿＿＿＿＿＿＿＿＿＿＿

请求事项:＿＿＿＿＿＿＿＿＿＿＿＿＿＿＿＿＿＿＿

事实和理由:＿＿＿＿＿＿＿＿＿＿＿＿＿＿＿＿＿＿

＿＿＿＿＿＿＿＿＿＿＿＿＿＿＿＿＿＿＿＿＿＿＿＿＿

请人民法院审查,＿＿＿＿＿＿＿＿＿＿＿＿＿＿＿＿

此致

×××人民法院（或人民检察院、公安局）

申请人:＿＿＿＿＿＿
××××年××月××日

📝 制作要点

1. 标题：写"回避申请书"。

2. 当事人基本情况：公民写明姓名、性别、出生年月日、民族、住址等,法人、其他组织写明名称、住所地及法定代表人或者主要负责人姓名、职务。

3. 请求事项：写明什么案件，以及被申请人的姓名、性别、工作单位及职务、参与本案工作的职务。

4. 事实和理由：该部分主要阐明当事人请求被申请人回避的事实根据，被申请人具有法律规定应当回避的具体情形以及有何事实材料予以证明。最后基于所述事实和《刑事诉讼法》有关规定，提出被申请人回避的要求。

5. 尾部：致送机关的名称；申请人签名，法人或其他组织应加盖公章，并由法定代表人或者主要负责人签名；注明申请日期。

实例示范

> 徐某和陈某是一对情侣，关系一直很稳定。有一天，徐某突然提出分手，陈某没有答应。后来，陈某发现徐某和华某在一起。陈某一时气愤，将华某打伤。华某伤情较重。后公安机关将此案移交检察院。华某得知负责本案的检察官范某与陈某家存在债务关系，遂欲向检察院申请其回避。

回避申请书

申请人：华某，男，1990 年 8 月 25 日出生，汉族，住××市××区××路×号，联系方式：174×××× 4338。

请求事项：在陈某殴打申请人一案中担任公诉人的××市××区人民检察院检察官范某回避。

事实和理由：

据悉，范某欠下本案被告人陈某家里债务，二人之间存在利害关系。为避免不公正处理，根据《中华人民共和国刑事诉讼法》第 29 条的规定，检察人员和本案有利害关系的必须回避，现申请范某回避。

请人民检察院审查，更换检察官对本案提起公诉。

此致
××市××区人民检察院

申请人：华某
2018 年 6 月 8 日

法条链接

《中华人民共和国刑事诉讼法》

第二十九条 审判人员、检察人员、侦查人员有下列情形之一的,应当自行回避,当事人及其法定代理人也有权要求他们回避:

(一) 是本案的当事人或者是当事人的近亲属的;

(二) 本人或者他的近亲属和本案有利害关系的;

(三) 担任过本案的证人、鉴定人、辩护人、诉讼代理人的;

(四) 与本案当事人有其他关系,可能影响公正处理案件的。

第三十条 审判人员、检察人员、侦查人员不得接受当事人及其委托的人的请客送礼,不得违反规定会见当事人及其委托的人。

审判人员、检察人员、侦查人员违反前款规定的,应当依法追究法律责任。当事人及其法定代理人有权要求他们回避。

第三十二条 本章关于回避的规定适用于书记员、翻译人员和鉴定人。

辩护人、诉讼代理人可以依照本章的规定要求回避、申请复议。

《最高人民法院关于适用〈中华人民共和国刑事诉讼法〉的解释》

第二十八条 审判人员具有下列情形之一的,当事人及其法定代理人有权申请其回避:

(一) 违反规定会见本案当事人、辩护人、诉讼代理人的;

(二) 为本案当事人推荐、介绍辩护人、诉讼代理人,或者为律师、其他人员介绍办理本案的;

(三) 索取、接受本案当事人及其委托的人的财物或者其他利益的;

(四) 接受本案当事人及其委托的人的宴请,或者参加由其支付费用的活动的;

(五) 向本案当事人及其委托的人借用款物的;

(六) 有其他不正当行为,可能影响公正审判的。

第三十三条 当事人及其法定代理人依照刑事诉讼法第三十条和本解释第二十八条的规定申请回避的,应当提供证明材料。

刑事撤诉申请书

文书简介

刑事撤诉申请书是指刑事自诉案件中自诉人在依法提起诉讼后,人民法院判决之前,基于某种原因向人民法院申请撤回诉讼的法律文书。

文书样式

刑事撤诉申请书

申请人:＿＿＿＿＿＿＿＿＿＿＿＿＿＿＿＿

请求事项:＿＿＿＿＿＿＿＿＿＿＿＿＿＿＿

＿＿＿＿＿＿＿＿＿＿＿＿＿＿＿＿＿＿＿＿

事实与理由:＿＿＿＿＿＿＿＿＿＿＿＿＿＿

＿＿＿＿＿＿＿＿＿＿＿＿＿＿＿＿＿＿＿＿

此致

×××人民法院

申请人:＿＿＿＿＿

××××年××月××日

制作要点

1. 标题:写"刑事撤诉申请书"。

2. 申请人基本情况:申请人是公民的,应当写明姓名、性别、出生年月日、民族、职业或工作单位、住址及联系方式;申请人是法人、其他组织的,应写明其名称、住所地及法定代表人或者主要负责人的姓名、职务和联系方式。

3. 申请事项:请求撤回申请人诉＿＿＿＿＿＿＿＿＿＿＿＿＿＿一案的刑事自诉状。

空格处填写的是案由(案件性质)。

4. 事实与理由:简要说明起诉时间和案件性质,说明案件已调查审理,但尚未终结，然后陈述为何要撤诉，写明撤诉理由，最后请求准予撤诉。

5. 尾部：致送人民法院名称；申请人签名，申请人为法人或其他组织的，应加盖单位公章，并由其法定代表人或者主要负责人签名；注明申请日期。

实例示范

> 江某和齐某是从小玩到大的朋友。后来，江家移民海外，走之前，江某将一台高档单反相机交由齐某保管并任他使用。一次，齐某家中小妹生了一场大病，而家中并无积蓄，于是他私自变卖了江某交由他保管的单反相机。齐某本想待江某索要之前重新买回，不料，没多久后江某就回国了，并欲索回单反相机。齐某因一时无法偿还，便谎称该单反相机是江某所赠，拒不交还。江某言辞激烈，齐某情急之下打了江某一拳，造成轻微伤。江某一气之下向法院提起了刑事自诉。之后，齐某向他道歉，愿予以赔偿，江某见其真诚悔过，并念及往日情分，决定撤诉。

刑事撤诉申请书

申请人：江某，男，1987年5月21日出生，汉族，住××市××区××路×号，联系方式：183×××4546。

请求事项：撤回江某诉齐某故意伤害一案的刑事自诉状。

事实与理由：

申请人诉被告人齐某故意伤害一案，贵院刑事审判庭正在调查审理当中。其间，被告人已真诚悔过，认为自己殴打申请人的行为实在过分，并表示对申请人造成的伤害予以赔偿。鉴于此，特依据《中华人民共和国刑事诉讼法》第212条第1款之规定，撤回自诉，请予批准。

此致
××区人民法院

申请人：江某
2019年3月18日

法条链接

《中华人民共和国刑事诉讼法》

第二百一十二条第一款　人民法院对自诉案件，可以进行调解；自诉人在宣告判决前，可以同被告人自行和解或者撤回自诉。本法第二百一十条第三项规定的案件不适用调解。

抗诉申请书

文书简介

抗诉申请书是指刑事案件的被害人及其法定代理人不服第一审判决，请求人民检察院提起抗诉的法律文书。

文书样式

抗诉申请书

申请人：_____

被告人_____一案，经×××人民法院以（××××）×刑初×号刑事判决书判令被告人_____。我不服该判决，遂根据《中华人民共和国刑事诉讼法》第229条之规定，请求你院向法院提出抗诉。理由如下：

_____

此致

×××人民检察院

被害人（或其法定代理人）：_____
××××年××月××日

制作要点

1. 标题：写"抗诉申请书"。
2. 申请人基本情况：申请人是公民的，应当写明姓名、性别、出生年月日、民族、职业或工作单位、住址及联系方式；申请人是法人、其他组织的，应写明其名称、住所地、法定代表人或者主要负责人的姓名、职务和联系方式。

3. 正文：写明请求抗诉的原因，即针对什么进行抗诉。然后写明请求抗诉的理由和法律依据，提出抗诉请求事项。

4. 尾部：写明致送人民检察院的全称，由被害人或其法定代理人签名，并注明提出抗诉请求书的具体时间。

实例示范

> 常某患有轻微精神疾病，一日独自去某饭店吃饭，吃完后店员要求他结账，他却称自己已经付过款了，因此发生争执。饭店工作人员黎某、段某、安某将常某关到一间屋子里，绑住手脚，对其进行言语侮辱，还对其拳打脚踢。后来又威胁他给家里打电话拿钱来，不然就把他一直关在屋子里。常某因此精神疾病加重。之后县人民法院以非法拘禁罪分别判处黎某、段某、安某拘役四个月。常某的父亲认为一审判决过轻，因而向县人民检察院提出了抗诉请求。

抗诉申请书

申请人：常某，男，1986年8月19日出生，汉族，住××市××县××路×号，联系方式：134×××8793。

申请人于2019年5月19日收到××县人民法院（2019）×刑初×号刑事判决。因为该判决量刑错误，对被告人黎某、段某、安某的量刑畸轻，特请求抗诉。

事实和理由：

2019年4月10日，我在某饭店吃饭时与店员发生纠纷，随后店员黎某、段某、安某将我关到一间屋子里，绑住手脚，进行言语侮辱并拳打脚踢，后来又威胁我给家里打电话拿钱来，不然就把我一直关在屋子里。我因此精神疾病加重，有法医鉴定为证。当场有田某、高某等人目击我被某饭店店员带走。县人民法院以非法拘禁罪判处被告人黎某、段某、安某拘役四个月。然而，根据《中华人民共和国刑法》第 238 条的规定，非法拘禁他人或者以其他方法非法剥夺他人人身自由的，处三年以下有期徒刑、拘役、管制或者剥夺政治权利。具有殴打、侮辱情节的，从重处罚。本案中，黎某、段某、安某对我实施了殴打、侮辱行为，并最终导致了我精神疾病加重，应当从重处罚。可是，县人民法院却只对三人判处拘役，量刑畸轻。因此，根据《中华人民共和国刑事诉讼法》第 229 条的规定，请求贵院迅速提出抗诉，以纠正县人民法院的错误判决。

此致

××县人民检察院

请求人：常某

2019 年 5 月 22 日

法条链接

《中华人民共和国刑事诉讼法》

第二百二十九条　被害人及其法定代理人不服地方各级人民法院第一审的判决的，自收到判决书后五日以内，有权请求人民检察院提出抗诉。人民检察院自收到被害人及其法定代理人的请求后五日以内，应当作出是否抗诉的决定并且答复请求人。

取保候审申请书

文书简介

> 取保候审是指人民法院、人民检察院或公安机关针对某些犯罪嫌疑人、刑事被告人采取的强制措施。取保候审需提出保证人或者交纳保证金，以保证在对其不予羁押的情形下随传随到。取保候审，由公安机关执行。
>
> 取保候审申请书即为了申请取保候审而向有关机关递交的法律文书。

文书样式

取保候审申请书

申请人：_____

申请事项：_____
_____

事实与理由：_____
_____

根据《中华人民共和国刑事诉讼法》第 38 条、第 67 条的规定，特为其提出申请，请予批准。

此致

×××公安局（或人民检察院、人民法院）

申请人：_____

××××年××月××日

制作要点

1. 标题：写"取保候审申请书"。

2. 申请人基本情况：姓名、身份与联系方式、工作单位等。

3. 申请事项：对犯罪嫌疑人_____申请取保候审。空格处填写的是被申请取保候审人的姓名。

4. 事实与理由：陈述为何要进行取保候审，阐述保证的条件。如果是保证金，则写明具体的数额；如果是保证人，则写明保证人的身份。

5. 尾部：致送机关的名称；申请人签名，申请人为法人或其他组织的，应加盖单位公章，并由其法定代表人或者主要负责人签名；如果有保证人的话，保证人也要签名；最后注明申请日期。

实例示范

> 金某和陶某结婚多年，一直在外打工，但生活依旧贫困。后来他们无意中接触到伪造货币的团伙，并入了伙。不久事发被抓，陶某被查出已怀有两个月身孕。现陶某的哥哥请律师事务所的蒋律师为妹妹申请取保候审。

取保候审申请书

申请人：蒋某，某律师事务所律师。

通信地址：××市××区××路×号，联系方式：152×××7689。

申请事项：对犯罪嫌疑人陶某申请取保候审。

事实与理由：犯罪嫌疑人陶某因伪造货币一案，于2019年2月27日经××县人民检察院批准逮捕羁押。根据本案犯罪嫌疑人近亲属的要求，本人为犯罪嫌疑人陶某提出申请取保候审。其保证金为人民币10000元。

根据《中华人民共和国刑事诉讼法》第38条、第67条的规定，特为其提出申请，请予批准。

此致
××县公安局

申请人：蒋某

某律师事务所（章）

2019年3月8日

法条链接

《中华人民共和国刑事诉讼法》

第三十八条　辩护律师在侦查期间可以为犯罪嫌疑人提供法律帮助；代理申诉、控告；申请变更强制措施；向侦查机关了解犯罪嫌疑人涉嫌的罪名和案件有关情况，提出意见。

第六十七条　人民法院、人民检察院和公安机关对有下列情形之一的犯罪嫌疑人、被告人，可以取保候审：

（一）可能判处管制、拘役或者独立适用附加刑的；

（二）可能判处有期徒刑以上刑罚，采取取保候审不致发生社会危险性的；

（三）患有严重疾病、生活不能自理，怀孕或者正在哺乳自己婴儿的妇女，采取取保候审不致发生社会危险性的；

（四）羁押期限届满，案件尚未办结，需要采取取保候审的。

取保候审由公安机关执行。

《最高人民法院关于适用〈中华人民共和国刑事诉讼法〉的解释》

第一百五十条第二款　对被告人决定取保候审的，应当责令其提出保证人或者交纳保证金，不得同时使用保证人保证与保证金保证。

第一百五十一条　对下列被告人决定取保候审的，可以责令其提出一至二名保证人：

（一）无力交纳保证金的；

（二）未成年或者已满七十五周岁的；

（三）不宜收取保证金的其他被告人。

解除强制措施申请书

文书简介

强制措施是指在刑事诉讼过程中，公安机关、人民法院或人民检察院为了保障刑事诉讼的顺利进行，而依法对刑事案件的犯罪嫌疑人、被告人以及重大嫌疑分子的人身自由采取限制或者剥夺的一种强制性方法。一般包括拘传、取保候审、监视居住、拘留、逮捕。

而解除强制措施申请书则是向有关机关提交的请求依法解除对犯罪嫌疑人、被告人的强制措施的法律文书。

文书样式

解除强制措施申请书

申请人：_____

申请事项：_____

_____

事实与理由：_____

_____

根据《中华人民共和国刑事诉讼法》第99条的规定，特为其提出申请，请予批准。

此致

×××公安局（或人民检察院、人民法院）

申请人：_____

××××年××月××日

📝 制作要点

1. 标题：写"解除强制措施申请书"。

2. 申请人基本情况：姓名、身份与联系方式、工作单位等。

3. 申请事项：解除对犯罪嫌疑人（被告人）_____采取的强制措施。空格处填写的是被申请的犯罪嫌疑人（被告人）的姓名。

4. 事实与理由：陈述为何要申请解除强制措施，如羁押已超过法定期限等。

5. 尾部：致送机关的名称；申请人签名，申请人为法人或其他组织的，应加盖单位公章，并由其法定代表人或者主要负责人签名；最后注明申请日期。

✒ 实例示范

> 2019年3月，保定市某区人民法院在审理一起金融诈骗案期间，许某因涉嫌作伪证被区法院采取司法拘留并交由区公安机关看管。拘留期满后，区法院并未释放许某，因此，许某的妻子姜某请田律师向区法院申请解除强制措施。

解除强制措施申请书

申请人：田某，某律师事务所律师。

通信地址：河北省保定市××区××路×号，联系方式：182××××5527。

申请事项：解除对犯罪嫌疑人许某采取的强制措施。

事实与理由：犯罪嫌疑人许某因涉嫌作伪证，于2019年6月5日15时始被我市××区人民法院依法采取拘留的强制措施，现已超过法定期限。本人受犯罪嫌疑人的近亲属姜某的委托，根据《中华人民共和国刑事诉讼法》第99条的规定，特提出申请。请解除对其采取的强制措施。

此致
××区人民法院

申请人：田某

某律师事务所（章）

2019 年 6 月 27 日

📎 法条链接

《中华人民共和国刑事诉讼法》

第九十九条　人民法院、人民检察院或者公安机关对被采取强制措施法定期限届满的犯罪嫌疑人、被告人，应当予以释放、解除取保候审、监视居住或者依法变更强制措施。犯罪嫌疑人、被告人及其法定代理人、近亲属或者辩护人对于人民法院、人民检察院或者公安机关采取强制措施法定期限届满的，有权要求解除强制措施。

重新鉴定申请书

📑 文书简介

> 司法鉴定是指在诉讼活动中，鉴定人运用科学技术或者专门知识，对诉讼涉及的专门性问题进行鉴别和判断并提供鉴定意见的活动。
>
> 当事人认为作为证据使用的鉴定结论存在错误或是与事实不符时，可以申请重新鉴定。申请重新鉴定需要提交的法律文书即为重新鉴定申请书。

📖 文书样式

重新鉴定申请书

申请人：_____

申请事项：_____

事实与理由：_____

_____

根据《中华人民共和国刑事诉讼法》第197条的规定，特为其提出申请，请予批准。

此致

×××公安局（或人民检察院、人民法院）

申请人：（签名）
××××年××月××日

制作要点

1. 标题：写"重新鉴定申请书"。

2. 申请人基本情况：姓名、身份与联系方式、工作单位等。

3. 申请事项：对_____进行重新鉴定。

空格处简要说明具体的鉴定事项。

4. 事实与理由：陈述为何要申请重新鉴定，指出原鉴定的错误之处或是与事实不符之处，说明重新鉴定的依据。理由有多项的，分项列出。

5. 尾部：致送机关的名称；申请人签名，申请人为法人或其他组织的，应加盖单位公章，并由其法定代表人或者主要负责人签名；最后注明申请日期。

实例示范

> 何某和马某是朋友，马某租住在何某的一套两居室内。两人都热爱收藏，马某搬走时，将放在隐蔽地方的一些民国时期珍贵邮票遗忘在房子里。后来想起来，返回原来的房间寻找时已找不到了。马某询问何某，他竟称那些邮票马某已赠给自己，并有书面的赠与协议书为证，因此拒不交还。马某一气之下，向法院提起了刑事自诉，起诉何某侵占自己的珍贵邮票。在案件审理过程中，马某的律师提出该赠与协议书并非马某所写，其笔迹鉴定不实，决定申请重新鉴定。

重新鉴定申请书

申请人：卫某，某律师事务所律师。

通信地址：××市××区解放路×号，联系方式：172×××7658。

申请事项：对赠与协议书重新进行笔迹鉴定。

事实与理由：

原告马某诉何某侵占一案，贵院正在审理中，我作为马某委托的律师，认为关于赠与协议书的签名笔迹是伪造的，第一次的笔迹鉴定结论不实。

根据《中华人民共和国刑事诉讼法》第 197 条的规定，特提请对赠与协议书重新进行笔迹鉴定。

此致
××区人民法院

申请人：卫某

某律师事务所（章）

2019 年 5 月 27 日

法条链接

《中华人民共和国刑事诉讼法》

第一百四十八条　侦查机关应当将用作证据的鉴定意见告知犯罪嫌疑人、被害人。如果犯罪嫌疑人、被害人提出申请，可以补充鉴定或者重新鉴定。

第一百九十七条第一款　法庭审理过程中，当事人和辩护人、诉讼代理人有权申请通知新的证人到庭，调取新的物证，申请重新鉴定或者勘验。

减刑（或假释）申请书

文书简介

减刑（或假释）申请书是在刑罚执行期间确有悔改或者立功表现的被判处管制、拘役、有期徒刑或者无期徒刑的罪犯向监狱或其他执行机关申请减刑、假释（假释还必须达到法定服刑年限）的书面材料。

文书样式

减刑（或假释）申请书

×××监狱（监狱长）：

　　罪犯本人的基本情况和案由：_____
_____

　　罪犯本人自入监（或上次减刑）以来悔改表现或立功表现：_____
_____

　　理由和法律依据：_____
_____

　　正式提出减刑或假释申请。

　　敬请审核。

申请人：_____
××××年××月××日

制作要点

1. 标题：写"减刑（或假释）申请书"。

2. 称呼：文书致送的刑罚执行机关的领导机构。

3. 罪犯本人的基本情况和案由：应当写明姓名、性别、出生年月日、民族、籍贯，因何罪被处以何刑罚。

4. 正文：

（1）罪犯本人自入监（或上次减刑）以来的悔改表现或立功表现；此部分要实事求是，言辞要恳切。

（2）申请理由及法律依据：服刑人员可将自己的悔过之心充分地表达出来，并说明自己在监狱中积极的表现。

5. 尾部：应写上"此致敬礼""敬请审核"等礼貌用语，再写明申请人的姓名及申请日期。

实例示范

> 2018年4月，程某因入户盗窃被判处有期徒刑两年。在监狱服刑期间，他真心悔过、积极接受改造，希望可以早日出狱。服刑过半后，他打算向监狱申请假释。

假释申请书

某监狱监狱长：

罪犯程某，男，23岁，汉族，住江苏省××市××区，2018年因入户盗窃被判处有期徒刑两年。

入监以来，我在党和政府的教育下，在监狱各级领导和管教干部的帮助下，积极接受改造，有了较大的进步，主要表现在：

我真心悔过，并向受害人道歉。我接受法律对我的惩罚。在服刑期间，我一直遵守罪犯改造行为规范，积极主动地参加各项政治、文化、技术学习，认真积极地参加劳动，努力干活，出色完成劳动任务。

自2018年入监以来，我已经服刑一年多。在这一年多当中，我遵守监规，接受教育和改造，确有悔改表现，不会再危害社会。根据《中华人民共和国刑法》的有关规定，向监狱领导正式提出假释申请。在以后的改造中，我会更加积极认真，不辜负党和政府以及监狱领导的期望。

敬请审核。

申请人：程某
2019年10月23日

法条链接

《中华人民共和国刑事诉讼法》

第二百六十一条第二款　被判处死刑缓期二年执行的罪犯，在死刑缓期执行期间，如果没有故意犯罪，死刑缓期执行期满，应当予以减刑的，由执行机关提出书面意见，报请高级人民法院裁定；如果故意犯罪，情节恶劣，查证属实，应当执行死刑的，由高级人民法院报请最高人民法院核准；对于故意犯罪未执行死刑的，死刑缓期执行的期间重新计算，并报最高人民法院备案。

第二百七十三条第二款　被判处管制、拘役、有期徒刑或者无期徒刑的罪犯，在执行期间确有悔改或者立功表现，应当依法予以减刑、假释的时候，由执行机关提出建议书，报请人民法院审核裁定，并将建议书副本抄送人民检察院。人民检察院可以向人民法院提出书面意见。

第二百七十四条　人民检察院认为人民法院减刑、假释的裁定不当，应当在收到裁定书副本后二十日以内，向人民法院提出书面纠正意见。人民法院应当在收到纠正意见后一个月以内重新组成合议庭进行审理，作出最终裁定。

刑事赔偿申请书

文书简介

> 刑事赔偿是指公安机关、国家安全机关、检察机关、审判机关、监狱管理机关及其工作人员违法行使职权，侵犯当事人人身权、财产权造成损害而给予的赔偿。

文书样式

刑事赔偿申请书

申请人：＿＿＿＿＿＿＿＿＿＿＿＿＿＿＿＿＿＿＿＿＿＿＿＿＿

申请事项：＿＿＿＿＿＿＿＿＿＿＿＿＿＿＿＿＿＿＿＿＿＿＿＿

事实和理由：＿＿＿＿＿＿＿＿＿＿＿＿＿＿＿＿＿＿＿＿＿＿＿

此致

×××公安局（或人民检察院、人民法院、监狱）

申请人：（签名）
××××年××月××日

制作要点

1. 标题：写"刑事赔偿申请书"。

2. 申请人基本情况：申请人是公民的，应当写明姓名、性别、出生年月日、民族、职业或工作单位、住址；申请人是法人、其他组织的，应写明其名称、住所地、法定代表人或者主要负责人的姓名、职务和联系方式。

3. 请求事项：根据受损害的实际情况提出赔偿请求。要写清楚赔偿义务机关。依照《国家赔偿法》的有关规定，提出明确具体的赔偿请求。

4. 事实和理由：写明受损害的来龙去脉和请求赔偿的理由，依据《国家赔偿法》相关条款请求予以赔偿。言辞要真实、恳切。

5. 尾部：致送机关名称；申请人签名，申请人为法人或其他组织的，应加盖单位公章，并由其法定代表人或者主要负责人签名；注明申请日期。

实例示范

> 某县公安机关在没有任何法律依据的情况下，认为秦某与一起倒卖文物案有关，遂对其采取刑事拘留，十日后释放。之后秦某发现，此事是公安局副局长田某公报私仇，借机报复。秦某认为此次拘留对其造成了一定的损失，欲申请刑事赔偿。

刑事赔偿申请书

申请人：秦某，男，1978年10月17日出生，汉族，住××市××县××路×号，联系方式：196××××8450。

赔偿要求：

1. 请求赔偿因错误拘留而造成申请人被剥夺人身自由10日（自2019年3月20日至2019年3月29日）的损失1000元；

2. 自2019年3月20日至2019年3月29日的工资2000元。

事实与理由：

申请人原系××市××县居民，2019年3月20日，县公安局在毫无证据的情况下认为我与一起倒卖文物案有关，因而无故将我拘留10日。

错误拘留不仅让申请人蒙受了巨大的冤屈，在一段时间内限制了申请人的合法自由，也使法律权威受到了打击。为了维护申请人的合法权益和法律的权威，根据《中华人民共和国国家赔偿法》，向县公安局提出以上赔偿要求，请依法予以解决。

此致
××县公安局

申请人：秦某
2019 年 4 月 10 日

法条链接

《中华人民共和国国家赔偿法》

第十七条　行使侦查、检察、审判职权的机关以及看守所、监狱管理机关及其工作人员在行使职权时有下列侵犯人身权情形之一的，受害人有取得赔偿的权利：

（一）违反刑事诉讼法的规定对公民采取拘留措施的，或者依照刑事诉讼法规定的条件和程序对公民采取拘留措施，但是拘留时间超过刑事诉讼法规定的时限，其后决定撤销案件、不起诉或者判决宣告无罪终止追究刑事责任的；

（二）对公民采取逮捕措施后，决定撤销案件、不起诉或者判决宣告无罪终止追究刑事责任的；

（三）依照审判监督程序再审改判无罪，原判刑罚已经执行的；

（四）刑讯逼供或者以殴打、虐待等行为或者唆使、放纵他人以殴打、虐待等行为造成公民身体伤害或者死亡的；

（五）违法使用武器、警械造成公民身体伤害或者死亡的。

第十八条　行使侦查、检察、审判职权的机关以及看守所、监狱管理机关及其工作人员在行使职权时有下列侵犯财产权情形之一的，受害人有取得赔偿的权利：

（一）违法对财产采取查封、扣押、冻结、追缴等措施的；

（二）依照审判监督程序再审改判无罪，原判罚金、没收财产已经执行的。

第十九条　属于下列情形之一的，国家不承担赔偿责任：

（一）因公民自己故意作虚伪供述，或者伪造其他有罪证据被羁押或者被判处刑罚的；

（二）依照刑法第十七条、第十八条规定不负刑事责任的人被羁押的；

（三）依照刑事诉讼法第十五条、第一百七十三条第二款、第二百七十三条第二款、第二百七十九条规定不追究刑事责任的人被羁押的；[①]

（四）行使侦查、检察、审判职权的机关以及看守所、监狱管理机关的工作人员与行使职权无关的个人行为；

（五）因公民自伤、自残等故意行为致使损害发生的；

（六）法律规定的其他情形。

三、证明、委托代理类

刑事辩护授权委托书

文书简介

> 刑事辩护授权委托书是指被告人与辩护人签订的委托协议，是辩护人进行辩护的依据。

文书样式

授权委托书

委托人_____根据法律规定，特聘请_____律师事务所律师_____为_____案件辩护人。本委托书有效期自双方签订之日起至_____止。

委托人：_____

××××年××月××日

（本协议书一式三份，由委托人、律师事务所各持一份，交人民检察院或人民法院一份。）

[①] 现行《国家赔偿法》于2012年修正，2018年《刑事诉讼法》修正后，该款所涉内容已变更为第16条、第177条第2款、第284条第2款、第290条。

制作要点

1. 标题：写"授权委托书"。
2. 正文：写明委托人、被委托人，及委托其就什么案件为谁进行辩护。并注明委托期限的始末。
3. 尾部：委托人签名；委托人为法人或其他组织的，应加盖单位公章，并由其法定代表人或者主要负责人签名；注明申请日期。

实例示范

> 郑某因涉嫌抢劫罪，被检察机关依法提起公诉。郑某的母亲潘某为了充分维护儿子的合法权益，委托了某律师事务所的胡律师作为儿子郑某的辩护人。

授权委托书

委托人潘某，系郑某的母亲，根据法律规定，特聘请某律师事务所律师胡某为郑某涉嫌抢劫一案的辩护人。本委托书有效期自双方签订之日起至案件一审审结止。

委托人：潘某
2019 年 5 月 6 日

（本协议书一式三份，由委托人、律师事务所各持一份，交人民检察院或人民法院一份。）

法条链接

《中华人民共和国刑事诉讼法》

第三十三条 犯罪嫌疑人、被告人除自己行使辩护权以外，还可以委托一至二人作为辩护人。下列的人可以被委托为辩护人：

（一）律师；
（二）人民团体或者犯罪嫌疑人、被告人所在单位推荐的人；
（三）犯罪嫌疑人、被告人的监护人、亲友。

正在被执行刑罚或者依法被剥夺、限制人身自由的人，不得担任辩护人。

被开除公职和被吊销律师、公证员执业证书的人，不得担任辩护人，但系犯罪嫌疑人、被告人的监护人、近亲属的除外。

《最高人民法院关于适用〈中华人民共和国刑事诉讼法〉的解释》

第四十二条 对接受委托担任辩护人的，人民法院应当核实其身份证明和授权委托书。

第三章　行政诉讼法律文书

一、诉状类

行政起诉状

文书简介

行政起诉状是指行政机关或行政机关工作人员的行政行为所涉及的公民、法人或者其他组织认为行政行为侵犯其合法权益，而向人民法院提起行政诉讼时，所提交的法律文书。

文书样式

行政起诉状

原告：_____

被告：_____

诉讼请求：_____

_____

事实与理由：_____

_____

此致

×××人民法院

附：本起诉状副本×份。

起诉人：_____
×××年××月××日

制作要点

1. 标题：写"行政起诉状"。

2. 当事人基本情况：这一部分主要是原告和被告的基本情况。原告是公民的，应当写明姓名、性别、出生年月日、民族、职业或工作单位、住址及联系方式；原告是法人、其他组织的，应写明其名称、住所地、法定代表人或者主要负责人的姓名、职务和联系方式。被告情况要写明被告机关或组织的全称、地址、联系方式，以及其法定代表人或主要负责人的姓名、职务。

3. 诉讼请求：诉讼请求要表述明确、具体。原告可以针对被告行政行为的性质以及自己的权益受损害的程度，依法提出恰如其分的请求。

4. 事实与理由：这部分要写清楚提出诉讼请求的事实根据和法律依据。须写明被告侵犯原告合法权益的事实经过、原因及造成的结果，指出行政争议的焦点。如果是经过行政复议后不服提出起诉的，还要写清楚复议行政机关作出复议决定的过程和结果。理由是在叙述事实的基础上，依据法律法规进行分析，论证诉讼请求合理合法。

5. 证据及其来源、证人姓名和住址：这部分内容要求原告就有关举证事项，应写明证据的名称、件数、来源或证据线索。有证人的，应写明证人的姓名、住址。

6. 尾部及附项：尾部包括致送人民法院的名称、起诉人签名、起诉时间；附项主要列明起诉状副本及其份数。

实例示范

> 某市环境保护局在环境督导检查过程中，发现某水务有限公司有排放未达标工业废水的违法行为，遂对检测超标的废水样本封存，并向某水务有限公司下达行政处罚听证告知书。某水务有限公司未在规定期间申请听证，该市环境保护局依法作出（2019）第×号行政处罚决定。某水务有限公司不服，遂委托律师关某起诉到人民法院，请求判令撤销该行政处罚决定。

行政起诉状

原告：某水务有限公司，住所地：××市××区甲路×号。

法定代表人：崔某，职务：董事长，联系方式：180×××1234。

委托代理人：戚某，某律师事务所律师。

被告：市环境保护局，住所地：××市××区乙路×号。

法定代表人：孙某，职务：局长，联系方式：××××××××。

委托代理人：张某，职务：市环境保护局环境监察支队队长。

诉讼请求：

请求依法判令撤销（2019）第×号行政处罚决定。

事实及理由：

某水务有限公司严格按照国家有关污染物排放标准开展工业废水处理工作，公司在近期设备检查中发现部分消毒系统存在故障，故积极组织抢修。抢修前排放出的废水污染指标稍有异常，但不足以导致水源污染。2019年8月15日，被告市环保局下发听证告知书，某水务有限公司于2019年8月19日向其递交了听证申请材料，但是被告市环保局在未组织听证会的情况下作出了（2019）第×号行政处罚决定。根据《中华人民共和国行政处罚法》相关规定，当事人要求听证的，行政机关应当组织听证。被告市环保局的行政行为严重损害了原告的听证权，系处罚程序违法。故此，请求法院依法判令撤销（2019）第×号行政处罚决定。

此致
某市某区人民法院

附：起诉状副本1份。

起诉人：某水务有限公司
法定代表人：崔某
2019年8月23日

法条链接

《中华人民共和国行政诉讼法》

第二条 公民、法人或者其他组织认为行政机关和行政机关工作人员的行政行为侵犯其合法权益，有权依照本法向人民法院提起诉讼。

前款所称行政行为，包括法律、法规、规章授权的组织作出的行政行为。

第十二条　人民法院受理公民、法人或者其他组织提起的下列诉讼：

（一）对行政拘留、暂扣或者吊销许可证和执照、责令停产停业、没收违法所得、没收非法财物、罚款、警告等行政处罚不服的；

（二）对限制人身自由或者对财产的查封、扣押、冻结等行政强制措施和行政强制执行不服的；

（三）申请行政许可，行政机关拒绝或者在法定期限内不予答复，或者对行政机关作出的有关行政许可的其他决定不服的；

（四）对行政机关作出的关于确认土地、矿藏、水流、森林、山岭、草原、荒地、滩涂、海域等自然资源的所有权或者使用权的决定不服的；

（五）对征收、征用决定及其补偿决定不服的；

（六）申请行政机关履行保护人身权、财产权等合法权益的法定职责，行政机关拒绝履行或者不予答复的；

（七）认为行政机关侵犯其经营自主权或者农村土地承包经营权、农村土地经营权的；

（八）认为行政机关滥用行政权力排除或者限制竞争的；

（九）认为行政机关违法集资、摊派费用或者违法要求履行其他义务的；

（十）认为行政机关没有依法支付抚恤金、最低生活保障待遇或者社会保险待遇的；

（十一）认为行政机关不依法履行、未按照约定履行或者违法变更、解除政府特许经营协议、土地房屋征收补偿协议等协议的；

（十二）认为行政机关侵犯其他人身权、财产权等合法权益的。

除前款规定外，人民法院受理法律、法规规定可以提起诉讼的其他行政案件。

第四十五条　公民、法人或者其他组织不服复议决定的，可以在收到复议决定书之日起十五日内向人民法院提起诉讼。复议机关逾期不作决定的，申请人可以在复议期满之日起十五日内向人民法院提起诉讼。法律另有规定的除外。

第五十条　起诉应当向人民法院递交起诉状，并按照被告人数提出副本。

书写起诉状确有困难的，可以口头起诉，由人民法院记入笔录，出具注明日期的书面凭证，并告知对方当事人。

行政上诉状

文书简介

> 行政上诉状是指当事人要求上一级人民法院进行审理，撤销、变更原判决内容所提交的诉讼法律文书。根据《行政诉讼法》第85条的规定，行政案件一审的当事人认为一审判决或者裁定不公，可以在法定期限内（判决为15天，裁定为10天）向上一级人民法院提起上诉。

文书样式

行政上诉状

上诉人：＿＿＿＿＿＿＿＿＿＿＿＿＿＿＿＿＿＿＿＿＿＿＿＿＿

被上诉人：＿＿＿＿＿＿＿＿＿＿＿＿＿＿＿＿＿＿＿＿＿＿＿＿

上诉人因＿＿＿＿＿＿＿＿＿一案，不服×××人民法院（××××）×行初×号判决，现提出上诉。

上诉请求：＿＿＿＿＿＿＿＿＿＿＿＿＿＿＿＿＿＿＿＿＿＿＿＿
＿＿＿＿＿＿＿＿＿＿＿＿＿＿＿＿＿＿＿＿＿＿＿＿＿＿＿＿＿

上诉理由：＿＿＿＿＿＿＿＿＿＿＿＿＿＿＿＿＿＿＿＿＿＿＿＿
＿＿＿＿＿＿＿＿＿＿＿＿＿＿＿＿＿＿＿＿＿＿＿＿＿＿＿＿＿

此致
×××人民法院

附：本上诉状副本×份。

上诉人：＿＿＿＿＿＿＿
××××年××月××日

制作要点

1. 标题：写"行政上诉状"。

2. 当事人基本情况：公民写明姓名、性别、年龄、民族、职业或工作单位、住址及联系方式；如果是法人或者其他组织，应写明名称、住所地及法定代表人或者主要负责人的姓名、职务和联系方式等；对于行政机关，则应写明行政机关的全称、地址、法定代表人。

3. 上诉请求：写明要求上诉法院解决的事由，如撤销原判、重新判决等。

4. 事实与理由：上诉理由主要是针对原审裁判，而不是对方当事人，可以对原审认定事实错误、适用法律错误等来进行论述。写明一审判决或者裁定不正确的事实根据和法律依据。

5. 尾部及附项：致送人民法院名称；上诉人签名，上诉人为法人或其他组织的，应加盖单位公章，并由其法定代表人或者主要负责人签名；注明上诉日期；附项附上上诉状副本及其份数。

实例示范

> 2019年8月，某市环境保护局对三个市辖区开展了年中环境督导检查，经对外排废水取样检测，确定某水务有限公司存在排放超标工业废水的违法事实，遂对污染物排放企业某水务有限公司进行了行政处罚，责令停产停业，并缴纳一定数额的罚金。某水务有限公司对行政处罚不服，向该市某区人民法院提起行政诉讼。一审法院开庭作出驳回原告诉讼请求的判决。原告某水务有限公司认为被告剥夺了其申请听证的权利，不服一审判决结果，向中级人民法院提起上诉。

行政上诉状

上诉人（一审原告）：某水务有限公司，住所地：××市××区甲路×号。

法定代表人：崔某，职务：董事长，联系方式：180×××1234。

委托代理人：戚某，某律师事务所律师。

被上诉人（一审被告）：市环境保护局，住所地：××市×区乙路×号。

法定代表人：孙某，职务：局长，联系方式：×××××××。

委托代理人：张某，职务：市环境保护局环境监察支队队长。

上诉人不服某区人民法院（2019）×行初×号判决，现提出上诉。

上诉请求：

1. 请求法院撤销一审判决，重新审理；

2. 请求法院撤销被上诉人的行政处罚决定。

上诉理由：

1. 污染事实认定错误：某水务有限公司并未不正常使用水污染物处理设施，公司8月开展的定期设备检查中，已经发现部分消毒系统存在故障，并积极组织抢修。抢修前排放出的废水污染指标稍有异常，但不足以导致水源污染，由于技术力量有限，抢修尚未完成，因此未能将此次情况上报环保部门报批备案。

2. 法律适用错误：根据《中华人民共和国行政处罚法》的有关规定，当事人要求听证的，应当在行政机关告知后三日内提出。8月15日市环保局下发听证告知书，我公司于8月19日向其递交了听证申请材料，市环保局认为我公司提出的听证申请已经超过三日的法定期间，属无效的申请，遂在未组织听证会的情况下作出了（2019）第×号行政处罚决定。但申请期间的最后一日为8月18日，系法定假日星期日，依法应予顺延一天，将8月19日作为听证申请截止日期，并由市环保局依法组织听证，保证我公司的程序性权利。但开发区人民法院经审理后，认为被上诉人的行政处罚决定程序合法，对被上诉人的行政处罚决定未予以撤销。

上诉人认为一审判决认定事实和适用法律均有错误。

因此上诉人不服原判，特提出上诉，请求撤销原判，重新审理，依法改判，撤销被上诉人的（2019）第×号行政处罚决定。

此致

某市中级人民法院

附：本上诉状副本1份。

上诉人：某水务有限公司

法定代表人：崔某

2019年9月18日

法条链接

《中华人民共和国行政诉讼法》

第八十五条 当事人不服人民法院第一审判决的,有权在判决书送达之日起十五日内向上一级人民法院提起上诉。当事人不服人民法院第一审裁定的,有权在裁定书送达之日起十日内向上一级人民法院提起上诉。逾期不提起上诉的,人民法院的第一审判决或者裁定发生法律效力。

第八十六条 人民法院对上诉案件,应当组成合议庭,开庭审理。经过阅卷、调查和询问当事人,对没有提出新的事实、证据或者理由,合议庭认为不需要开庭审理的,也可以不开庭审理。

第八十八条 人民法院审理上诉案件,应当在收到上诉状之日起三个月内作出终审判决。有特殊情况需要延长的,由高级人民法院批准,高级人民法院审理上诉案件需要延长的,由最高人民法院批准。

再审申请书

文书简介

再审申请书是指行政诉讼当事人认为人民法院已经发生法律效力的裁定或判决有错误,而向上一级人民法院申请再审时提交的法律文书。

文书样式

再审申请书

申请人:＿＿＿＿＿＿＿＿＿＿＿＿＿＿

被申请人:＿＿＿＿＿＿＿＿＿＿＿＿＿

申请人因＿＿＿＿＿＿＿＿一案,不服×××人民法院(××××)×行×号判决(或裁定),现申请再审。

请求事项:＿＿＿＿＿＿＿＿＿＿＿＿＿

事实和理由：＿＿＿＿＿＿＿＿＿＿＿＿＿＿＿＿＿＿＿＿＿＿＿＿＿＿＿＿
＿＿＿＿＿＿＿＿＿＿＿＿＿＿＿＿＿＿＿＿＿＿＿＿＿＿＿＿＿＿＿＿＿＿

此致
×××人民法院

附：1. 再审申请书副本×份；
  2. 原审判决书（或裁定书）×份。

再审申请人：＿＿＿＿＿＿
××××年××月××日

制作要点

1. 标题：写"再审申请书"。

2. 当事人基本情况：申请人是公民的，应当写明姓名、性别、出生年月日、民族、职业或工作单位、住址及联系方式；申请人是法人、其他组织的，应写明其名称、住所地及法定代表人或者主要负责人的姓名、职务和联系方式。被申请人情况包括全称、地址、法定代表人等。

3. 案由：写明申请人对哪个法院的什么裁判申请再审。

4. 请求事项：提出请求法院进行再审，撤销或变更原审裁判。

5. 事实和理由：写明客观事实，列出证据，针对原判认定事实的错误情形提出申辩。紧扣原审判决、裁定在适用法律等方面的错误，进行辩驳、论证和纠正。

6. 尾部及附项：致送人民法院名称；申请人签名，申请人为法人或其他组织的，应加盖单位公章，并由其法定代表人或者主要负责人签名；注明申请日期；附项附上相关材料。

实例示范

2019年8月，某市环境保护局认为某水务有限公司存在排放超标工业废水的违法事实，遂对污染物排放企业某水务有限公司进行了行政处罚，责令停产停业，并缴纳一定数额的罚款。某水务有限公司对行政处罚不服，向该市某区人民法院提起行政诉讼。一审法院开庭作出驳回原告

> 诉讼请求的判决。某水务有限公司认为被告剥夺了其申请听证的权利，不服一审判决结果，向市中级人民法院提起上诉。经审理，市中级人民法院作出了维持一审判决的裁定。终审裁定生效后，某水务有限公司仍持有异议，遂向省高院提出行政申诉。

再审申请书

再审申请人：某水务有限公司，住所地：××市××区甲路×号。

法定代表人：崔某，职务：董事长，联系方式：180×××1234。

委托代理人：戚某，某律师事务所律师。

被申请人：某市环境保护局，住所地：××市××区乙路×号。

法定代表人：孙某，局长，联系方式：×××××××。

申请人因某市环保局行政处罚纠纷一案，不服某市中级人民法院(2019)×行终×号判决，依法申请再审。

请求事项：

1. 撤销某区人民法院（2019）×行初×号判决和某市中级人民法院（2019）×行终×号判决，依法重新审理；

2. 撤销某市环境保护局的（2019）第×号行政处罚决定。

事实与理由：

我公司主要从事应用水加工与分销业务，加工过程中会排放少量工业废水，为实现企业运作规模化、合法化，我公司早在2010年就引进先进的水污染物处理设备，实现工业废水达标排放。但在2019年8月，市环保局不分青红皂白，认定我公司为开发区主河污染事件主要污染源，并由此对我公司处以行政处罚。我公司认为一审、二审法院判决均存在以下事实认定及法律适用方面的错误：

1. **污染事实认定错误**：我公司并未不正常使用水污染物处理设施，公司8月开展的定期设备检查中，已经发现部分消毒系统存在故障，并积极组织抢修。抢修前排放出的废水污染指标稍有异常，但不足以导致水源污染，由于技术力量有限，抢修尚未完成，因此未能将此次情况上报环保部门报批备案。

2. **法律适用错误**：根据《中华人民共和国行政处罚法》的有关规定，当事人要求听证的，应当在行政机关告知后三日内提出。8月15日市环保局下发听证告知书，我公司于 2019 年 8 月 19 日向其递交了听证申请材料，市环保局认为我公司提出的听证申请已经超过三日的法定期间，属无效的申请，遂在未组织听证会的情况下作出了（2019）第 × 号行政处罚决定。但申请期间的最后一日为 8 月 18 日，系法定假日星期日，依法应予顺延一天，将 8 月 19 日作为听证申请截止日期，并由市环保局依法组织听证，保证我公司的程序性权利。

但一审、二审人民法院经审理后，均认为被上诉人的行政处罚决定程序合法，对被上诉人的行政处罚决定未予以撤销。

申请人不服，特申请再审，请求重新审理，依法改判，撤销被申请人的（2019）第 × 号行政处罚决定。

此致
某省高级人民法院

附：1. 某市某区人民法院（2019）× 行初 × 号判决书；
　　2. 某市中级人民法院（2019）× 行终 × 号判决书。

再审申请人：某水务有限公司
法定代表人：崔某
2019 年 10 月 16 日

法条链接

《中华人民共和国行政诉讼法》

第九十条　当事人对已经发生法律效力的判决、裁定，认为确有错误的，可以向上一级人民法院申请再审，但判决、裁定不停止执行。

行政诉讼答辩状

文书简介

> 行政诉讼答辩状是行政诉讼中的被告（或被上诉人）针对原告（或上诉人）在行政起诉状（或上诉状）中提出的诉讼请求、事实与理由，向人民法院作出的书面答复。

📖 **文书样式**

行政诉讼答辩状

答辩人：_____

地址：_____

联系方式：_____

法定代表人：_____ 职务：_____

(委托代理人)：_____ 职务：_____

因_____诉我单位_____一案，答辩如下：

答辩请求：_____

事实和理由：_____

_____

此致
×××人民法院

附：答辩书副本×份。

答辩人：_____
××××年××月××日

📝 **制作要点**

1. 标题：写"行政诉讼答辩状"。

2. 答辩人基本情况：注明答辩人全称、地址和联系方式、负责人。有委托代理人的，写清委托代理人姓名、性别、年龄以及工作单位和职务。

3. 答辩内容：根据起诉状和上诉状的诉讼请求以及其依据的事实和理由，写明自己的答辩观点。主要针对行政行为的合法性进行辩驳，并提出相关证据充分论证。答辩意见应清楚明晰，内容较多时可以分条列出。一般从三个方面进行答辩，第一，案情事实部分；第二，行政行为是否正确；第三，是否违反相关程序。全文可以写成"因_____诉我单位_____一案，我单位提出如下答辩意见"。

4. 结尾和附项：写明致送人民法院名称，右下角写答辩人全称并加盖单位公章，下一行法定代表人签字或盖章，有委托代理人的需要其签字，并注明日期。附项附本答辩状副本及其份数。

实例示范

> 周某是一名大四的学生，毕业在即，学校为同学们颁发了毕业证书和学士学位证书。但周某没有拿到证书，遂找到了学校的教务处，但教务处告知，系统显示周某在校期间有三学分未修，而且其毕业论文答辩不合格，因此学校决定拒绝为其颁发毕业证并且不授予学士学位。周某称自己确实曾欠学分，但对相关课程均已重修，并不知道自己还欠三学分，而且，毕业论文答辩后，老师并未告知其不合格，也并未有人通知自己进行二次答辩。因此周某认为，学校应该事先通知自己并听取自己的意见，现在自己拿不到证书应该归责于学校。周某遂提交了起诉状，学校收到法院转交的起诉状副本后，进行了答辩。

行政诉讼答辩状

答辩人：某省某大学。

地址：某市某路×号，联系方式：××××××××。

法定代表人：白某，女，职务：某大学校长。

委托代理人：张某，男，职务：某大学教务部主任。

因周某诉我单位不授予学位一案，现我单位作出如下答辩：

周某系我单位2015级人文学院学生，该生在第二学年的专业必修课中，出勤率为10%，按照我单位相关规定，其不得参加本门课程的期末考试，我单位教务处及时通知了周某对该门课程进行重修，然而周某虽然进行了重修但并未参加结课考试，因此欠下三学分。2019年5月，周某所在学院组织毕业论文答辩，答辩结束后，学校教务部将答辩成绩公布在学校网站，并通知答辩不合格的人员需准备二次答辩，但周某未参加二次答辩。2019年6月3日，我单位在网站上公布了不予授予毕业证和学位证的学生名单，并通知以上同学如有异议可以向行政楼102室王老师提出异议，但周某并未行使异议权。根据我单位规定，对未修够学分和未通过毕业答辩的学生，学校不予授

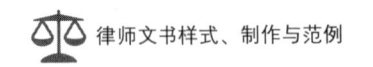

予毕业证和学位证。

综上所述，我单位的行为并无不妥之处，且并未违反相关程序。请人民法院依法判令驳回原告周某的诉讼请求。

此致
某区人民法院

附：答辩书副本1份。

答辩人：某省某大学
法定代表人：白某
委托代理人：张某
2019年7月2日

法条链接

《中华人民共和国行政诉讼法》

第六十七条　人民法院应当在立案之日起五日内，将起诉状副本发送被告。被告应当在收到起诉状副本之日起十五日内向人民法院提交作出行政行为的证据和所依据的规范性文件，并提出答辩状。人民法院应当在收到答辩状之日起五日内，将答辩状副本发送原告。

被告不提出答辩状的，不影响人民法院审理。

二、申请书类

行政撤诉申请书

文书简介

行政撤诉申请书是指在行政案件审理程序中，在法院未作出裁判之前，原告向人民法院申请撤回起诉而依法提交的法律文书。

撤诉是当事人的诉讼权利，当事人若想撤诉必须依法提交撤诉状。

📖 **文书样式**

撤诉申请书

申请人：_____

（委托代理人）：_____

被申请人：_____

法定代表人：_____

（委托代理人）：_____

申请人因_____一案，于××××年××月××日向你院提起行政诉讼，现申请撤回起诉，理由如下：_____
_____

特此申请撤回起诉，请予核准。

起诉时附送的证据材料共×件，请予返还。

此致

×××人民法院

申请人：_____

××××年××月××日

📝 **制作要点**

1. 标题：写"撤诉状"或"撤诉申请书"。

2. 当事人基本情况：申请人是公民的，应该写明姓名、性别、出生年月日、民族、职业或工作单位、住址和联系方式。申请人是法人、其他组织的，应写明其名称、住所地、法定代表人或者主要负责人的姓名、职务和联系方式。委托代理人代为诉讼的，要写明代理人的姓名和工作单位。写明被申请人的全称、地址及法定代表人。

3. 撤诉请求与理由：写明因何案在何时提起的诉讼，并写明撤诉理由。撤诉理由要言简意赅，写明重点，不要长篇大论。

4. 尾部：写明致送法院名称，申请人签名并注明日期。

实例示范

> 我们链接到上一案件，周某依法向法院提起了行政诉讼，但是周某在咨询律师以后发现自己并没有充足的证据证明学校的行为是错误的。在律师的建议下，周某决定撤回起诉，于是提交了撤诉状。

撤诉状

申请人：周某，男，1996年2月26日出生，汉族，住某省某市某区某路×号。联系方式：156××××2777。

被申请人：某省某大学。地址：某市某路×号，电话：××××××××。

法定代表人：白某，女，职务：某大学校长。

委托代理人：张某，男，职务：某大学教务部主任。

申请人因诉某大学不授予学位一案，于2019年6月17日向你院提起行政诉讼，现申请撤回起诉，理由如下：申请人认为所提交的证据不充分，不足以证明申请人所言事实，需要对本案相关证据进行补充。

特此申请撤回起诉，请予核准。

原在起诉书所附送证据材料共3份，请予以返还。

此致

某区人民法院

申请人：周某
2019年7月10日

法条链接

《中华人民共和国行政诉讼法》

第六十二条 人民法院对行政案件宣告判决或者裁定前，原告申请撤诉的，或者被告改变其所作的行政行为，原告同意并申请撤诉的，是否准许，由人民法院裁定。

停止执行行政行为申请书

文书简介

停止执行行政行为申请书是指在行政诉讼活动中,原告申请人民法院停止执行被告行政机关的行政行为(如行政罚款决定、吊销营业执照处罚决定、行政拘留决定等)而提交的法律文书。

依照《行政诉讼法》的规定,通常情况下,在行政诉讼进行期间,不停止行政行为的执行。若原告申请停止执行,人民法院认为该行政行为的执行会造成难以弥补的损失,并且停止执行不损害国家利益、社会公共利益的,可以裁定停止执行。

文书样式

停止执行行政行为申请书

申请人:_____

被申请人:_____

申请事项:_____

_____

申请理由:_____

_____

_____

此致

×××人民法院

申请人:_____

××××年××月××日

制作要点

1. 标题:写"停止执行行政行为申请书"。
2. 当事人基本情况:这一部分主要是申请人和被申请人的基本情况。申请人是公民的，应当写明姓名、性别、出生年月日、民族、职业或工作单位、住址及联系方式；申请人是法人、其他组织的，应写明其名称、住所地、法定代表人或者主要负责人的姓名、职务和联系方式。被申请人情况写明全称、地址、法定代表人等。

3. 申请事项：写明申请停止执行的行政行为的名称和内容。

4. 申请理由：该部分主要是陈述为何要申请停止所执行的行政行为，简要阐述其背后所依托的事实与理由。写明如继续执行，则可能造成难以弥补的损失等。

5. 尾部：致送人民法院名称；申请人签名，申请人为法人或其他组织的，应加盖单位公章，并由其法定代表人或者主要负责人签名；注明申请日期。

实例示范

> 周某与其所在的村民委员会签订了土地承包合同书，承包经营本村某地的鱼塘。然而，县自然资源局要把土地出让给某有限公司使用。省自然资源厅对县自然资源局的方案作出了批准。周某认为省自然资源厅的行为侵犯了其合法的鱼塘承包经营权，依法向法院提起行政诉讼。同时，周某认为征用土地这一行政行为的执行将给其造成了无法弥补的损失，于是向法院提出停止执行行政行为的申请。

停止执行行政行为申请书

申请人：周某，男，汉族，1980年2月21日出生，住××市××县×路×号，联系方式：×××××××。

被申请人：××省自然资源厅，××省××市××区×路×号，法定代表人：何某，厅长。

请求事项：

裁定停止执行××省自然资源厅征用申请人承包经营的土地的行政行为。

事实和理由：

××××年××月××日，申请人周某与其所在的××村民委员会签订了土地承包合同书，由申请人承包经营××村某地的鱼塘。××××年××

月××日，县自然资源局征用了申请人承包经营的鱼塘。然而，政府征用申请人承包经营的土地，并非出于公共利益的需要，而是要把土地出让给某有限公司使用，作为某项目的建设用地。此外，根据《中华人民共和国土地管理法》《中华人民共和国土地管理法实施条例》的规定，征用农用地，必须履行农用地转用的审批手续。然而，××省自然资源厅以文件的形式批准了《××县人民政府征用土地方案》。××省自然资源厅的行为，侵犯了申请人合法的鱼塘承包经营权。为了维护申请人的合法权利，申请人已经依法向贵院提起行政诉讼。

本案在起诉时，县自然资源局已经根据省自然资源厅的文件，开始执行征地补偿等行政行为，申请人认为该行政行为的执行将给申请人造成无法弥补的损失，根据《中华人民共和国行政诉讼法》第56条的规定，特向贵院提出上述停止执行的请求事项，请贵院予以支持。

此致
某县人民法院

申请人：周某

2019年1月9日

法条链接

《中华人民共和国行政诉讼法》

第五十六条第一款　诉讼期间，不停止行政行为的执行。但有下列情形之一的，裁定停止执行：

（一）被告认为需要停止执行的；

（二）原告或者利害关系人申请停止执行，人民法院认为该行政行为的执行会造成难以弥补的损失，并且停止执行不损害国家利益、社会公共利益的；

（三）人民法院认为该行政行为的执行会给国家利益、社会公共利益造成重大损害的；

（四）法律、法规规定停止执行的。

不公开审理申请书

文书简介

不公开审理申请书,是指人民法院在进行诉讼活动时,当事人出于法律规定或者其他正当事由,向法院提交的申请对案件进行不公开审理的文书。

文书样式

不公开审理申请书

申请人:＿＿＿＿＿＿＿＿＿＿＿＿＿＿

请求事项:＿＿＿＿＿＿＿＿＿＿＿＿＿

你院受理的(××××)×号＿＿＿＿＿诉＿＿＿＿＿一案,特申请不公开审理。

申请理由:＿＿＿＿＿＿＿＿＿＿＿＿＿
＿＿＿＿＿＿＿＿＿＿＿＿＿＿＿＿＿＿＿

因此,根据《中华人民共和国行政诉讼法》第54条的规定,特向你院提出不公开审理的申请,请予审查批准。

此致
×××人民法院

申请人:＿＿＿＿＿＿
××××年××月××日

制作要点

1. 标题:写"不公开审理申请书"。

2. 当事人基本情况:申请人是公民的,应该写明姓名、性别、出生年月日、民族、工作单位、住址和联系方式。当事人是法人、其他组织的,应写明其名称、住所地及法定代表人或者主要负责人的姓名、职务和联系方式。委托代理人代为诉讼的，要写明代理人的姓名和工作单位。

3. 提出不公开审理的请求和要求不公开审理的理由，即本案中涉及某种难以言明的隐私问题，或涉及商业秘密，如公开审理将导致不良影响，以及可能影响法庭的调查审理。

4. 尾部：申请人签名，法人或其他组织写明单位名称，法定代表人或主要负责人签名或盖章；注明日期。

实例示范

> 某县政府决定在其管辖的地区范围内建办公楼，并通过招投标的方式确定了合格的建筑商。2019年4月10日，江某的建筑公司以招投标方式存在不公为由将某县政府起诉到人民法院，要求某县政府公布中标公司的设计方案以及标底。某县政府以涉及商业秘密为由，向法院申请不公开审理此案。

不公开审理申请书

申请人：某县政府，××省××市××区××路×号，法定代表人：任某，职务：××，联系方式：×××××××××。

请求事项：你院受理的（2019）×号原告江某诉被告某县政府一案，我方要求不公开审理。

申请理由：

招投标的公司技术信息和经营信息，包括设计、程序、产品配方、制作工艺、制作方法、管理诀窍、客户名单、货源情报、产销策略、招投标中的标底及标书内容等都属于商业秘密。

为此，根据《中华人民共和国行政诉讼法》第54条的规定，特向你院提出不公开审理的申请，请予审查批准。

此致
某县人民法院

申请人：某县政府
2019年4月10日

法条链接

《中华人民共和国行政诉讼法》

第五十四条 人民法院公开审理行政案件,但涉及国家秘密、个人隐私和法律另有规定的除外。

涉及商业秘密的案件,当事人申请不公开审理的,可以不公开审理。

执行异议书

文书简介

执行异议书,是指人民法院在执行过程中,相关人员对被执行的财产的全部或一部分主张权利,请求人民法院停止并变更执行时使用的法律文书。

文书样式

执行异议书

异议人:＿＿＿＿＿＿＿＿＿＿＿＿＿＿＿

请求事项:＿＿＿＿＿＿＿＿＿＿＿＿＿＿＿

＿＿＿＿＿＿＿＿＿＿＿＿＿＿＿＿＿＿＿＿＿

事实和理由:＿＿＿＿＿＿＿＿＿＿＿＿＿＿＿

＿＿＿＿＿＿＿＿＿＿＿＿＿＿＿＿＿＿＿＿＿

此致

×××人民法院

附:本异议书副本×份。

异议人:＿＿＿＿＿＿

××××年××月××日

制作要点

1. 标题：写"执行异议书"。

2. 异议人的基本情况：异议人是公民的，应写明姓名、性别、出生年月日、民族、工作单位、住址及联系方式。异议人是法人、其他组织的，应写明其名称、住所地及法定代表人或者主要负责人的姓名、职务和联系方式。

有委托代理人的，应列项写明姓名、性别、职业或工作单位和职务、住所，如果委托人系律师，只写明其姓名、工作单位和职务。

3. 事实和理由：在何案中，何判决（裁定或赔偿调解书），什么时间生效进入执行程序，是部分还是全部认为人民法院处理不当，提出异议。写明本案正在执行过程中，而没有执行完毕。

4. 尾部写明：递交的人民法院名称；异议人签名或盖章；注明制作本文书的时间；附项写明异议书副本及其件数。

实例示范

> 黄某一直从事货运买卖。一天，黄某从外地拉货时，被当地交警拦下，经查，黄某的货物中掺杂了一些此路段禁运的危险品。于是，交警对黄某的未违规货物和货车予以扣押，对违规货物予以没收，并且对黄某罚款15万元。黄某认为交警对其罚款金额过高，于是向人民法院提起行政诉讼，人民法院受理了此案。法院审理终结后，因黄某拒不执行判决，人民法院在未经通知的情况下，将事先扣押的黄某的未违规货物予以变卖。黄某就此执行程序提出异议。

执行异议书

异议人：黄某，男，1976年6月28日生，住昆明市××路××小区，联系方式：139××××2456。

请求事项：

请求人民法院将（2019）贵×行初×号一案中变卖的价款予以返还。

事实和理由：

公安局在对违规的货物予以处罚，并且没收违规货物后，对货车以及其他未违规的货物应当予以返还。法院在执行原告黄某诉被告某公安局的生效判决一案中，未经通知异议人，直接将其被扣押的没有违规的货物进行了变卖。

鉴于上述理由，异议人认为贵院未经通知便将未违规的货物进行变卖的强制执行行为，没有法律依据，不符合法律规定，属于执行不当和片面执行。异议人为了维护自己的合法权益，特此提出上述异议。

此致
昆明市某区人民法院

附：本异议书副本1份。

异议人：黄某
2019年5月15日

法条链接

《中华人民共和国行政诉讼法》

第一百零一条　人民法院审理行政案件，关于期间、送达、财产保全、开庭审理、调解、中止诉讼、终结诉讼、简易程序、执行等，以及人民检察院对行政案件受理、审理、裁判、执行的监督，本法没有规定的，适用《中华人民共和国民事诉讼法》的相关规定。

《中华人民共和国民事诉讼法》

第二百三十二条　当事人、利害关系人认为执行行为违反法律规定的，可以向负责执行的人民法院提出书面异议。当事人、利害关系人提出书面异议的，人民法院应当自收到书面异议之日起十五日内审查，理由成立的，裁定撤销或者改正；理由不成立的，裁定驳回。当事人、利害关系人对裁定不服的，可以自裁定送达之日起十日内向上一级人民法院申请复议。

三、其他行政申请文书

行政复议申请书

📋 文书简介

> 行政复议申请书是指作为行政管理相对人的公民、法人或者其他组织，因行政机关的行政行为直接侵犯其合法权益而向有管辖权的行政机关申请复议时提交的法律文书。

📖 文书样式

行政复议申请书

申请人：_____

被申请人：_____

申请人因不服被申请人××××年××月××日作出的行政行为，提出复议申请，要求_____

事实与理由：_____

_____

此致

(受理复议申请的行政机关)

附：申请书副本×份。

申请人：_____

××××年××月××日

📝 制作要点

1. 标题：写"行政复议申请书"。

2. 当事人基本情况：这一部分主要是申请人和被申请人的基本情况。申请人是公民的，应当写明姓名、性别、出生年月日、民族、职业或工作单位、住址及联系方式;申请人是法人、其他组织的,应写明其名称、住所地及法定代表人或者主要负责人的姓名、职务和联系方式。有权申请复议的公民为无行为能力人或者限制行为能力人的,应写明其法定代理人的基本情况。委托律师代为申请复议的,应写明代理律师的姓名及其所在律师事务所的名称。被申请人的基本情况包括被申请人的全称、地址、法定代表人等。

3. 正文:

(1) 复议书中应写明申请人知道行政机关作出行政行为的日期和争议的行政行为。写明申请复议的目的、要求,即明确提出撤销或者变更或者在一定期限内履行行政行为。如变更税务局×字第×号罚款1万元的处罚决定。

(2) 事实与理由:此部分是行政复议申请书的核心。应客观地陈述引起行政行为的全部案件事实,指出被申请人作出行政行为时所认定的事实与客观情况不符之处,并列举出有关的证据材料。有证人的,还应写明证人的姓名、职业和住址。最后在概括事实的基础上,援引有关法律法规论证复议请求的合法性。

4. 尾部及附项:致送复议机关名称;申请人签名,申请人为法人或其他组织的,应加盖单位公章,并由其法定代表人或者主要负责人签名;注明申请日期;附项中应写明提交的申请书副本及份数。

实例示范

> 年逾70岁的朱某家住A市B区C镇,马某住在朱某家的前面。2018年11月3日,马某与朱某发生纠纷,马某将朱某打伤,造成朱某左手手指骨折,C镇派出所出警处理了此事,后A市公安局B区分局作出了行政处罚决定书,决定对马某、朱某分别拘留10天、5天。朱某对此决定书不服,欲申请行政复议。

行政复议申请书

申请人:朱某,女,1945年2月1日生,汉族,住A市B区C镇西道三排5号,联系方式:183×××9002。

被申请人:A市公安局B区分局,住所地:A市B区相远道×号。

法定代表人：吴某，B区分局局长，联系方式：×××××××××。

申请人因不服被申请人作出的（2019）第011号行政处罚决定书，特向贵局提出行政复议申请，请求撤销被申请人对申请人作出的行政处罚决定书。

事实和理由：

马某与申请人系前后院居住的邻居。2018年11月，马某在翻建新房时未经申请人同意，将申请人所有的位于马某屋后西北角的老槐树砍伐。2018年11月3日中午，在村委会为申请人与马某调解纠纷时，马某动手殴打申请人，造成申请人左手中指骨折。申请人受伤后被送往B区人民医院住院治疗5天，经医生诊断为左手中指近节指骨基底骨折。申请人向C镇派出所报案，派出所民警对本案进行了调查，并制作了笔录。2018年12月申请人的伤情被鉴定为轻微伤。2019年3月1日，被申请人作出了（2019）第011号行政处罚决定书，决定对马某、朱某分别拘留10天、5天。

申请人已经74岁，而马某正值壮年，申请人在受到马某殴打后，只能被动挨打，根本没有能力还手与马某互殴，而且马某没有任何部位受伤。《中华人民共和国治安管理处罚法》第43条规定，只有殴打他人的，或者故意伤害他人身体的才处以拘留的行政处罚，而申请人在案件中只是受害者，并没有造成马某受伤，被申请人无故处罚申请人，这对申请人是不公平、不公正的，严重损害了申请人的合法权益。故此，申请人向A市公安局提出行政复议申请，请求贵局依法撤销被申请人作出的（2019）第011号行政处罚决定书。

此致
A市公安局

附：申请书副本1份。

申请人：朱某
2019年3月5日

法条链接

《中华人民共和国行政复议法》

第六条　有下列情形之一的，公民、法人或者其他组织可以依照本法申请行政复议：

（一）对行政机关作出的警告、罚款、没收违法所得、没收非法财物、责令停产停业、暂扣或者吊销许可证、暂扣或者吊销执照、行政拘留等行政处罚决定不服的；

（二）对行政机关作出的限制人身自由或者查封、扣押、冻结财产等行政强制措施决定不服的；

（三）对行政机关作出的有关许可证、执照、资质证、资格证等证书变更、中止、撤销的决定不服的；

（四）对行政机关作出的关于确认土地、矿藏、水流、森林、山岭、草原、荒地、滩涂、海域等自然资源的所有权或者使用权的决定不服的；

（五）认为行政机关侵犯合法的经营自主权的；

（六）认为行政机关变更或者废止农业承包合同，侵犯其合法权益的；

（七）认为行政机关违法集资、征收财物、摊派费用或者违法要求履行其他义务的；

（八）认为符合法定条件，申请行政机关颁发许可证、执照、资质证、资格证等证书，或者申请行政机关审批、登记有关事项，行政机关没有依法办理的；

（九）申请行政机关履行保护人身权利、财产权利、受教育权利的法定职责，行政机关没有依法履行的；

（十）申请行政机关依法发放抚恤金、社会保险金或者最低生活保障费，行政机关没有依法发放的；

（十一）认为行政机关的其他具体行政行为侵犯其合法权益的。

撤回行政复议申请书

文书简介

撤回行政复议申请书是指行政复议申请人在依法申请复议后，复议机关作出复议决定之前，基于某种原因向复议机关撤回复议请求的书面申请。

文书样式

撤回行政复议申请书

申请人：_____

被申请人：_____

申请人因不服_____一案，于××××年××月××日向（复议机关的名称）申请复议，现请求撤回复议申请。

其理由如下：_____

_____

请予批准。

此致

（复议机关的名称）

申请人：_____

××××年××月××日

制作要点

1. 标题：写"撤回行政复议申请书"。

2. 当事人基本情况：这一部分主要是申请人和被申请人的基本情况。申请人是公民的，应当写明姓名、性别、出生年月日、民族、职业或工作单位、住址及联系方式；申请人是法人、其他组织的，应写明其名称、住所地及法定代表人或者主要负责人的姓名、职务和联系方式。被申请人的情况包括全称、地址、法定代表人等。

3. 正文：先写明案由和申请复议的时间，然后提出撤回复议申请的请求及相应的事实和理由。撤回申请的理由可简明扼要、言简意赅。

4. 尾部：致送复议机关的名称；申请人签名，申请人为法人或其他组织的，应加盖单位公章，并由其法定代表人或者主要负责人签名；注明申请日期。

实例示范

邢某系A塑料制品有限公司的工人，某日在上班时被机器轧伤手臂，经甲省乙市人力资源和社会保障局（2019）第×号工伤决定书认定为工伤。

> A 塑料制品有限公司不服此决定，向甲省人力资源和社会保障厅提出行政复议。后 A 塑料制品有限公司与邢某和解，A 塑料制品有限公司决定撤回行政复议申请书。

撤回行政复议申请书

申请人：A 塑料制品有限公司，住所地：甲省乙市开发区创业园 11-1 号。

法定代表人：张某，经理，联系方式：186×××culos×7890。

被申请人：甲省乙市人力资源和社会保障局，住所地：甲省乙市花园区××道×号。

法定代表人：吴某，局长。

申请人不服被申请人工伤认定纠纷一案，于 2019 年 5 月 15 日向甲省人力资源和社会保障厅申请复议，现请求撤回复议申请，其理由如下：

2019 年 4 月 9 日，被申请人作出了（2019）第×号工伤决定书，申请人不服此决定，于 2019 年 5 月 15 日向甲省人力资源和社会保障厅申请复议。复议申请提出后，申请人与邢某多次协商，双方就赔偿问题达成协议，且已实际履行。故申请人向甲省人力资源和社会保障厅提出撤回行政复议申请，请贵厅准予。

此致
甲省人力资源和社会保障厅

申请人：A 塑料制品有限公司
法定代表人：张某
2019 年 6 月 20 日

法条链接

《中华人民共和国行政复议法》

第二十五条　行政复议决定作出前，申请人要求撤回行政复议申请的，经说明理由，可以撤回；撤回行政复议申请的，行政复议终止。

行政赔偿申请书

文书简介

行政赔偿是指行政主体违法实施行政行为，侵犯相对人（相对人即为行政行为所针对的人）合法权益造成损害时由国家承担的一种赔偿责任。相对人向有关机关递交的申请行政赔偿的文书即为行政赔偿申请书。

文书样式

行政赔偿申请书

申请人：＿＿＿＿＿＿＿＿＿＿＿＿＿＿＿＿＿＿＿＿＿

被申请人：＿＿＿＿＿＿＿＿＿＿＿＿＿＿＿＿＿＿＿＿

申请事项：＿＿＿＿＿＿＿＿＿＿＿＿＿＿＿＿＿＿＿＿

事实和理由：＿＿＿＿＿＿＿＿＿＿＿＿＿＿＿＿＿＿＿

此致

（行政机关的名称）

申请人：＿＿＿＿＿＿
××××年××月××日

制作要点

1. 标题：写"行政赔偿申请书"。

2. 申请人基本情况：申请人为公民的，应当写明姓名、性别、年龄、工作单位、住所及联系方式；如果是申请人的继承人、法定代理人或者与申请人有扶养关系的亲属行使请求权时，还应写明继承人、法定代理人、有扶养关系的亲属的姓名、性别、年龄、工作单位、住所，以及与申请人的关系。申请人为法人或者其他组织的，应当写明法人或者其他组织的名称、住所地和法定代表人或者主要负责人的姓名、职务。

3. 被申请人（赔偿义务机关）：明示赔偿请求是向哪一个机关提出的。

4. 请求事项：这部分必须写明确，具体。有多个请求的须分项列出。包括要求赔偿的方式（返还财产、恢复原状、给付赔偿金等方式）、支付赔偿金的具体金额等。

5. 事实与理由：该部分主要是陈述某机关单位及其工作人员违法行使职权的事实、违法行为发生的时间和经过、赔偿请求人的人身和财产权利因违法行为的侵害受到损害的事实、具体的受损情况等。

6. 尾部：致送被申请的行政机关名称；申请人签名，申请人为法人或其他组织的，应加盖单位公章，并由其法定代表人或者主要负责人签名；注明申请日期。

实例示范

> 甲运动服装专卖店被 A 县市场监管局吊销了营业执照，甲专卖店因此停业 3 个月。甲运动服装专卖店在被吊销营业执照后提出了行政复议，后复议决定撤销了 A 县市场监管局的处罚决定。甲运动服装专卖店因此向 A 县市场监管局提出了行政赔偿申请。

行政赔偿申请书

申请人：甲运动服装专卖店，住所地：B 市 A 县××道×号。

法定代表人：朱某，经理。联系方式：183×××free×2990。

被申请人：A 县市场监管局，住所地：某省 B 市 A 县人民路 12 号。

法定代表人：刘某，局长。

申请事项：要求 A 县市场监管局赔偿申请人经济损失 5 万元。

事实和理由：2020 年 12 月 20 日上午，A 县市场监管局到申请人处检查。在申请人的库房里，A 县市场监管局检查了申请人新进的一批运动装，并拿走几套衣服做检验。后 A 县市场监管局通知申请人，该批服装为假冒伪劣产品。申请人将购买服装的发票、进货单等单据交给了 A 县市场监管局，以说明服装的进货来源是正当的。但是 A 县市场监管局仍然作出了行政处罚决定书，决定吊销申请人的营业执照。申请人向 B 市人民政府提出行政复议申请，B 市人民政府作出了行政复议决定书，决定撤销 A 县市场监管局的行政处罚决定书。自 A 县市场监管局作出处罚决定书起自行政复议决定下发后，申请人共停业 95 天，停业期间造成申请人经济损失共计 5 万元。为了维护申请人的权益，申请人向 A 县市场监管局提出经济赔偿申请。

此致
A 县市场监管局

申请人：甲运动服装专卖店
法定代表人：朱某
2021 年 1 月 20 日

法条链接

《中华人民共和国国家赔偿法》

第三条　行政机关及其工作人员在行使行政职权时有下列侵犯人身权情形之一的，受害人有取得赔偿的权利：

（一）违法拘留或者违法采取限制公民人身自由的行政强制措施的；

（二）非法拘禁或者以其他方法非法剥夺公民人身自由的；

（三）以殴打、虐待等行为或者唆使、放纵他人以殴打、虐待等行为造成公民身体伤害或者死亡的；

（四）违法使用武器、警械造成公民身体伤害或者死亡的；

（五）造成公民身体伤害或者死亡的其他违法行为。

第四条　行政机关及其工作人员在行使行政职权时有下列侵犯财产权情形之一的，受害人有取得赔偿的权利：

（一）违法实施罚款、吊销许可证和执照、责令停产停业、没收财物等行政处罚的；

（二）违法对财产采取查封、扣押、冻结等行政强制措施的；

（三）违法征收、征用财产的；

（四）造成财产损害的其他违法行为。

第十二条　要求赔偿应当递交申请书，申请书应当载明下列事项：

（一）受害人的姓名、性别、年龄、工作单位和住所，法人或者其他组织的名称、住所和法定代表人或者主要负责人的姓名、职务；

（二）具体的要求、事实根据和理由；

(三)申请的年、月、日。

赔偿请求人书写申请书确有困难的,可以委托他人代书;也可以口头申请,由赔偿义务机关记入笔录。

赔偿请求人不是受害人本人的,应当说明与受害人的关系,并提供相应证明。

赔偿请求人当面递交申请书的,赔偿义务机关应当当场出具加盖本行政机关专用印章并注明收讫日期的书面凭证。申请材料不齐全的,赔偿义务机关应当当场或者在五日内一次性告知赔偿请求人需要补正的全部内容。

第四章　海事诉讼法律文书

执行海事仲裁裁决申请书

文书简介

执行海事仲裁裁决申请书是指在海事案件中，在仲裁裁决中的实体义务人不履行仲裁裁决所确定的义务时，实体权利人向人民法院提交的请求强制义务人履行义务的法律文书。

文书样式

执行海事仲裁裁决申请书

申请人：_____

被申请人：_____

请求事项：_____

_____

事实和理由：_____

_____

此致

中华人民共和国×××海事法院

附：海事仲裁裁决书正本。

申请人：_____
××××年××月××日

制作要点

1. 标题：写"执行海事仲裁裁决申请书"。

2. 当事人基本情况：写明申请人和被申请人的姓名、性别、出生年月日、职业、住址、联系方式等。申请人或被申请人是法人或其他组织的，写明名称、住所地，以及法定代表人或者主要负责人姓名、职务、联系方式等基本信息。

3. 请求事项：写明申请人要求法院强制执行海事仲裁裁决的各项内容。要注意言简意赅、条理清晰。

4. 事实和理由：写明请求执行的依据，要真实合理。也可以写明请求执行的标的。

5. 尾部：写致送法院名称，申请人签字或盖章，最后注明日期。

6. 附项：可以附上仲裁裁决书正本和其他需要提交的材料。

实例示范

天津甲船务有限公司主要经营船舶的运输以及船舶的租赁业务。由于所处的天津港地理位置优越，船舶经营较好，公司规模不断扩大。但随着航运事故的频繁发生以及维权意识的增强，甲船务有限公司开始为自己航行的船舶投保，但也因此引发了一些不必要的纠纷。2018年3月27日，甲船务公司为自己的货运船舶"远航号"投保了航运一切险，保险金额为100万元，甲船务公司依约定交付了保险费用。2018年6月10日，"远航号"顺利起航，但行至半途遇到大风浪，使得大批货物受损，无法按时向买家交货，致使甲船务有限公司损失严重，之后该公司及时告知保险公司这一情况，并要求保险公司依照保险合同的约定对其进行赔偿，但保险公司拒绝了甲船务有限公司的赔偿请求，原因是"远航号"在航行途中未按照原来的航线行驶，擅自变更航线，才遇到大风浪，造成损失，属于甲船务有限公司自身的过错，所以保险公司不承担保险责任。

后双方根据协议到天津海事仲裁委员会就此纠纷进行仲裁，在仲裁过程中原告即天津甲船务有限公司就"远航号"的航线是否正确进行了充分举证，最终，仲裁裁决被告保险公司对原告的损失进行赔偿，支付保险金100万元，案件的受理费用，由被告保险公司承担。裁决作出后，

> 保险公司未提出任何异议，但也一直未履行裁决，未向甲船务有限公司支付保险金。为保证自身利益，甲船务有限公司向天津海事法院提出执行海事仲裁裁决申请，促使保险公司履行自己的义务。

执行海事仲裁裁决申请书

申请人：天津甲船务有限公司，住所地：天津市××路×号。

法定代表人：陈某，董事长，联系方式：×××××××。

被申请人：乙财产保险有限责任公司，住所地：天津市××街×号。

法定代表人：李某，董事长，联系方式：×××××××。

请求事项：

1. 中国海事仲裁委员会于2018年11月20日作出海仲字第×号裁决，被申请人拒不履行，现特申请你院给予强制执行；

2. 要求被申请人承担本案执行费用。

事实和理由：

申请人天津甲船务有限责任公司与被申请人乙财产保险有限责任公司于2018年3月27日签订了保险合同，并且该合同依法生效。申请人由于在航行期间遇到不可抗的大风浪，造成重大损失。双方就保险金的赔偿问题产生争议，并接受了中国海事仲裁委员会的仲裁，由被申请人支付给甲船务有限公司保险金人民币100万元，仲裁裁决作出后，被申请人并未提出异议。但至今也未履行仲裁裁决，支付相应的保险金。且据申请人甲船务有限公司了解，被申请人完全具有履行能力。其具有履行能力而拒不履行仲裁裁决的行为严重影响了我公司的合法权益，遂请求法院强令被申请人履行仲裁裁决。

此致

中华人民共和国天津海事法院

附：中国海事仲裁裁决书正本1份。

申请人：甲船务有限责任公司

法定代表人：陈某

2018年12月20日

法条链接

《中华人民共和国海事诉讼特别程序法》

第十一条 当事人申请执行海事仲裁裁决，申请承认和执行外国法院判决、裁定以及国外海事仲裁裁决的，向被执行的财产所在地或者被执行人住所地海事法院提出。被执行的财产所在地或者被执行人住所地没有海事法院的，向被执行的财产所在地或者被执行人住所地的中级人民法院提出。

承认和执行外国法院判决（或裁定）申请书

文书简介

承认和执行外国法院判决（或裁定）申请书是指外国法院依法对海事案件作出判决或裁定以后，申请人请求中国海事法院承认和执行外国法院的判决或裁定而提交的法律文书。

文书样式

承认和执行外国法院判决（或裁定）申请书

申请人：_____

被申请人：_____

请求事项：_____

_____

事实和理由：_____

_____

此致

中华人民共和国×××海事法院

附：法院判决书或裁定书原件和中文翻译件。

申请人：_____
××××年××月××日

制作要点

1. 标题：写"承认和执行外国法院判决（或裁定）申请书"。

2. 当事人基本情况：写明申请人和被申请人的姓名、性别、出生年月日、职业、住址、联系方式等。申请人或被申请人是法人或其他组织的，写明名称、住所地，以及法定代表人或者主要负责人姓名、职务、联系方式等基本信息。

3. 请求事项：写明要求承认和执行哪个国家的哪个法院作出的海事判决或裁定。

4. 事实和理由：写明申请人和被申请人之间的纠纷以及在国外法院得到了怎样的处理。写出申请人要求承认和执行哪些事项以及有怎样的依据等。

5. 尾部及附项：致送法院名称，申请人签字或盖章，最后注明日期；附项可以附上经公证认证的外国法院的判决书或裁定书原件和中文翻译件。

实例示范

中国甲粮食出口有限责任公司与荷兰乙公司签订了一份关于大豆的出口合同，且我国与荷兰同为《联合国国际货物销售合同公约》的缔约国。在这份合同中，双方约定该批大豆由我国 A 公司的"顺风号"商船承运，从我国大连港出发，运至荷兰的鹿特丹港口。在船舶航行期间，船舶发生搁浅，为了使船舶起浮进而正常航行，承运人抛弃了部分货物。之后，又因恶劣天气的影响，部分货物被打入海中，到达荷兰的鹿特丹港口后，由于途中风浪的侵蚀，导致部分大豆已经变质。面对这批严重受损的大豆，作为买方的乙公司，拒绝接收货物，并要求我国的粮食出口公司承担对其不能正常使用该批大豆而造成的损失。对于该请求，甲粮食出口有限责任公司予以拒绝。

之后乙公司对甲粮食出口有限责任公司提起诉讼，该案由鹿特丹当地法院依法受理，经审理，法院支持了乙公司提出的诉讼请求，判决甲粮食出口有限责任公司承担责任，对这批大豆造成的损失进行赔偿。

为了使该法院的判决在中国境内得到承认并执行，乙公司向法院提出承认与执行外国法院判决的申请。

承认和执行外国法院判决申请书

申请人：荷兰乙公司，住所地：荷兰鹿特丹。

法定代表人：H，联系方式：××××××××。

被申请人：中国甲粮食出口有限责任公司，住所地：中国大连市××区××街×号。

法定代表人：陈某，董事长，联系方式：××××××××。

请求事项：请求你院对荷兰鹿特丹地区法院作出的关于中国甲粮食出口有限责任公司与荷兰乙公司的海事纠纷案件判决书予以承认和执行。

事实和理由：申请人荷兰乙公司于2018年4月5日与中国甲粮食出口有限责任公司签订了关于大豆的买卖合同，该合同依法成立并生效。该批货物由中国A公司的"顺风号"承运，但是在航行过程中遇到一些不可抗力，造成这批大豆严重受损，在这种情况下，我公司拒绝接收该批大豆，并要求中国甲粮食出口公司承担相应的赔偿责任，但被该公司拒绝。之后，为维护我公司利益，获得相应的赔偿，我方采取了诉讼的方式，将中国甲粮食出口有限责任公司告上法庭，鹿特丹地区法院经审理后，支持我公司诉讼请求，并判决由中国甲粮食出口有限责任公司承担责任，要求其赔偿我公司的损失。

为使该法院的判决在中国发生法律效力，使中国甲粮食出口有限责任公司更好地承担自身的责任，遂向你院提出承认和执行外国法院判决的申请。

此致
中华人民共和国大连海事法院

附：荷兰鹿特丹地区法院裁定书原件和中文翻译件。

申请人：荷兰乙公司
法定代表人：H
2019年8月13日

法条链接

《中华人民共和国海事诉讼特别程序法》

第十一条　当事人申请执行海事仲裁裁决，申请承认和执行外国法院判决、裁定以及国外海事仲裁裁决的，向被执行的财产所在地或者被执行人住所地海事法院提出。被执行的财产所在地或者被执行人住所地没有海事法院的，向被执行的财产所在地或者被执行人住所地的中级人民法院提出。

承认和执行国外海事仲裁裁决申请书

文书简介

承认和执行国外海事仲裁裁决申请书是指国外仲裁机构对海事案件作出裁决以后，申请人请求中国海事法院承认和执行国外海事仲裁裁决而依法提交的法律文书。

文书样式

承认和执行国外海事仲裁裁决申请书

申请人：_____

被申请人：_____

请求事项：_____

_____

事实和理由：_____

_____

此致

中华人民共和国×××海事法院

附：仲裁裁决原件和中文翻译件。

申请人：_____

××××年××月××日

制作要点

1. 标题：写"承认和执行国外海事仲裁裁决申请书"。
2. 当事人基本情况：写明申请人和被申请人的姓名、性别、出生年月日、职业、住址、联系方式等。申请人或被申请人是法人或其他组织的，写明名称、住所地，以及法定代表人或者主要负责人姓名、职务、联系方式等基本信息。

3. 请求事项：写明要求承认和执行国外海事仲裁裁决的内容。

4. 事实和理由：写明申请人和被申请人之间的纠纷情况、在哪个仲裁机构进行仲裁、仲裁的经过和裁决结果。写出申请人要求承认和执行的理由和依据。

5. 尾部及附项：致送法院名称，申请人签字或盖章，最后注明日期；附项可以附上经过公证的国外仲裁裁决书原件和中文翻译件。

实例示范

北京甲服装贸易股份有限公司以对外出口服装为主要经营业务，且该公司拥有自己的服装输出船舶，实现了加工运输一条龙运营模式。2018年10月11日，该公司要运送一批服装到荷兰的一家服装商场，由"A号"从最近的天津港出发，行至半途，遇到大雾天气，使得"A号"临时改变航线，但在改变航线时因一时疏忽与该航线上正常行驶的德国籍船舶发生碰撞，造成该船舶损毁。事故发生后，德国籍船舶要求"A号"承担此次事故的全部责任，但甲服装贸易股份有限公司认为自己本身虽有过错，却是因为突发大雾，不得已而为之，属于紧急避险，不应承担此次事故的全责。之后双方达成仲裁协议，约定由英国伦敦国际仲裁院来对此纠纷进行裁决。

在伦敦国际仲裁院的调查审理下，认定"A号"的行为不属于紧急避险，且在变更航线时未作出警示声明，从而造成德国籍船舶的损毁，应该承担此次事故的全部责任，但鉴于"A号"是遭遇突发天气状况而不得不变更航线，可以适当减轻赔偿责任，最终认定由甲服装贸易股份有限公司对德国籍船舶赔偿人民币50万元。为使英国伦敦国际仲裁院所作的裁决在中国得到承认与执行，德国乙船舶船运公司特向北京市第二中级人民法院提出申请。

承认和执行国外海事仲裁裁决申请书

申请人：德国乙船舶航运公司，住所地：德国柏林。

法定代表人：M，联系方式：×××××××××。

被申请人：北京甲服装贸易股份有限公司，住所地：中国北京市东城区××街×号。

法定代表人：柳某，总经理，联系方式：×××××××××。

请求事项：请贵院对英国伦敦国际仲裁院就中国甲服装贸易股份有限公司与德国乙船舶航运公司的海事事故所作出的裁决予以承认与执行。

事实和理由：中国甲服装贸易股份有限公司在对外输出服装的海上运输中，由于遇到大雾天气，临时转变航线，与德国乙船舶航运公司正常航行的船舶发生碰撞，造成该船舶损毁，由于双方在赔偿问题上未能形成一致意见，遂协议提请英国伦敦国际仲裁院对此次纠纷进行裁决，后伦敦国际仲裁院经调查审理，作出由中国甲服装贸易股份有限公司对德国乙船舶航运公司赔偿50万欧元的裁决。

为使英国伦敦国际仲裁院作出的裁决在中国发挥相应的法律效力，维护自身的权益，向贵院提出承认与执行外国海事仲裁裁决的申请。

此致
北京市第二中级人民法院

附：英国伦敦国际仲裁院裁决原件和中文翻译件。

申请人：德国乙船舶航运公司

法定代表人：M

2019年3月6日

法条链接

《中华人民共和国民事诉讼法》

第二百九十条　国外仲裁机构的裁决，需要中华人民共和国人民法院承认和执行的，应当由当事人直接向被执行人住所地或者其财产所在地的中级人民法院申请，人民法院应当依照中华人民共和国缔结或者参加的国际条约，或者按照互惠原则办理。

《中华人民共和国海事诉讼特别程序法》

第十一条　当事人申请执行海事仲裁裁决，申请承认和执行外国法院判决、裁定以及国外海事仲裁裁决的，向被执行的财产所在地或者被执行人住所地海事法院提出。被执行的财产所在地或者被执行人住所地没有海事法院的，向被执行的财产所在地或者被执行人住所地的中级人民法院提出。

诉前扣船申请书

文书简介

诉前扣船申请书是指海事请求权人为保全其海事请求权的行使，在起诉前向海事法院提出扣押被申请人所属的特定船舶的财产保全申请时依法提交的法律文书。

文书样式

诉前扣船申请书

申请人：_____

法定代表人：_____

被申请人：_____

法定代表人：_____

被申请人_____所属_____，因_____，造成申请人损失_____。现被申请人所属的该船，停泊在中华人民共和国_____，特申请你院予以扣押，并责令被申请人提供担保。

申请人提供_____担保，如因申请人的申请错误，致使被申请人因财产保全遭受损失，由申请人承担赔偿责任。

此致
中华人民共和国×××海事法院

附：具有海事证明权的证明材料×份。

申请人：_____

××××年××月××日

📝 制作要点

1. 标题：写"诉前扣船申请书"。

2. 当事人基本情况：写明申请人和被申请人的姓名、性别、出生年月日、职业、住址、联系方式等。申请人或被申请人是法人或者其他组织的，写明名称、住所地，以及法定代表人或者主要负责人姓名、职务、联系方式等基本信息。

3. 申请内容：可以写"被申请人所属（_____船籍_____轮），因（请求保全的理由），造成申请人损失（损失的实况或估算的货币或数额）。现被申请人所属的该船，停泊在（港口），特申请你院予以扣押，并责令被申请人提供担保"。

4. 写明申请人提供担保的财物名称和数额。

5. 尾部及附项：致送法院名称，申请人签字或盖章，注明日期；附项部分需要附上具有海事证明权的证明材料。

⚖️ 实例示范

> 2018年5月20日，甲标准润滑油有限公司与德国乙船运公司签订了供油协议，协议中约定了供油时间、供油地点、数量、价款、计算方式等基本条款，并约定在甲标准润滑油有限公司供油后3个月内，乙船运公司应将所有油款支付完毕。2018年6月1日，甲标准润滑油有限公司为德国乙船运公司的"泰坦52"轮加装了柴油12吨，实际受油地为大连港锚地，且受油船只人员在船舶供油数量签收单上进行了签字确认。但3个月后，德国乙船运公司并未向甲标准润滑油有限公司支付价值418200元的油款。在多次索要未果后，甲标准润滑油有限公司向大连海事法院提出诉讼，要求德国乙船运公司向其支付油款以及这一期间产生的利息。
>
> 甲标准润滑油有限公司为保证自己债权的实现，向法院提出诉前扣船申请，将在大连港锚地的德国乙船运公司的"泰坦52"轮进行扣押。

诉前扣船申请书

申请人：甲标准润滑油有限公司，住所地：大连市中山区××街×号。

法定代表人：张某，董事长，联系方式：×××××××××。

被申请人：德国乙船运公司，住所地：德国汉堡××街×号。

法定代表人：D，联系方式：×××××××××。

被申请人德国乙船运公司所属德国籍"泰坦52"轮，因德国乙船运公司与甲标准润滑油有限公司签订了供油协议，在甲标准润滑油有限公司按照协议向德国乙船运公司的"泰坦52"轮加装12吨柴油后，德国乙船运公司在约定的时间内，未向甲标准润滑油有限公司支付相应的价款，造成申请人损失418200元的油款及该油款产生的利息，现被申请人所属的该船，停泊在中华人民共和国大连港锚地，特申请你院予以扣押，并责令被申请人提供担保。

申请人以甲标准润滑油有限公司的所有资产为担保，如因申请人的申请错误，致使被申请人因财产保全遭受损失，由申请人承担赔偿责任。

此致
中华人民共和国大连海事法院

附：具有海事证明权的证明材料3份。

申请人：甲标准润滑油有限公司

法定代表人：张某

2018年11月1日

法条链接

《中华人民共和国海事诉讼特别程序法》

第十二条 海事请求保全是指海事法院根据海事请求人的申请，为保障其海事请求的实现，对被请求人的财产所采取的强制措施。

第十三条 当事人在起诉前申请海事请求保全，应当向被保全的财产所在地海事法院提出。

第十四条 海事请求保全不受当事人之间关于该海事请求的诉讼管辖协议或者仲裁协议的约束。

第十五条　海事请求人申请海事请求保全，应当向海事法院提交书面申请。申请书应当载明海事请求事项、申请理由、保全的标的物以及要求提供担保的数额，并附有关证据。

第十六条　海事法院受理海事请求保全申请，可以责令海事请求人提供担保。海事请求人不提供的，驳回其申请。

诉讼扣船申请书

文书简介

诉讼扣船申请书是指海事请求权人在海事案件起诉后或在起诉的同时，向海事法院提出扣押被申请人所属特定船舶的财产保全申请而提交的法律文书。

文书样式

诉讼扣船申请书

申请人：＿＿＿＿＿＿＿＿

法定代表人：＿＿＿＿＿＿＿＿

被申请人：＿＿＿＿＿＿＿＿

法定代表人：＿＿＿＿＿＿＿＿

被申请人所属＿＿＿＿，因＿＿＿＿，造成申请人损失＿＿＿＿。特申请你院予以扣押，并责令被申请人提供担保。

申请人提供＿＿＿＿担保，如因申请人的申请错误，致使被申请人因财产保全遭受损失，由申请人承担赔偿责任。

此致
中华人民共和国×××海事法院

申请人：＿＿＿＿＿＿
×××年××月××日

制作要点

1. 标题：写"诉讼扣船申请书"。

2. 当事人基本情况：写明申请人和被申请人的姓名、性别、国籍、出生年月日、职业、住址、联系方式等。申请人或被申请人是法人或者其他组织的，写明名称、住所地，以及法定代表人或者主要负责人姓名、职务、联系方式等基本信息。

3. 申请内容：可以写"被申请人所属（船籍、船舶的停泊港口、船名），因（请求保全的理由），造成申请人损失（损失的实况或估算的货币或数额）。特申请你院予以扣押，并责令被申请人提供担保"。

4. 写明申请人提供担保的财物名称和数额。没有提供担保的不写此项。

5. 写明致送法院名称，申请人签字或盖章，注明日期。

实例示范

英国甲轮船有限公司所属"飞鱼"轮于2016年10月，装载3205吨钢材从英国弗利克斯托港起航，2016年11月27日，"飞鱼"轮进入中国领海后，与一艘悬挂菲律宾国旗、名为"风暴者"的货轮相撞，造成部分钢材的损失以及"飞鱼"轮的损坏，但这艘"风暴者"轮在事故发生后，并未多做停留，之后发现，该"风暴者"轮停靠在中国青岛港锚地。为及时保护自己的利益，英国甲轮船有限公司于2017年1月23日向青岛海事法院起诉，并递交财产保全申请书，请求扣押停泊在中国青岛港锚地的"风暴者"货轮。

诉讼扣船申请书

申请人：英国甲轮船有限公司，住所地：英国利物浦××街×号。

法定代表人：G，联系方式：××××××××。

被申请人：乙轮船有限公司，住所地：菲律宾马尼拉。

法定代表人：F，联系方式：××××××××。

2016年11月27日，当我公司"飞鱼"轮进入中国海域后，与被申请人乙轮船有限公司的现停泊在中国青岛港锚地的菲律宾籍货轮"风暴者"相撞，造成我公司损失约585万元人民币。且"风暴者"轮在与"飞鱼"轮相撞后，并未及时赔偿，我公司依法提起了诉讼。现为保障我公司的利益，特申请你院对其船舶予以扣押。

申请人提供价值人民币700万元的货物担保，如因申请人的申请错误，致使被申请人因财产保全遭受损失，由申请人承担赔偿责任。

此致
中华人民共和国青岛海事法院

申请人：英国甲轮船有限公司

法定代表人：G

2017年1月23日

法条链接

《中华人民共和国海事诉讼特别程序法》

第二十一条　下列海事请求，可以申请扣押船舶：

（一）船舶营运造成的财产灭失或者损坏；

（二）与船舶营运直接有关的人身伤亡；

（三）海难救助；

（四）船舶对环境、海岸或者有关利益方造成的损害或者损害威胁；为预防、减少或者消除此种损害而采取的措施；为此种损害而支付的赔偿；为恢复环境而实际采取或者准备采取的合理措施的费用；第三方因此种损害而蒙受或者可能蒙受的损失；以及与本项所指的性质类似的损害、费用或者损失；

（五）与起浮、清除、回收或者摧毁沉船、残骸、搁浅船、被弃船或者使其无害有关的费用，包括与起浮、清除、回收或者摧毁仍在或者曾在该船上的物件或者使其无害的费用，以及与维护放弃的船舶和维持其船员有关的费用；

（六）船舶的使用或者租用的协议；

（七）货物运输或者旅客运输的协议；

（八）船载货物（包括行李）或者与其有关的灭失或者损坏；

（九）共同海损；

（十）拖航；

（十一）引航；

（十二）为船舶营运、管理、维护、维修提供物资或者服务；

（十三）船舶的建造、改建、修理、改装或者装备；

（十四）港口、运河、码头、港湾以及其他水道规费和费用；

（十五）船员的工资和其他款项，包括应当为船员支付的遣返费和社会保险费；

（十六）为船舶或者船舶所有人支付的费用；

（十七）船舶所有人或者光船承租人应当支付或者他人为其支付的船舶保险费（包括互保会费）；

（十八）船舶所有人或者光船承租人应当支付的或者他人为其支付的与船舶有关的佣金、经纪费或者代理费；

（十九）有关船舶所有权或者占有的纠纷；

（二十）船舶共有人之间有关船舶的使用或者收益的纠纷；

（二十一）船舶抵押权或者同样性质的权利；

（二十二）因船舶买卖合同产生的纠纷。

第二十二条　非因本法第二十一条规定的海事请求不得申请扣押船舶，但为执行判决、仲裁裁决以及其他法律文书的除外。

拍卖船舶申请书

文书简介

> 拍卖船舶申请书是指法院根据海事请求保全申请依法扣押了被申请人的船舶以后，发生了可以进行拍卖的法定事由，海事请求权人向法院依法申请拍卖已扣押船舶时提交的法律文书。

文书样式

拍卖船舶申请书

申请人：_____

法定代表人：_____

你院根据本申请人于××××年××月××日提出的海事请求保全申请，于××××年××月××日依法扣押了被申请人_____所属的_____船舶。今因_____，根据《中华人民共和国海事诉讼特别程序法》第 29 条的规定，特申请你院将_____强制拍卖。

此致

中华人民共和国×××海事法院

申请人：_____
××××年××月××日

制作要点

1. 标题：写"拍卖船舶申请书"。

2. 申请人基本情况：写明申请人的姓名、性别、国籍、出生年月日、职业、住址、联系方式等。申请人是法人或者其他组织的，写明名称、住所地，以及法定代表人或者主要负责人姓名、职务、联系方式等基本信息。

3. 申请内容：写明被申请人（名称、国籍）所属（船籍）的船舶（船舶的中文和外文名），申请拍卖的理由。

4. 结尾：致送法院名称，申请人签字或盖章，注明日期。

实例示范

> 法国航运贷款银行与韩国甲航运有限公司签订贷款协议，后者以"挑战者"号货轮作为担保，双方签订了《抵押协议》等法律文件，并办理了第一顺位船舶抵押权登记。2019 年 9 月 29 日，法国航运贷款银行以韩国甲航运有限公司违反合同诸多约定，拖欠债务本息 36077581.76 元人民币为由，向宁波海事法院申请诉前海事请求保全，扣押停泊于舟山港的"挑战者"号货轮，并责令被申请人提供金额为 36077581.76 元人民币的担保。

拍卖船舶申请书

申请人：法国航运贷款银行，住所地：法国迪纳尔（Dinard）××街×号。

法定代表人：F，联系方式：××××××××。

你院根据本申请人于 2019 年 9 月 29 日提出的海事请求保全申请，于 2019 年 10 月 5 日依法扣押了被申请人韩国甲航运有限公司所属的"挑战者"号船舶。今因被申请人未能提供担保，根据《中华人民共和国海事诉讼特别程序法》第 29 条的规定，特申请你院将"挑战者"号货轮强制拍卖。

此致
中华人民共和国宁波海事法院

申请人：法国航运贷款银行
法定代表人：F
2019 年 12 月 9 日

法条链接

《中华人民共和国海事诉讼特别程序法》

第二十九条　船舶扣押期间届满，被请求人不提供担保，而且船舶不宜继续扣押的，海事请求人可以在提起诉讼或者申请仲裁后，向扣押船舶的海事法院申请拍卖船舶。

第三十条　海事法院收到拍卖船舶的申请后，应当进行审查，作出准予或者不准予拍卖船舶的裁定。

当事人对裁定不服的，可以在收到裁定书之日起五日内申请复议一次。海事法院应当在收到复议申请之日起五日内作出复议决定。复议期间停止裁定的执行。

第三十一条　海事请求人提交拍卖船舶申请后，又申请终止拍卖的，是否准许由海事法院裁定。海事法院裁定终止拍卖船舶的，为准备拍卖船舶所发生的费用由海事请求人承担。

海事强制令申请书

文书简介

> 海事强制令申请书是指海事请求人为了维护其合法权益，请求法院责令被请求人作为或不作为而依法提交的法律文书。

文书样式

海事强制令申请书

请求人（申请人）：_____

被请求人（被申请人）：_____

请求事项：_____

_____

事实和理由：_____

_____

此致
中华人民共和国×××海事法院

附：证据材料×份。

申请人：_____
××××年××月××日

制作要点

1. 标题：写"海事强制令申请书"。

2. 当事人基本情况：写明请求人和被请求人的姓名、性别、出生年月日、职业、住址、联系方式等。当事人是法人或者其他组织的，写明名称、住所地，以及法定代表人或者主要负责人姓名、职务、联系方式等基本信息。

3. 请求事项：写明要求被请求人作为或不作为的具体内容。

4. 事实和理由：写明产生具体海事请求的事实、需要纠正的被请求人的违反法律规定或合同约定的行为，请求人权益受到侵害的事实、情况紧急的理由等内容。

5. 结尾及附项：致送法院名称，申请人签字或盖章，注明日期；附项部分可以附有关的证据材料。

实例示范

2019年5月7日，大连甲进出口有限公司委托乙货运代理有限公司

> 代理出口一批玩具到日本，该批玩具价值 120 万元人民币。乙公司便向丙航运有限公司订舱。丙公司将正本提单签发给乙公司，但乙公司不肯将正本提单交付甲公司，买方因无法提货向甲公司索赔。甲公司向法院提交了海事强制令申请书。

海事强制令申请书

申请人：大连甲进出口有限公司，住所地：大连市开发区××路×号。

法定代表人：魏某，董事长，联系方式：××××××××。

被申请人：乙货运代理有限公司，住所地：大连市中山区××大街×号。

法定代表人：刘某，董事长，联系方式：××××××××。

请求事项：强制被申请人向申请人交付承运人为丙航运有限公司、编号为 37485 的正本提单。

事实和理由：

申请人大连甲进出口有限公司委托被申请人乙货运代理有限公司代理出口一批玩具到日本，该批玩具价值 120 万元人民币。被申请人便向丙航运有限公司订舱。丙公司将正本提单签发给乙公司，提单载明：编号 37485，托运人为申请人，提单签发人为承运人，收货人凭 CITY BANK 指示，装货港为大连港，目的地为日本大阪。但被申请人在无合理理由的情况下不肯将正本提单交付甲公司，买方因无法提货向甲公司索赔。

为了保障申请人的合法权益，现向贵院申请海事强制令，强制被申请人交付全套正本提单，请予准许。

此致
中华人民共和国大连海事法院

附：1. 合同原件；
    2. 收据。

申请人：大连甲进出口有限公司
法定代表人：魏某
2019 年 7 月 15 日

法条链接

《中华人民共和国海事诉讼特别程序法》

第五十一条　海事强制令是指海事法院根据海事请求人的申请，为使其合法权益免受侵害，责令被请求人作为或者不作为的强制措施。

第五十二条　当事人在起诉前申请海事强制令，应当向海事纠纷发生地海事法院提出。

第五十三条　海事强制令不受当事人之间关于该海事请求的诉讼管辖协议或者仲裁协议的约束。

第五十四条　海事请求人申请海事强制令，应当向海事法院提交书面申请。申请书应当载明申请理由，并附有关证据。

第五十五条　海事法院受理海事强制令申请，可以责令海事请求人提供担保。海事请求人不提供的，驳回其申请。

第五十六条　作出海事强制令，应当具备下列条件：

（一）请求人有具体的海事请求；

（二）需要纠正被请求人违反法律规定或者合同约定的行为；

（三）情况紧急，不立即作出海事强制令将造成损害或者使损害扩大。

海事证据保全申请书

文书简介

海事证据保全申请书是指海事请求人向法院提出申请，请求法院对有关的证据采取提取、保存或者封存的强制措施时提交的法律文书。

文书样式

海事证据保全申请书

请求人：＿＿＿＿＿＿＿＿＿＿＿＿＿＿＿＿＿＿＿＿

被请求人：＿＿＿＿＿＿＿＿＿＿＿＿＿＿＿＿＿＿＿

请求事项：＿＿＿＿＿＿＿＿＿＿＿＿＿＿＿＿＿＿＿

事实和理由：_____

_____

　　此致
中华人民共和国×××海事法院

　　附：证据材料×份。

申请人：_____

××××年××月××日

制作要点

　　1. 标题：写"海事证据保全申请书"。

　　2. 当事人基本情况：写明请求人和被请求人的姓名、性别、出生年月日、职业、住址、联系方式等。当事人是法人或者其他组织的，写明名称、住所地，以及法定代表人或者主要负责人姓名、职务、联系方式等基本信息。

　　3. 请求事项：写明请求保全的证据名称、要求保全的方式等。

　　4. 事实和理由：写明具体海事请求的事实、请求保全的证据与海事请求的联系、被请求人与请求保全的证据之间的关系等内容。

　　5. 结尾及附项：写明致送法院，申请人签字或盖章，注明日期。附项部分可以附有关的证据材料。

实例示范

　　甲食品有限公司主要向一些欧洲国家出口粮食。该公司的粮食出口，主要由天津乙船务公司负责承运。在一次向荷兰出口粮食的交易中，乙船务公司的货轮按照甲食品有限公司的要求，将这批粮食安全送到了荷兰的鹿特丹港。但是，在交易完成后，甲食品有限公司一直未向乙船务公司支付相关承运费用。乙船务公司多次催促甲食品有限公司付款，但其一直推脱。后来有情况表明，甲食品有限公司在偷偷地转移自己的财产。于是，乙船务公司向天津海事法院提起诉讼，同时，为了保证自己债权的实现，向法院提出海事证据保全申请书。

海事证据保全申请书

申请人：乙船务公司，住所地：天津市××街×号。

法定代表人：李某，董事长，联系方式：×××××××××。

被申请人：甲食品有限公司，住所地：天津市××大街×号。

法定代表人：陈某，董事长，联系方式：×××××××××。

请求事项：请求法院对甲食品有限公司的相关财产及财务账簿进行扣押，以保证自己债权的实现。

事实和理由：乙船务公司一直负责甲食品有限公司食品出口的对外运输，在一次向荷兰运输粮食后，甲食品有限公司一直找各种理由推脱，迟迟不支付承运费用。且有证据表明，甲食品有限公司有私下转移其公司财产的行为，申请人为了维护自身利益，保障自己债权的实现，特向法院提出海事证据保全申请，请求法院对甲食品有限公司的部分财产及一些财务账簿等进行扣押，阻止甲食品有限公司的财产转移行为，用以证明该公司对乙船务公司有一定的支付能力。

此致
中华人民共和国天津海事法院

附：1. 承运合同；
    2. 甲食品有限公司转移财产的证明材料3份。

申请人：乙船务公司

法定代表人：李某

2017年7月4日

法条链接

《中华人民共和国海事诉讼特别程序法》

第六十二条　海事证据保全是指海事法院根据海事请求人的申请，对有关海事请求的证据予以提取、保存或者封存的强制措施。

第六十三条　当事人在起诉前申请海事证据保全，应当向被保全的证据所在地海事法院提出。

第六十四条　海事证据保全不受当事人之间关于该海事请求的诉讼管辖协议或者仲裁协议的约束。

第六十五条　海事请求人申请海事证据保全，应当向海事法院提交书面申请。申请书应当载明请求保全的证据、该证据与海事请求的联系、申请理由。

第六十六条　海事法院受理海事证据保全申请，可以责令海事请求人提供担保。海事请求人不提供的，驳回其申请。

第六十七条　采取海事证据保全，应当具备下列条件：

（一）请求人是海事请求的当事人；

（二）请求保全的证据对该海事请求具有证明作用；

（三）被请求人是与请求保全的证据有关的人；

（四）情况紧急，不立即采取证据保全就会使该海事请求的证据灭失或者难以取得。

完成举证说明书

（审理船舶碰撞案件用）

文书简介

完成举证说明书是指当事人在开庭前完成所有举证后填写的据以说明完成举证的法律文书。

文书样式

完成举证说明书

×××海事法院：

_____作为_____案件的_____，已在开庭审理前完成举证任务，将下列证据提交法院，同时申请查阅有关船舶碰撞的事实证据材料。

特此说明。

附：相关证据材料。

××××年××月××日

制作要点

1. 标题：写"完成举证说明书"。

2. 正文写清楚完成举证的情况，如"（说明书提交人）作为(××××) ×海法初字第×号案件的（当事人诉讼地位），已在开庭审理前完成举证任务，将下列证据提交法院，同时申请查阅有关船舶碰撞的事实证据材料（不申请可以不写此句）"。

3. 附项：列明证据目录。写明当事人的名称并盖章，注明日期。

实例示范

> 由某港出发的"闪电号"货轮，在行至大连港附近海域时，因一时疏忽，操作不当，将停靠在大连港附近的"时风321"货轮撞翻，导致此艘货轮翻倒，货轮上的货物全部倾入海中，且有三名工作人员掉入海水中，后被附近的渔民救起，没有造成生命危险。由于事发突然，"闪电号"货轮将"时风321"货轮撞翻后，一时手足无措，而且见附近没有其他航行的船只，遂直接航行过去，并未救助被撞翻的"时风321"货轮。造成该事故的"闪电号"货轮属于兴岛市乙船务公司。事故发生后，"时风321"货轮所属的大连甲公司对此次事件展开调查，有渔民称看到"时风321"货轮被撞翻后，"闪电号"货轮从附近驶过，为进一步证实渔民所言，大连甲公司开始多方搜集证据。由于海上事故发生于海面上，一些撞击痕迹及证据不易保存，但是在调查中发现，在事故发生之时，通过大连港附近海域的只有"闪电号"货轮。随后，大连甲公司对乙船务公司提起诉讼，要求其对"时风321"货轮造成的损失承担赔偿责任。现将完成举证说明书交给受理法院。

完成举证说明书

大连海事法院：

我公司作为大连甲公司诉乙船务公司赔偿案件的原告，已在开庭审理前完成举证任务，将下列证据提交法院，同时申请查阅有关船舶碰撞的事实证据材料。

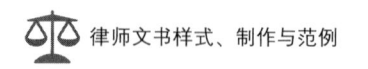

特此说明。

附：1. 证人证言 3 份；
　　2. 照片 4 张；
　　3. 视听资料 1 份。

大连甲公司

2018 年 4 月 10 日

法条链接

《中华人民共和国海事诉讼特别程序法》

第八十四条　当事人应当在开庭审理前完成举证。当事人完成举证并向海事法院出具完成举证说明书后，可以申请查阅有关船舶碰撞的事实证据材料。

变更当事人申请书

（诉讼中保险人提起代位求偿用）

文书简介

变更当事人申请书，是指由取得代位权的保险人向法院提出申请变更当事人，或申请作为共同当事人参加诉讼以代位行使权利而提交的法律文书。

文书样式

变更当事人申请书

×××（海事）法院：

　　_____一案，我_____保险公司作为_____的保险人，已于××××年××月××日支付了承保范围内的全部理赔款项。为了行使代位求偿权，现向贵院申请变更当事人（或申请作为共同当事人参加诉讼），以行使代位_____的权利。

特此申请，请予准许。

附：保险合同及理赔清单、赔款支付凭证。

申请人：_____
××××年××月××日

制作要点

1. 标题：写"变更当事人申请书"。

2. 首先写清当事人和案由，其次写明保险公司的名称和当事人的名称，再次写明支付理赔款项的时间，最后写申请变更当事人，以代位行使（当事人名称）的权利。

3. 尾部申请人签字或盖章，注明日期。

4. 附项部分要附保险合同、理赔清单和赔款支付凭证。

实例示范

甲船务公司与当地的乙财产保险公司签订保险合同，为即将远航的货轮"远播289"购买了一份一切险。保险合同签订后，甲船务公司依约缴纳了保险金。2019年3月4日，该货轮起航，航行至半途，被从突然冲出来的一艘天津丙船运公司的货轮撞坏，虽没有人员伤亡，但对"远播289"造成了严重损坏。原来，事故当天，天津丙船运公司的货轮突然失控，正好与迎面而来的"远播289"相撞。之后甲船务公司及时将此次事故告知乙财产保险公司。在甲船务公司请求天津丙船运公司进行赔偿时，双方就补偿金问题未达成一致，于是甲船务公司对丙船运公司提起诉讼，天津海事法院依法受理。在审理过程中，乙财产保险公司依据保险合同向甲船务公司进行了赔偿后，为了行使自己的代位求偿权，向法院提出代位求偿变更当事人申请。

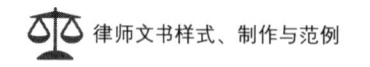

变更当事人申请书

天津海事法院：

甲船务公司诉丙船运公司一案，乙财产保险公司作为甲船务公司的保险人，已于 2019 年 10 月 6 日支付了承保范围内的全部理赔款项。为了行使代位求偿权，现向贵院申请变更当事人，以行使代位获得丙船运公司赔偿的权利。

特此申请，请予准许。

附：保险合同及理赔清单、赔款支付凭证。

申请人：乙财产保险公司

2019 年 11 月 4 日

法条链接

《中华人民共和国海事诉讼特别程序法》

第九十三条　因第三人造成保险事故，保险人向被保险人支付保险赔偿后，在保险赔偿范围内可以代位行使被保险人对第三人请求赔偿的权利。

第九十四条　保险人行使代位请求赔偿权利时，被保险人未向造成保险事故的第三人提起诉讼的，保险人应当以自己的名义向该第三人提起诉讼。

第九十五条　保险人行使代位请求赔偿权利时，被保险人已经向造成保险事故的第三人提起诉讼的，保险人可以向受理该案的法院提出变更当事人的请求，代位行使被保险人对第三人请求赔偿的权利。

被保险人取得的保险赔偿不能弥补第三人造成的全部损失的，保险人和被保险人可以作为共同原告向第三人请求赔偿。

第九十六条　保险人依照本法第九十四条、第九十五条的规定提起诉讼或者申请参加诉讼的，应当向受理该案的海事法院提交保险人支付保险赔偿的凭证，以及参加诉讼应当提交的其他文件。

追加油污损害共同被告申请书

📋 文书简介

> 追加油污损害共同被告申请书是指油污损害的保险人或提供财务保证的其他人作为被告时，向法院提出申请追加油污损害共同被告而依法提交的法律文书。

📖 文书样式

追加油污损害共同被告申请书

×××（海事）法院：

原告＿＿＿＿＿＿诉被告＿＿＿＿＿＿＿＿＿＿一案，未将造成油污损害的"＿＿＿＿＿＿"轮船主＿＿＿＿＿＿列为当事人。依据《中华人民共和国海事诉讼特别程序法》第97条第2款的规定，追加＿＿＿＿＿＿为本案的＿＿＿＿＿＿。

特此申请。

申请人：＿＿＿＿＿＿
××××年××月××日

📝 制作要点

1. 标题：写"追加油污损害共同被告申请书"。
2. 正文：首先写明法院名称，然后写清案由，写清轮船主的国籍和名称，最后写清追加后的诉讼地位。
3. 尾部：申请人签名或盖章，写明日期。

⚖ 实例示范

> 大连市甲船运公司的一艘名为"昌图号"的货轮，由于操作不慎及航行前的检查较为粗糙，在一次航行中发生漏油现象，造成附近的几家水产养殖场受到污染，其中损失最大的是位于大连港东南海域的乙水产

养殖场。在航行前，甲船运公司已为"昌图号"货轮在大连市丙保险公司投了油污损害保险，并交纳了相应的保险费。油污事故发生后，以乙水产养殖场为代表的被污染养殖场并未直接对甲船运公司提起诉讼，而是对为此艘货轮提供保险的丙保险公司提起诉讼。在此情况下，为最大限度地保证自身利益，丙保险公司向法院提出追加油污损害共同被告的申请。

追加油污损害共同被告申请书

大连海事法院：

  原告乙水产养殖场诉被告丙保险公司一案，未将造成油污损害的"昌图号"轮船的所有人大连市甲船运公司列为当事人。依据《中华人民共和国海事诉讼特别程序法》第97条第2款的规定，追加大连市甲船运公司为本案的共同被告人。

  特此申请。

申请人：丙保险公司

2019 年 5 月 7 日

法条链接

《中华人民共和国海事诉讼特别程序法》

  第九十七条　对船舶造成油污损害的赔偿请求，受损害人可以向造成油污损害的船舶所有人提出，也可以直接向承担船舶所有人油污损害责任的保险人或者提供财务保证的其他人提出。

  油污损害责任的保险人或者提供财务保证的其他人被起诉的，有权要求造成油污损害的船舶所有人参加诉讼。

海事支付令申请书

📄 文书简介

> 海事诉讼中的支付令申请书是指债权人基于海事事由，请求法院向被申请人发出支付令，督促被申请人给付一定金钱或者有价证券而提交的法律文书。

📖 文书样式

海事支付令申请书

申请人：_____

被申请人：_____

申请事项：请求海事法院向被申请人发出支付令，督促被申请人给付___。

事实和理由：_____

_____

此致
中华人民共和国×××海事法院

附：证据材料×份。

申请人：_____
××××年××月××日

📝 制作要点

1. 标题：写"海事支付令申请书"。

2. 当事人基本情况：写明姓名、性别、出生年月日、民族、职业住址、联系方式等。当事人是法人或者其他组织的，应写明名称和地址，以及法定代表人或主要负责人的姓名、职务、联系方式等基本信息。

3. 申请事项：写明请求海事法院向被申请人发出支付令，督促被申请人给付金钱或者有价证券，并写清有价证券的名称和数量。

4. 事实和理由：写明申请人与被申请人之间形成债权债务关系经过、依据和要求支付的原因等。

5. 尾部及附项：致送法院名称，申请人签字或盖章，如果申请人是法人或者其他组织的，应写明全称，由法定代表人或主要负责人签字，加盖单位公章，注明日期；附项部分可以附有关的证据材料。

实例示范

> 日本甲航运有限公司于 2015 年 6 月 18 日与中国某银行签订贷款协议，约定日本甲公司于 2017 年 6 月 19 日前还清贷款。然而一直到 2017 年 6 月 19 日，日本甲公司并没有履行还款义务，也没有和中国某银行联系，中国某银行对日本甲公司进行债权催告后，日本甲公司刻意回避与中国某银行代表人联系。鉴于此，中国某银行请求大连海事法院向日本甲公司发出支付令，督促日本甲公司还款。

海事支付令申请书

申请人：中国某银行，住所地：大连市中山区××路×号。

法定代表人：薛某，行长，联系方式：×××××××。

被申请人：日本甲航运有限公司，住所地：日本大阪××町×号。

法定代表人：×××，联系方式：××××××××。

申请事项：请求海事法院向被申请人发出支付令，督促被申请人给付 5000 万元人民币。

事实与理由：日本甲航运有限公司于 2015 年 6 月 18 日与中国某银行签订贷款协议，协议约定日本甲航运有限公司于 2017 年 6 月 19 日前还清贷款，经多次催告，日本甲航运有限公司均未履行还款义务。

此致
中华人民共和国大连海事法院

附：1. 证据材料 2 份；

2. 《贷款协议》;
3. 催告通知单。

申请人:中国某银行

法定代表人:薛某

2018 年 1 月 15 日

法条链接

《中华人民共和国海事诉讼特别程序法》

第九十九条 债权人基于海事事由请求债务人给付金钱或者有价证券,符合《中华人民共和国民事诉讼法》有关规定的,可以向有管辖权的海事法院申请支付令。

债务人是外国人、无国籍人、外国企业或者组织,但在中华人民共和国领域内有住所、代表机构或者分支机构并能够送达支付令的,债权人可以向有管辖权的海事法院申请支付令。

海事公示催告申请书

文书简介

> 海事公示催告申请书是指提单等提货凭证持有人,因提货凭证失控或灭失,向货物所在地的海事法院申请公示催告而提交的法律文书。

文书样式

海事公示催告申请书

申请人:_____

请求事项:_____

事实与理由:_____

此致

中华人民共和国×××海事法院

附：相关证据材料。

申请人：_____

××××年××月××日

制作要点

1. 标题：写"海事公示催告申请书"。

2. 申请人基本情况：写明姓名、性别、出生年月日、民族、职业、住址、联系方式等。申请人是法人或者其他组织的，应写明名称、住所地，以及法定代表人或主要负责人的姓名、职务、联系方式等基本信息。

3. 请求事项：写明请求海事法院发出公告，督促利害关系人申报权利等内容。

4. 事实与理由：写明提货凭证失控的事实及请求公示催告的理由等内容。

5. 尾部及附项：致送法院名称，申请人签字，如果申请人是法人或者其他组织的，写明全称，由法定代表人或主要负责人签字，加盖单位公章，写明日期；附项部分可以附相关证据材料。

实例示范

B食品加工公司，从新加坡A公司购入一批食品原料，由新加坡的C船务公司负责承运这批食品原料。A公司与C船务公司签订了承运合同，C船务公司也向其出具了符合要求的提单，写明了收货人的名称等相关信息。2019年3月6日，运输这批食品原料的"甲号"货轮起航，经过十几天的航程，于2019年3月20日抵达宁波港口。在检验该批货物无误后，承运人将提单交由B食品加工公司的负责人。但是B食品加工公司并未及时提取货物，在一次意外火灾中，公司部分财物被烧毁，也包括用来提取食品原料的提单。在此情况下，B食品加工公司依法定程序向法院提出海事公示催告申请，以保证自己的利益。

海事公示催告申请书

申请人：B 食品加工公司，住所地：宁波市××路×号。

法定代表人：李某，B 食品加工公司董事长，联系方式：××××××××。

请求事项：请求贵院对毁坏的提单发出公告，督促相关的利害关系人在规定的时间内申报权利。该提单编号为 QW3849564，货物为小麦粉，数量为 20 吨，承运人为新加坡 C 船务公司，托运人为新加坡 A 公司，收货人为 B 食品加工公司，承运船舶为"甲号"，航次为 2019 - × -4HY。

事实与理由：申请人 B 食品加工公司于 2019 年 2 月 20 日与新加坡 A 公司订立买卖合同，从 A 公司购入一批食品原料，A 公司委托新加坡 C 船务公司负责承运该批货物。该批货物于 2019 年 3 月 20 日抵达，在检查无误后，B 食品加工公司将相应的货款支付给 A 公司，承运人也将用来提货的提单交由 B 食品加工公司的负责人。但拿到提单后，B 食品加工公司因故未及时提取货物，后来因意外，该提单毁灭，因此特向贵海事法院提出公示催告申请，宣告编号为 QW3849564 的提单无效，申请人有权向承运人提取货物。

此致
中华人民共和国宁波海事法院

附：相关证据材料。

申请人：B 食品加工公司
法定代表人：李某
2019 年 5 月 7 日

法条链接

《中华人民共和国海事诉讼特别程序法》

第一百条　提单等提货凭证持有人，因提货凭证失控或者灭失，可以向货物所在地海事法院申请公示催告。

设立海事赔偿责任限制基金申请书

📑 文书简介

> 设立海事赔偿责任限制基金申请书是指当发生重大海损事故后,对事故负有责任的船舶所有者、租赁者、救助者或其他人向法院提出的将海事赔偿请求人的赔偿请求依法限制在一定额度内的法律文书。

📖 文书样式

设立海事赔偿责任限制基金申请书

  申请人：_____

  请求事项：_____
_____

  请求理由：本人所属（或承租、经营、承保）的_____,于××××年××月××日××时××分在_____发生海损事故（申请人是救助人的,写成"本申请人于××××年××月××日××时××分在_____救助_____时发生海损事故"）,已给下列利害关系人造成经济损失_____。

  根据《中华人民共和国海事诉讼特别程序法》第 101 条的规定,特提出设立海事赔偿责任限制基金申请。

  此致

中华人民共和国×××海事法院

  附：相关证据材料。

申请人：_____
××××年××月××日

✏️ 制作要点

1. 标题：写"设立海事赔偿责任限制基金申请书"。

2. 申请人基本情况：写明姓名、性别、出生年月日、民族、职业住址、联系方式等。申请人是法人或者其他组织的，应写明名称、住所地，以及法定代表人或主要负责人的姓名、职务、联系方式等基本信息。

3. 请求事项：要求设立海事赔偿责任限制基金的数额。

4. 请求理由：写明船籍、船名等船舶基本情况，于×××年××月××日××时××分在哪个港口或海域（及其经纬度）发生海损事故。如果申请人是救助人的，可写成"本申请人于×××年××月××日××时××分在（写明港口或海域名称及其经纬度）救助（写明船籍、船名等船舶基本情况）时发生海损事故"，并写上"已给下列利害关系人造成经济损失（写明已知的利害关系人的名称、地址和通信方法）"。

5. 尾部及附项：致送法院名称，申请人签字，如果申请人是法人或者其他组织的，写明全称，由法定代表人或主要负责人签字，加盖单位公章，写明日期；附项部分可以附相关证据材料。

实例示范

> 深圳甲糖品有限公司是一家糖料加工公司，该公司加工的白砂糖，在国外享有不错的声誉，主要出口到东南亚国家。在一次对外出口贸易中，甲糖品有限公司租赁乙船务公司的"起航号"货轮，让其负责对马来西亚某公司的白砂糖的运输。但甲糖品有限公司在签订承运合同时，仅告知承运人这批货物是白砂糖。甲糖品有限公司认为，白砂糖要严格防水以防溶化的这一常识，无须多言，遂对于这批货物的承运装载方式未提出特殊要求。在运输途中，"起航号"的工作人员将部分货物放置在了甲板上。不料，在到达目的地之前，突遇暴雨，导致放置在甲板上的白砂糖损失严重。事故发生后，乙船务公司认为，虽然"起航号"货轮有不可推卸的责任，但甲糖品有限公司在交付承运时，未对这批货物的装载方式及注意事项作出必要的说明，所以其责任不宜过重。随后，乙船务公司向广州海事法院提出设立海事赔偿责任限制基金的申请。

设立海事赔偿责任限制基金申请书

申请人：乙船务公司，住所地：深圳市××路×号。

法定代表人：王某，董事长，联系方式：×××××××××。

请求事项：请求贵院设立海事赔偿责任限制基金人民币50万元。

请求理由：本申请人所属经营的"起航号"货轮，于2016年3月3日15时31分在向马来西亚某公司运输白砂糖的途中，由于自身的过失发生海损事故，造成大量白砂糖受损，给托运人甲糖品有限公司造成68万元的损失。甲糖品有限公司位于深圳市××路×号，法定代表人是王某，为该公司的董事长，公司电话为0755-23×××08。

根据《中华人民共和国海事诉讼特别程序法》第101条的规定，特提出设立海事赔偿责任限制基金申请。

此致
中华人民共和国广州海事法院

附：承运合同及运单。

申请人：乙船务公司

法定代表人：王某

2016年6月6日

法条链接

《中华人民共和国海事诉讼特别程序法》

第一百零一条　船舶所有人、承租人、经营人、救助人、保险人在发生海事事故后，依法申请责任限制的，可以向海事法院申请设立海事赔偿责任限制基金。

船舶造成油污损害的，船舶所有人及其责任保险人或者提供财务保证的其他人为取得法律规定的责任限制的权利，应当向海事法院设立油污损害的海事赔偿责任限制基金。

设立责任限制基金的申请可以在起诉前或者诉讼中提出，但最迟应当在一审判决作出前提出。

第一百零二条　当事人在起诉前申请设立海事赔偿责任限制基金的，应当向事故发生地、合同履行地或者船舶扣押地海事法院提出。

第一百零三条　设立海事赔偿责任限制基金，不受当事人之间关于诉讼管辖协议或者仲裁协议的约束。

　　第一百零四条　申请人向海事法院申请设立海事赔偿责任限制基金，应当提交书面申请。申请书应当载明申请设立海事赔偿责任限制基金的数额、理由，以及已知的利害关系人的名称、地址和通讯方法，并附有关证据。

　　第一百一十条　申请人申请设立海事赔偿责任限制基金错误的，应当赔偿利害关系人因此所遭受的损失。

担保函
（为设立基金提供担保用）

文书简介

> 担保函（为设立基金提供担保用）是指担保人为被担保人设立责任限制基金提供担保而出具的法律文书。

文书样式

担保函

担保人：＿＿＿＿＿＿＿＿＿＿＿＿＿＿＿＿
被担保人：＿＿＿＿＿＿＿＿＿＿＿＿＿＿＿
　　应被担保人＿＿＿＿＿＿要求，＿＿＿＿＿＿为其＿＿＿＿＿＿轮于××××年××月××日＿＿＿＿＿＿事故设立海事赔偿责任限制基金提供担保。担保金额为×××法院（××××）×海法限字第×号民事裁定书所确定的基金数额＿＿＿＿＿＿及在基金设立期间的利息。＿＿＿＿＿＿保证在贵院分配该笔基金时，按贵院通知，将上述款项一次性汇入指定账户。
　　此致
中华人民共和国×××海事法院

担保人：＿＿＿＿＿＿
××××年××月××日

📝 制作要点

1. 标题：写"担保函"。

2. 当事人基本情况：写明担保人和被担保人的名称、住所地等基本情况。

3. 内容：可以写"应被担保人_____要求，（担保人）为其_____轮（写明名称）××××年××月××日（写明事故）设立海事赔偿责任限制基金提供担保。担保金额为某民事裁定书所确定的基金数额（写明货币种类及金额）及在基金设立期间的利息。（担保人）保证在贵院分配该笔基金时，按贵院通知，将上述款项一次性汇入指定账户"。

4. 尾部：写明致送法院名称，担保人名称并盖章，法人或其他组织还应由法定代表人或者主要负责人签字，最后注明日期。

实例示范

甲货轮发展股份有限公司所属的"安渡32"轮，于2015年4月5日从连云港出发，向上海外高桥码头运输煤炭。在即将抵达目的地时，受到风浪袭击，与停靠在上海外高桥码头的乙船务公司所属的"安宁2"轮相撞，给该艘轮船造成一定损伤。事故发生后，甲公司的法定代表人于2018年1月16日向上海海事法院提出设立海事赔偿责任限制基金的申请。该公司申请设立非人身伤亡海事赔偿责任限制基金，数额为218500元人民币和自事故发生之日起至基金设立之日止的利息。乙公司为保证自身利益，要求甲公司为设立的海事赔偿责任限制基金提供担保。随后，应乙公司请求，甲公司找到自己的战略合作伙伴丙发展股份有限公司，丙公司以公司的部分资产为甲公司设立的海事赔偿责任限制基金提供担保，并出具了相应的担保函。

担保函

担保人：丙发展股份有限公司，住所地：连云港市××区××大街×号。

法定代表人：吴某，董事长，联系方式：×××××××××。

被担保人：甲货轮发展股份有限公司，住所地：连云港市××街×号。

法定代表人：刘某，董事长，联系方式：××××××××。

应被担保人甲货轮发展股份有限公司要求，丙发展股份有限公司为其"安渡32"轮于2015年4月5日在即将停靠时与停留在上海外高桥码头的"安宁2"轮发生碰撞事故设立海事赔偿责任限制基金提供担保。担保金额为上海海事法院（2013）第×号民事裁定书所确定的基金数额218500元及在基金设立期间的利息。丙发展股份有限公司保证在贵院分配该笔基金时，按贵院通知，将上述款项一次性汇入指定账户。

此致
中华人民共和国上海海事法院

担保人：丙发展股份有限公司
法定代表人：吴某
2018年9月3日

法条链接

《中华人民共和国海事诉讼特别程序法》

第一百零八条　准予申请人设立海事赔偿责任限制基金的裁定生效后，申请人应当在海事法院设立海事赔偿责任限制基金。

设立海事赔偿责任限制基金可以提供现金，也可以提供经海事法院认可的担保。

海事赔偿责任限制基金的数额，为海事赔偿责任限额和自事故发生之日起至基金设立之日止的利息。以担保方式设立基金的，担保数额为基金数额及其在基金设立期间的利息。

以现金设立基金的，基金到达海事法院指定账户之日为基金设立之日。以担保设立基金的，海事法院接受担保之日为基金设立之日。

异议书
（对设立基金有异议用）

📇 文书简介

> 异议书是指异议人对海事事故责任人设立海事赔偿责任限制基金的申请提出异议时依法提交的法律文书。

📖 文书样式

异议书

异议人：_____

异议事项：_____

_____

事实和理由：_____

_____

此致

中华人民共和国×××海事法院

附：证据材料×份。

异议人：_____
××××年××月××日

📝 制作要点

1. 标题：写"异议书"。

2. 异议人基本情况：写明异议人的姓名、性别、出生年月日、民族、工作单位、住址、联系方式等。异议人是法人或者其他组织的，应写明名称和住所地，以及法定代表人或主要负责人的姓名、职务、联系方式等基本信息。

3. 异议事项：写明对哪些内容有异议。

4. 事实和理由：写明对申请人设立基金、基金数额提出异议依据的具体事实、法律依据等内容。

5. 尾部及附项：致送法院名称，异议人签字或盖章，并注明日期；附项部分应该附上相关的证据材料。

实例示范

> 甲服装贸易公司所属的"商贸56"轮，主要负责该公司的服装输出。2016年6月27日，"商贸56"轮将一批服装运至大连港，在经过厦门附近海域时，与航行至该海域的"星海90"轮相撞，造成"星海90"轮侧翻，不仅使该船舶船身受损严重，还造成了船内货物的损失，该"星海90"轮属大连乙船务有限公司。有证据表明，"商贸56"轮在航行时，由于过失操作偏离了原航线，才导致此次事故的发生。2017年3月20日，甲服装贸易公司向厦门海事法院提出设立海事赔偿责任限制基金的申请，海事赔偿责任限制基金金额为189034元。随后，厦门海事法院对此申请进行了公告。2017年3月28日，大连丙食品批发公司对此申请提出了异议。原来，此次海事事故中受损的货物为丙食品批发公司所有，该公司认为甲服装贸易公司不具备设立海事赔偿责任限制基金的条件，于是向厦门海事法院提出异议。

异议书

异议人：丙食品批发公司，住所地：大连市××区××街×号。

法定代表人：江某，董事长，联系方式：×××××××××。

异议事项：异议人丙食品批发公司认为贵院对于甲服装贸易公司提出的设立海事赔偿责任限制基金的申请应予以拒绝。

事实和理由：2016年6月27日，甲服装贸易公司的"商贸56"轮，由于自身的失误，使船舶严重偏离航线，导致了"星海90"轮的侧翻，使该船舶自身及承运的我公司的货物受到严重损失，因此，甲服装贸易公司应该承担本次海事事故的全部责任，不符合设立海事赔偿责任限制基金的申请条件。

此致

中华人民共和国厦门海事法院

附：证据材料 3 份。

异议人：丙食品批发公司

法定代表人：江某

2017 年 3 月 28 日

法条链接

《中华人民共和国海事诉讼特别程序法》

第一百零六条　利害关系人对申请人申请设立海事赔偿责任限制基金有异议的，应当在收到通知之日起七日内或者未收到通知的在公告之日起三十日内，以书面形式向海事法院提出。

海事法院收到利害关系人提出的书面异议后，应当进行审查，在十五日内作出裁定。异议成立的，裁定驳回申请人的申请；异议不成立的，裁定准予申请人设立海事赔偿责任限制基金。

当事人对裁定不服的，可以在收到裁定书之日起七日内提起上诉。第二审人民法院应当在收到上诉状之日起十五日内作出裁定。

第一百零七条　利害关系人在规定的期间内没有提出异议的，海事法院裁定准予申请人设立海事赔偿责任限制基金。

债权登记申请书

文书简介

债权登记申请书是指与被拍卖船舶有关的或特定场合发生海事事故有关的债权人在申请债权登记时提交的法律文书。

文书样式

债权登记申请书

申请人：_____

请求事项：_____

事实与理由：_____

此致

中华人民共和国×××海事法院

申请人：_____
××××年××月××日

制作要点

1. 标题：写"债权登记申请书"。

2. 申请人基本情况：写明姓名、性别、出生年月日、民族、职业、住址、联系方式等。申请人是法人或者其他组织的，应写明名称、住所地，以及法定代表人或主要负责人的姓名、职务、联系方式等基本信息。

3. 请求事项：写明要求登记债权的性质、金额等。

4. 事实与理由：写明要求登记的债权与被拍卖船舶或特定场合发生的海事事故有关的事实，债权成立的依据及申请债权登记的理由等。

5. 尾部：写明致送法院名称，申请人签字，如果申请人是法人或者其他组织的，写明全称并加盖公章，注明日期。

实例示范

中国甲航运有限公司与北京乙服装贸易公司签订了承运合同，合同约定，由中国甲航运有限公司的"运1号""运2号""运3号"货轮共同负责乙服装贸易公司的货物的承运。2018年5月27日，"运1号"货轮在行驶至港口附近时遭遇风浪，无法正确掌握航向，与停靠在舟山港的"五峰号"轮相撞，使得该船舶与船上货物遭受了严重损失。现"五峰号"所属的武汉丙船务公司向宁波海事法院提出债权登记申请。

债权登记申请书

申请人：中国甲航运有限公司，住所地：北京市××区××路×号。

法定代表人：王某，董事长，联系方式：×××××××。

请求事项：侵权损害赔偿请求权，债权金额为80万元。

事实与理由：负责北京乙服装贸易公司货物承运的中国甲航运有限公司的"运1号"轮，于2018年5月27日，因受风浪影响无法正确把握航向，与停靠在舟山港锚地的我公司所属的"五峰号"相撞，造成该船舶重大损伤。现向贵院提出债权登记申请。

此致
中华人民共和国宁波海事法院

申请人：中国甲航运有限公司

法定代表人：王某

2018年7月26日

法条链接

《中华人民共和国海事诉讼特别程序法》

第一百一十三条　债权人向海事法院申请登记债权的，应当提交书面申请，并提供有关债权证据。

债权证据，包括证明债权的具有法律效力的判决书、裁定书、调解书、仲裁裁决书和公证债权文书，以及其他证明具有海事请求的证据材料。

船舶优先权催告申请书

文书简介

船舶优先权催告申请书是指在船舶转让时，受让人向法院提起的催促船舶优先权人及时主张权利，消灭该船舶附有的船舶优先权而提交的法律文书。

📖 文书样式

船舶优先权催告申请书

申请人：_____

申请人_____已（拟）受让"_____"轮，该轮_____。为催促船舶优先权人及时主张权利，消灭该船附有的船舶优先权，特依照《中华人民共和国海事诉讼特别程序法》的有关规定，申请船舶优先权催告，请予准许。

此致
中华人民共和国×××海事法院

附：船舶转让合同、船舶技术资料。

申请人：_____
××××年××月××日

📝 制作要点

1. 标题：写"船舶优先权催告申请书"。

2. 申请人基本情况：写明姓名、性别、出生年月日、民族、职业、住址、联系方式等。申请人是法人或者其他组织的，应写明名称、住所地，以及法定代表人或主要负责人的姓名、职务、联系方式等基本信息。

3. 内容：写明船舶所有权，基本数据等情况。可写"为催促船舶优先权人及时主张权利，消灭该船附有的船舶优先权，特依照《中华人民共和国海事诉讼特别程序法》的有关规定，申请船舶优先权催告，请予准许"。

4. 尾部及附项：致送法院名称，申请人签字，如果申请人是法人或者其他组织的，写明全称并加盖公章，注明日期；附项部分应附船舶转让合同和船舶技术资料等。

实例示范

> 王某于2018年9月11日受让"小行星"号货轮（该船总长39.35米，船长36米，型宽15.60米，型深3.20米，吃水2.00米，排水量1035.6吨）。之后王某为催促船舶优先权人及时主张权利，消灭该船附有的船舶优先权，向北海海事法院申请船舶优先权催告。

船舶优先权催告申请书

申请人：王某，男，汉族，1958年5月7日出生，住广西壮族自治区××市××区××路×号；联系方式：153×××9781。

申请人王某已受让"小行星"轮，该船总长39.35米，船长36米，型宽15.60米，型深3.20米，吃水2.00米，排水量1035.6吨。为催促船舶优先权人及时主张权利，消灭该船附有的船舶优先权，特依照《中华人民共和国海事诉讼特别程序法》的有关规定，申请船舶优先权催告，请予准许。

此致
中华人民共和国北海海事法院

附：船舶技术资料。

申请人：王某
2018年3月13日

法条链接

《中华人民共和国海事诉讼特别程序法》

第一百二十条　船舶转让时，受让人可以向海事法院申请船舶优先权催告，催促船舶优先权人及时主张权利，消灭该船舶附有的船舶优先权。

第一百二十一条　受让人申请船舶优先权催告的，应当向转让船舶交付地或者受让人住所地海事法院提出。

第一百二十二条　申请船舶优先权催告，应当向海事法院提交申请书、船舶转让合同、船舶技术资料等文件。申请书应当载明船舶的名称、申请船舶优先权催告的事实和理由。

第五章 仲裁法律文书

一、经济仲裁类

仲裁协议书

文书简介

> 仲裁协议书是指各方当事人在纠纷发生前或者纠纷发生后达成的以书面方式请求仲裁的协议。即由当事人各方经过相互协商，一致达成的将其争议提交仲裁委员会依法仲裁，并作出裁决的一种书面的协议。

文书样式

仲裁协议书

当事人（甲方）：_____

当事人（乙方）：_____

甲乙双方就本合同的履行（写明仲裁的事由）达成仲裁协议如下：

_____

如果双方在履行本合同过程中发生纠纷，自愿将此纠纷提交×××仲裁委员会仲裁，其仲裁裁决对双方有约束力。

本协议自双方签字之日起生效。

本协议一式二份，甲乙双方各执一份。

甲方：（签字、盖章）　　　　　　　　乙方：（签字、盖章）

××××年××月××日　　　　　　　××××年××月××日

制作要点

1. 标题：写"仲裁协议书"。

2. 当事人基本情况：当事人是公民的，应当写明姓名、性别、出生年月日、民族、职业或工作单位、住址及联系方式。当事人是法人、其他组织的，应写明其名称、住所地，法定代表人或者主要负责人的姓名、职务和联系方式。

3. 正文：主要写明请求仲裁的意思表示；选定的仲裁委员会；提请仲裁的事项。

4. 尾部：当事人签名，当事人为法人或其他组织的，应加盖单位公章，并由其法定代表人或者主要负责人签名，注明订立仲裁协议日期。

实例示范

> 2018年7月28日，甲商贸有限责任公司向乙玩具有限责任公司购买一批儿童玩具，双方签订了购销合同。由于以前两家公司多次合作且从未产生过纠纷，因此，这次在合同中未约定纠纷解决事项。2018年8月13日，乙玩具有限责任公司将生产的部分玩具送至甲商贸有限责任公司，甲商贸有限责任公司签收。但甲商贸有限责任公司在检验玩具时，发现该批玩具达不到儿童安全标准，而乙玩具有限责任公司坚持称自己完全是按照合同要求的标准进行生产的，并且达到了国家标准。双方发生争议，屡次协商均未能解决。后来，双方订立了仲裁协议，申请仲裁。

仲裁协议书

当事人（甲方）：甲商贸有限责任公司

住所地：泉平市开平区××路×号

法定代表人：郝某，职务：总经理

联系方式：×××××××

当事人（乙方）：乙玩具有限责任公司

住所地：泉平市开发区××路×号

法定代表人：范某，职务：董事长

联系方式：×××××××

甲乙双方达成仲裁协议如下：

双方于 2018 年 7 月 28 日签订玩具买卖合同。在履行合同过程中，因买方对卖方提供的儿童玩具安全标准提出异议，导致双方发生争议，多次协商都未能解决。遂双方同意请仲裁机构对此事进行仲裁，并一致选择由泉平市仲裁委员会依据《中华人民共和国仲裁法》及该会仲裁规则，对双方合同中所涉儿童玩具的安全标准和双方如何继续履行合同作出裁断。

双方自愿将此纠纷提交泉平市仲裁委员会仲裁，其仲裁裁决对双方有约束力。

本协议自双方签字之日起生效。

本协议一式二份，甲乙双方各执一份。

甲方：甲商贸有限责任公司（盖章）　　乙方：乙玩具有限责任公司（盖章）

法定代表人：郝某　　　　　　　　　　法定代表人：范某

2018 年 8 月 29 日　　　　　　　　　　2018 年 8 月 29 日

法条链接

《中华人民共和国仲裁法》

第十六条　仲裁协议包括合同中订立的仲裁条款和以其他书面方式在纠纷发生前或者纠纷发生后达成的请求仲裁的协议。

仲裁协议应当具有下列内容：

（一）请求仲裁的意思表示；

（二）仲裁事项；

（三）选定的仲裁委员会。

第十七条　有下列情形之一的，仲裁协议无效：

（一）约定的仲裁事项超出法律规定的仲裁范围的；

（二）无民事行为能力人或者限制民事行为能力人订立的仲裁协议；

（三）一方采取胁迫手段，迫使对方订立仲裁协议的。

第十八条　仲裁协议对仲裁事项或者仲裁委员会没有约定或者约定不明确的，当事人可以补充协议；达不成补充协议的，仲裁协议无效。

第十九条　仲裁协议独立存在，合同的变更、解除、终止或者无效，不影响仲裁协议的效力。

仲裁庭有权确认合同的效力。

第二十条　当事人对仲裁协议的效力有异议的，可以请求仲裁委员会作出决定或者请求人民法院作出裁定。一方请求仲裁委员会作出决定，另一方请求人民法院作出裁定的，由人民法院裁定。

当事人对仲裁协议的效力有异议，应当在仲裁庭首次开庭前提出。

仲裁申请书

文书简介

仲裁申请书，是指纠纷的一方当事人依据仲裁协议，向仲裁机构提交的，要求对争议进行仲裁的法律文书。仲裁申请书既是仲裁机构受理争议案件的书面依据，也是引起仲裁活动的前提条件。

文书样式

仲裁申请书

申请人：＿＿＿＿＿＿＿＿＿＿＿＿＿＿＿＿＿＿＿＿＿＿＿＿

被申请人：＿＿＿＿＿＿＿＿＿＿＿＿＿＿＿＿＿＿＿＿＿＿＿

案由：＿＿＿＿＿＿＿＿＿＿＿＿＿＿＿＿＿＿＿＿＿＿＿＿＿

仲裁请求：＿＿＿＿＿＿＿＿＿＿＿＿＿＿＿＿＿＿＿＿＿＿＿

事实和理由：＿＿＿＿＿＿＿＿＿＿＿＿＿＿＿＿＿＿＿＿＿＿

证据及其来源，证人姓名和住址：＿＿＿＿＿＿＿＿＿＿＿＿＿

此致

×××仲裁委员会

附：证明材料×份。

申请人：_____

××××年××月××日

制作要点

1. 标题：写"仲裁申请书"。

2. 当事人基本情况：当事人是公民的，应当写明姓名、性别、出生年月日、民族、职业或工作单位、住址及联系方式；当事人是法人、其他组织的，应写明其名称、住所地，法定代表人或者主要负责人的姓名、职务和联系方式。

3. 案由：写明提请仲裁的纠纷性质。

4. 请求事项：明确写出当事人请求仲裁机构予以评断、解决的具体事项。有多个请求的须分项列出。

5. 事实和理由：该部分主要是陈述为何要申请仲裁，简要阐述纠纷情况。事实和理由都要写清楚、透彻。

6. 证据及其来源，证人姓名及住址：写明提请仲裁所依据的证据的名称、来源、证据线索，证人的姓名、地址。

7. 尾部及附项：致送仲裁委员会名称；申请人签名，申请人为法人或其他组织的，应加盖单位公章，并由其法定代表人或者主要负责人签名，注明申请日期；附项附上相关证据及材料。

实例示范

> 我们链接到前述案例，甲商贸有限责任公司与乙玩具有限责任公司基于共同的意思表示依法签订了仲裁协议书。随后，甲商贸有限责任公司决定向泉平市仲裁委员会申请仲裁，欲请求乙玩具有限责任公司赔偿给其带来的损失5万元人民币，并提交了仲裁申请书。

仲裁申请书

申请人：甲商贸有限责任公司

住所地：泉平市开平区××路×号

法定代表人：郝某，职务：总经理

联系方式：××××××××

被申请人：乙玩具有限责任公司

住所地：泉平市开发区××路×号

法定代表人：范某，职务：董事长

联系方式：××××××××

案由：货物买卖纠纷。

仲裁请求：

1. 终止合同；

2. 赔偿因被申请人所交货物的安全标准不合格给申请人造成的损失5万元人民币。

事实和理由：

2018年7月28日，申请人甲商贸有限责任公司与被申请人乙玩具有限责任公司签订儿童玩具买卖合同。在合同履行中，玩具制造商所使用的颜料未经批准，不符合国家安全标准，产品开封后发出刺鼻的气味，多次发生消费者退货现象。经业务部门检测，本批次玩具商品甲酰胺含量已超出限量值，儿童使用后，极易因吸入大量有害气体而出现流泪、咳嗽等症状，严重的还可能诱发呼吸困难，给使用者造成严重的身体损害。本着对消费者负责的态度，本公司召回本批次全部已出售玩具，并对受侵害的消费者依法进行赔偿。

被申请人乙玩具有限责任公司未按照申请人要求的生产标准履行合同，给申请人造成了5万元的损失，更影响了我方一贯的良好信誉。现申请人将此纠纷提交泉平市仲裁委员会，申请就请求事项作出公正的裁决。

证据及其来源：

1. 2018年7月28日申请人与被申请人签订的货物买卖合同；

2. 2018年8月15日质检部门出具的质量标准检测报告。

此致

泉平市仲裁委员会

附：1. 本申请书副本1份；

2. 仲裁协议书 1 份；

3. 货物买卖合同 1 份；

4. 质检报告 1 份。

申请人：甲商贸有限责任公司

法定代表人：郝某

2018 年 9 月 6 日

法条链接

《中华人民共和国仲裁法》

第二十二条　当事人申请仲裁，应当向仲裁委员会递交仲裁协议、仲裁申请书及副本。

第二十三条　仲裁申请书应当载明下列事项：

（一）当事人的姓名、性别、年龄、职业、工作单位和住所，法人或者其他组织的名称、住所和法定代表人或者主要负责人的姓名、职务；

（二）仲裁请求和所根据的事实、理由；

（三）证据和证据来源、证人姓名和住所。

第二十四条　仲裁委员会收到仲裁申请书之日起五日内，认为符合受理条件的，应当受理，并通知当事人；认为不符合受理条件的，应当书面通知当事人不予受理，并说明理由。

仲裁答辩状

文书简介

> 仲裁答辩状是被申请人向仲裁机关提交的，就申请人已向仲裁机关提交的申请事项做出回应或抗辩的法律文书。

文书样式

仲裁答辩状

答辩人：_____

答辩人＿＿＿＿＿＿＿＿于××××年××月××日收到你会转来的申请人＿＿＿＿＿＿＿＿＿＿因与我方发生争议而提出的仲裁申请书。现提出答辩如下：

＿＿＿＿＿＿＿＿＿＿＿＿＿＿＿＿＿＿＿＿＿＿＿＿＿＿＿＿＿＿＿＿

＿＿＿＿＿＿＿＿＿＿＿＿＿＿＿＿＿＿＿＿＿＿＿＿＿＿＿＿＿＿＿＿

此致
×××仲裁委员会

附：有关证据材料×份。

答辩人：＿＿＿＿＿＿
××××年××月××日

制作要点

1. 标题：写"仲裁答辩状"。

2. 答辩人基本情况：答辩人是公民的，应当写明姓名、性别、出生年月日、民族、职业或工作单位、住址及联系方式；答辩人是法人、其他组织的，应写明名称、住所地，法定代表人或者主要负责人的姓名、职务和联系方式。

3. 案由：写明答辩人进行答辩所针对的纠纷。

4. 正文：仲裁答辩状的主体部分，主要阐明答辩的理由，要针对仲裁申请书中的主张和理由进行辩解，并阐述被申请人对争议的主张和观点。

5. 尾部及附项：致送仲裁委员会名称，答辩人签名，答辩人为法人或其他组织的，应加盖单位公章，并由其法定代表人或者主要负责人签名，注明答辩日期；附项附上相关证据及材料。

实例示范

> 链接至前述案例。甲商贸有限责任公司与乙玩具有限责任公司签订了仲裁协议书以后，甲公司向泉平市仲裁委员会申请仲裁并提交了仲裁申请书，仲裁委员会将该申请书副本送达乙公司，乙公司对此提交了答辩状。

仲裁答辩状

答辩人：乙玩具有限责任公司

住所地：泉平市开发区××路×号

法定代表人：范某，职务：董事长，联系方式：×××××××××。

答辩人乙玩具有限责任公司于2018年9月11日收到你会转来的申请人甲商贸有限责任因与我公司就玩具买卖纠纷而提交的仲裁申请书。现我方对此作出如下答辩：

答辩人乙玩具有限责任公司与申请人甲商贸有限责任公司于2018年7月28日签订购买合同，合同约定由答辩人为申请人生产一批儿童玩具，并且申请人在合同中规定了玩具的安全标准。签订合同以后，答辩人发现如果按照申请人规定的安全标准进行生产，环保颜料的使用将导致生产成本大大提高，因此将不能按照合同约定的价格为申请人供货。遂答辩人与申请人进行沟通，说明原因后要求提高合同中约定的产品价格，申请人不同意。无奈之下，答辩人未按照申请人规定的安全标准进行生产，但是完全符合国家的最低标准。

因此，答辩人是在与申请人就该事项沟通无果后才未按要求的标准生产，不应负主要责任。同时，提供的货物虽不符合申请人之要求，但已经达到了国家规定的标准，答辩人认为并未给申请人造成损失。故提请仲裁委员会驳回申请人之仲裁请求。

此致
泉平市仲裁委员会

附：本答辩状副本1份。

答辩人：乙玩具有限责任公司
法定代表人：范某
2018年9月13日

法条链接

《中华人民共和国仲裁法》

第二十五条　仲裁委员会受理仲裁申请后，应当在仲裁规则规定的期限内将仲裁规则和仲裁员名册送达申请人，并将仲裁申请书副本和仲裁规则、仲裁员名册送达被申请人。

　　被申请人收到仲裁申请书副本后,应当在仲裁规则规定的期限内向仲裁委员会提交答辩书。仲裁委员会收到答辩书后,应当在仲裁规则规定的期限内将答辩书副本送达申请人。被申请人未提交答辩书的,不影响仲裁程序的进行。

仲裁反请求书

文书简介

> 　　仲裁反请求是指在仲裁程序中,被申请人向申请人提出的,旨在抵销申请人的仲裁请求,与仲裁请求之标的和理由有牵连关系的,保护自己民事权利和合法权益的独立请求。仲裁反请求书是为了实现仲裁反请求,而向仲裁机关提交的书面法律文书。

文书样式

仲裁反请求书

反请求人（本案被申请人）：_____

被反请求人（本案申请人）：_____

案由：_____

反请求事项：_____

事实与理由：_____

此致

×××仲裁委员会

　　附：1. 证据×份；

　　　　2. 本反申请书副本×份。

反请求人：_____

×××年××月××日

制作要点

1. 标题：写"仲裁反请求书"。

2. 当事人基本情况：公民应当写明姓名、性别、出生年月日、民族、职业或工作单位、住址及联系方式；法人、其他组织应写明其名称、住所地，法定代表人或者主要负责人的姓名、职务和联系方式。

3. 案由：写明反请求人针对何纠纷提出仲裁反请求。

4. 正文：

（1）反请求事项：明确写出反请求人请求仲裁机构予以评断、解决的具体事项。有多个请求的须分项列出。

（2）事实与理由：该部分主要是陈述为何要提出反请求，其中，事实和理由都要写清楚、透彻，并注意对申请人事实与理由的针对性与牵连性。

5. 尾部及附项：致送仲裁委员会名称，反请求人签名，反请求人为法人或其他组织的，应加盖单位公章，并由其法定代表人或者主要负责人签名，注明反申请日期；附项附上相关证据及材料。

实例示范

> 让我们继续前述案例。甲商贸有限责任公司与乙玩具有限责任公司签订了仲裁协议以后，甲公司向泉平市仲裁委员会提起仲裁申请并提交了仲裁申请书，泉平市仲裁委员会依法将申请书副本送达被申请人乙公司。乙公司认为自己并未给甲公司造成损失，反之，甲公司应该按照合同约定支付货款。于是，乙公司提交了仲裁反请求书。

仲裁反请求书

反请求人（本案被申请人）：乙玩具有限责任公司

住所地：泉平市开发区××路×号

法定代表人：范某，职务：董事长

联系方式：××××××××

被反请求人（本案申请人）：甲商贸有限责任公司

住所地：泉平市开平区××路×号

法定代表人：郝某，职务：总经理

联系方式：××××××××

案由：货物买卖合同纠纷。

反请求事项：被反请求人依约付清货款 12 万元。

事实和理由：

反请求人于 2018 年 9 月 11 日收到你会转来的被反请求人甲商贸有限责任公司因与我方之间的儿童玩具买卖纠纷而提交的仲裁申请书。现提出反请求如下：

反请求人乙公司与被反请求人于 2018 年 7 月 28 日签订儿童玩具买卖合同。约定由反请求人为被反请求人生产一批儿童玩具，儿童玩具的数量、规格、价格和安全标准等内容均在合同中注明。但在合同签订以后，反请求人发现被反请求人要求的安全标准较高，若按该标准进行生产必然会加大成本，如此一来，反请求人必须提高合同中约定的价格。对此事项，反请求人多次与被反请求人沟通，但被反请求人拒不同意提高价格，表示仍然会按照合同约定的货款进行支付。无奈之下，反请求人为保障自己合理利益，未按照被反请求人要求的安全标准生产，但该批玩具是完全符合国家最低标准的，因此，反请求人认为不会给被反请求人带来损失。供货后，被反请求人未按照合同约定支付货款，且经反请求人多次催促仍拒绝支付。

对此，反请求人认为该纠纷的产生是由于被反请求人拒绝增加合同货款，反请求人为避免亏损才做出的无奈之举，不应该负主要责任。并且，反请求人是按照国家最低标准进行生产，不会给被反请求人带来损失。被反请求人应该如数付清货款 12 万元。

此致

泉平市仲裁委员会

附：儿童玩具质检报告 1 份。

申请人：乙玩具有限责任公司

法定代表人：范某

2018 年 9 月 17 日

法条链接

《中华人民共和国仲裁法》

第二十七条　申请人可以放弃或者变更仲裁请求。被申请人可以承认或者反驳仲裁请求，有权提出反请求。

执行仲裁裁决申请书

文书简介

> 仲裁裁决执行，是指人民法院根据仲裁裁决的一方当事人的申请，强制另一方当事人履行仲裁裁决文书确定的义务的活动。执行仲裁裁决申请书即为仲裁裁决的一方当事人向人民法院递交的强制另一方当事人履行仲裁裁决文书确定的义务的法律文书。

文书样式

执行仲裁裁决申请书

申请执行人：_____

被执行人：_____

请求事项：_____

_____

事实与理由：_____

_____

此致

×××人民法院

附：仲裁裁决书及相关证据材料×份。

申请执行人：_____
×××年××月××日

制作要点

1. 标题：写"执行仲裁裁决申请书"。

2. 当事人基本情况：这一部分主要是申请执行人和被执行人的基本情况。公民应当写明姓名、性别、出生年月日、民族、职业或工作单位、住址及联系方式；法人、其他组织应写明其名称、住所地，法定代表人或者主要负责人的姓名、职务和联系方式。

3. 请求事项：这部分必须写得明确、具体。有多个请求的须分项列出。

4. 事实与理由：首先写明案由及案件已作出仲裁裁决，简要阐述作为执行根据的生效法律文书的基本内容，说明被执行人应履行的义务。然后写明被执行人拒不履行法律文书所确认的义务的情况（如知道被执行人可供强制执行的财产状况，则应写明其经济收入、现有财产状况）。最后根据有关法律的规定，向人民法院提出强制执行的申请。

5. 尾部及附项：致送人民法院名称，申请执行人签名，申请执行人为法人或其他组织的，应加盖单位公章，并由其法定代表人或者主要负责人签名，注明申请日期；附项附上执行依据的生效法律文书，以及其他相关证据材料，如被执行人财产状况证明、被执行人未履行义务的证明材料等。

实例示范

> 甲商贸有限责任公司和乙玩具有限责任公司签订仲裁协议以后，甲商贸有限责任公司向泉平市仲裁委员会提起了仲裁申请，泉平市仲裁委员会对该起货物买卖纠纷进行了仲裁，仲裁委员会经过调查认为，乙玩具有限责任公司未按照合同约定标准生产货物，应该承担责任，并裁决由乙玩具有限责任公司赔偿因自行降低儿童玩具安全标准而给甲商贸有限责任公司带来的损失。仲裁裁决作出以后，乙玩具有限责任公司并未执行，甲商贸有限责任公司决定申请强制执行。

执行仲裁裁决申请书

申请执行人：甲商贸有限责任公司

住所地：泉平市开平区××路×号

法定代表人：郝某，职务：总经理

联系方式：×××××××

被执行人：乙玩具有限责任公司

住所地：泉平市开发区××路×号

法定代表人：范某，职务：董事长

联系方式：×××××××

请求事项：

被执行人赔偿因自行降低所供儿童玩具安全标准给甲商贸有限责任公司造成的损失人民币5万元。

事实与理由：

申请执行人甲商贸有限责任公司与被执行人乙玩具有限责任公司因儿童玩具买卖合同纠纷，已经于2018年10月19日由泉平市仲裁委员会依法作出裁决，但被执行人拒不遵照裁决履行义务。请求人民法院予以强制执行。

申请执行人与被执行人于2018年7月28日签订买卖合同，在合同履行过程中，被执行人未按照合同约定进行生产，擅自降低儿童玩具安全标准，所供货物不符合申请执行人的要求，并给申请执行人造成了损失。2018年10月19日，泉平市仲裁委员会依法作出裁决，裁决被执行人赔偿因其自行降低玩具安全标准给申请执行人造成的损失5万元，但被执行人对此裁决不予执行。

故根据《中华人民共和国仲裁法》和《中华人民共和国民事诉讼法》有关规定，向人民法院申请强制被执行人给付赔偿款5万元人民币。

此致

泉平市中级人民法院

附：仲裁裁决书1份。

申请人：甲商贸有限责任公司

法定代表人：郝某

2018年11月7日

法条链接

《中华人民共和国仲裁法》

第六十二条　当事人应当履行裁决。一方当事人不履行的，另一方当事人可以依照民事诉讼法的有关规定向人民法院申请执行。受申请的人民法院应当执行。

《最高人民法院关于适用〈中华人民共和国仲裁法〉若干问题的解释》

第十二条　当事人向人民法院申请确认仲裁协议效力的案件，由仲裁协议约定的仲裁机构所在地的中级人民法院管辖；仲裁协议约定的仲裁机构不明确的，由仲裁协议签订地或者被申请人住所地的中级人民法院管辖。

申请确认涉外仲裁协议效力的案件，由仲裁协议约定的仲裁机构所在地、仲裁协议签订地、申请人或者被申请人住所地的中级人民法院管辖。

涉及海事海商纠纷仲裁协议效力的案件，由仲裁协议约定的仲裁机构所在地、仲裁协议签订地、申请人或者被申请人住所地的海事法院管辖；上述地点没有海事法院的，由就近的海事法院管辖。

《中华人民共和国民事诉讼法》

第二百四十四条　对依法设立的仲裁机构的裁决，一方当事人不履行的，对方当事人可以向有管辖权的人民法院申请执行。受申请的人民法院应当执行。

被申请人提出证据证明仲裁裁决有下列情形之一的，经人民法院组成合议庭审查核实，裁定不予执行：

（一）当事人在合同中没有订有仲裁条款或者事后没有达成书面仲裁协议的；

（二）裁决的事项不属于仲裁协议的范围或者仲裁机构无权仲裁的；

（三）仲裁庭的组成或者仲裁的程序违反法定程序的；

（四）裁决所根据的证据是伪造的；

（五）对方当事人向仲裁机构隐瞒了足以影响公正裁决的证据的；

（六）仲裁员在仲裁该案时有贪污受贿，徇私舞弊，枉法裁决行为的。

人民法院认定执行该裁决违背社会公共利益的，裁定不予执行。

裁定书应当送达双方当事人和仲裁机构。

仲裁裁决被人民法院裁定不予执行的，当事人可以根据双方达成的书面仲裁协议重新申请仲裁，也可以向人民法院起诉。

撤销仲裁裁决申请书

文书简介

撤销仲裁裁决申请书是指由当事人向人民法院提交的，请求撤销某仲裁裁决的法律文书。

仲裁庭作出的仲裁裁决具有终局性，一经作出即约束双方当事人，不得随意更改。为了保证仲裁机构裁决的正确性和合法性，保护当事人的合法权益，法律赋予了当事人申请撤销非合法作出的仲裁裁决的权利。

文书样式

撤销仲裁裁决申请书

申请人：_____

申请撤销事项：_____

_____

事实和理由：_____

_____

证据：_____

_____

此致

×××中级人民法院

附：1. 本申请书副本×份；

　　2. ×××仲裁委员会×号裁决书×份；

　　3. 证据×件。

申请人：_____

××××年××月××日

📝 制作要点

1. 标题：写"撤销仲裁裁决申请书"。

2. 当事人基本情况：申请人是公民的，应当写明姓名、性别、出生年月日、民族、职业或工作单位、住址及联系方式；申请人是法人、其他组织的，应写明其名称、住所地，法定代表人或者主要负责人的姓名、职务和联系方式。

3. 正文：

（1）申请撤销事项：明确写出请求人民法院予以撤销的具体事项，要清晰、简练，一般写"撤销×××仲裁委员会×号裁决"。有多个请求的须分项列出。

（2）事实和理由：写明仲裁裁决结果，然后陈述为何要申请撤销仲裁裁决，事实和理由都要写清楚、透彻，并注意申请撤销仲裁裁决应符合法定的理由。

（3）证据：写明申请撤销仲裁裁决所依据的证据的名称、来源、证据线索，证人的姓名、地址。

4. 尾部及附项：致送仲裁委员会名称，申请人签名，申请人为法人或其他组织的，应加盖单位公章，并由其法定代表人或者主要负责人签名，注明申请日期；附项附上相关证据及材料。

🔨 实例示范

> 甲商贸有限责任公司和乙玩具有限责任公司在签订仲裁协议后，甲公司向泉平市仲裁委员会申请了仲裁。泉平市仲裁委员会裁决乙公司赔偿因其自行降低玩具安全标准给甲公司带来的损失 5 万元。仲裁裁决作出后，乙公司发现仲裁员张某与甲公司的某个副总经理关系密切，在仲裁裁决作出之前，该副总经理曾向张某行贿。乙公司认为仲裁员有徇私舞弊、枉法裁决的行为，于是申请撤销仲裁裁决。

撤销仲裁裁决申请书

申请人：乙玩具有限责任公司

住所地：泉平市开发区××路×号

法定代表人：范某，职务：董事长

联系方式：××××××××

申请撤销事项：

泉平市仲裁委员会（2018）泉仲字第×号仲裁裁决不符合仲裁法规定，请求人民法院依法撤销该裁决书。

事实和理由：

申请人乙玩具有限责任公司与甲商贸有限责任公司于2018年7月28日签订儿童玩具买卖合同。在履行合同时，双方因对玩具安全标准存在异议而产生纠纷。后双方签订了仲裁协议并依法向泉平市仲裁委员会提起了仲裁申请。仲裁委员会于2018年10月19日作出（2018）泉仲字第×号裁决，申请人赔偿甲商贸有限公司人民币5万元。但是，裁决后，申请人发现仲裁员张某与甲商贸有限责任公司副总经理薛某来往密切，后经多方打探得知，薛某曾向张某行贿。申请人认为仲裁员张某存在徇私舞弊、枉法裁决的行为，作出的仲裁裁决是违法的，严重损害了申请人的利益，申请人特请求贵院依法撤销该裁决书。

证据：

2018年9月16日仲裁员张某与甲商贸有限责任公司副总经理薛某共进晚餐的录像；

2018年9月19日薛某在甲商贸有限责任公司门口送给张某一盒礼品的照片。

此致

泉平市中级人民法院

附：1. 本申请书副本1份；

2. 仲裁裁决书1份；

3. 仲裁员张某和甲商贸有限责任公司副总薛某共进晚餐的录像；

4. 仲裁员张某收受薛某礼品的照片4张。

申请人：乙玩具有限责任公司

法定代表人：范某

2018年11月12日

法条链接

《中华人民共和国仲裁法》

第五十八条　当事人提出证据证明裁决有下列情形之一的，可以向仲裁委员会所在地的中级人民法院申请撤销裁决：

（一）没有仲裁协议的；

（二）裁决的事项不属于仲裁协议的范围或者仲裁委员会无权仲裁的；

（三）仲裁庭的组成或者仲裁的程序违反法定程序的；

（四）裁决所根据的证据是伪造的；

（五）对方当事人隐瞒了足以影响公正裁决的证据的；

（六）仲裁员在仲裁该案时有索贿受贿，徇私舞弊，枉法裁决行为的。

人民法院经组成合议庭审查核实裁决有前款规定情形之一的，应当裁定撤销。

人民法院认定该裁决违背社会公共利益的，应当裁定撤销。

第五十九条　当事人申请撤销裁决的，应当自收到裁决书之日起六个月内提出。

第六十四条　一方当事人申请执行裁决，另一方当事人申请撤销裁决的，人民法院应当裁定中止执行。

人民法院裁定撤销裁决的，应当裁定终结执行。撤销裁决的申请被裁定驳回的，人民法院应当裁定恢复执行。

二、劳动争议仲裁类

劳动仲裁申请书

文书简介

劳动仲裁申请书是指劳动争议当事人认为自己的权利受到侵害，要求劳动仲裁机关予以维护时，就劳动争议事项提出仲裁请求的法律文书，也是劳动仲裁机关立案的依据和凭证。

文书样式

劳动仲裁申请书

申请人：_____

被申请人：_____

仲裁请求：_____

_____

事实与理由：_____

_____（证据及其来源，证人姓名和住址）

此致

劳动争议仲裁委员会

附：1. 副本×份；

  2. 证据×件。

申请人：_____

××××年××月××日

制作要点

1. 标题：写"劳动仲裁申请书"。

2. 当事人基本情况：这一部分主要是申请人和被申请人的基本情况。公民应当写明姓名、性别、出生年月日、民族、职业或工作单位、住址及联系方式；法人、其他组织应写明其名称、住所地、法定代表人或者主要负责人的姓名、职务和联系方式。

3. 请求事项：明确写出当事人请求劳动仲裁机构予以评断、解决的具体事项。有多个请求的须分项列出。

4. 事实与理由：该部分主要是陈述为何要申请劳动仲裁，阐述具体的事实情况。其中，事实和理由都要写清楚、透彻。

另外，在事实理由之后，如有证据，则要写明提请仲裁所依据的证据的名称、来源、证据线索，证人的姓名、地址。

5. 尾部及附项：致送仲裁委员会名称，申请人签名，申请人为法人或其他组织的，应加盖单位公章，并由其法定代表人或者主要负责人签名，注明申请日期；附项附上相关证据及材料。

实例示范

> 赵某是甲有限责任公司的正式员工，因当时签订的劳动合同上约定，赵某在两年内不能生育，所以在该公司工作了三年后，赵某才怀孕。但赵某丝毫没有因为自己怀孕而怠慢工作，一直尽职尽责，在其怀孕八个月的时候还被公司要求值夜班，赵某觉得这是工作所需，便没多言。赵某分娩后，由于长期劳累，身子较虚，需要较长时间的休养，但公司只给了赵某一个月的产假，这引起了赵某及其家人的不满，遂向公司反映，可公司极其不耐烦，称"不乐意可以辞职"。赵某为了维护自身的合法权益，提起劳动仲裁。

劳动仲裁申请书

申请人：赵某，女，1985年2月17日出生，汉族，住淮南市甲区××路×号，联系方式：137×××4578。

被申请人：甲有限责任公司，住所地：淮南市乙区××路×号。

法定代表人：韩某，董事长；联系方式：×××××××××。

仲裁请求：

1. 裁令被申请人支付申请人因工作强度大，而造成身体亏损的补偿金和休养费5000元；

2. 裁令被申请人严格按照劳动法的相关规定，给予申请人3个月的产假并保障休假期间工资待遇。

事实与理由：

申请人于2015年3月4日进入被申请人处工作。在工作期间，申请人对工作一直尽心尽力，以为公司谋利益为己任，甚至在怀孕八个月的时候，接受公司夜班安排。由于工作过度，申请人生产后身体较差，需要休养，而公司却只批给了申请人一个月的产假，在申请人对此提出异议之后，公司以"不乐意可以辞职"为理由，予以拒绝。申请人认为，自己产后身体情况不佳，有一部分可以归咎于公司的工作强度太大，所以要求公司给自己5000元的补偿金，并保障自己3个月的产假待遇。

现申请人为维护自身合法权益，特向贵委依法提起仲裁。恳请贵委依法裁决。

此致
淮南市劳动人事争议仲裁委员会

附：申请书副本1份。

申请人：赵某

2019年6月18日

法条链接

《中华人民共和国劳动争议调解仲裁法》

第五条　发生劳动争议，当事人不愿协商、协商不成或者达成和解协议后不履行的，可以向调解组织申请调解；不愿调解、调解不成或者达成调解协议后不履行的，可以向劳动争议仲裁委员会申请仲裁；对仲裁裁决不服的，除本法另有规定的外，可以向人民法院提起诉讼。

第二十八条　申请人申请仲裁应当提交书面仲裁申请，并按照被申请人人数提交副本。

仲裁申请书应当载明下列事项：

（一）劳动者的姓名、性别、年龄、职业、工作单位和住所，用人单位的名称、住所和法定代表人或者主要负责人的姓名、职务；

（二）仲裁请求和所根据的事实、理由；

（三）证据和证据来源、证人姓名和住所。

书写仲裁申请确有困难的，可以口头申请，由劳动争议仲裁委员会记入笔录，并告知对方当事人。

劳动仲裁答辩书

文书简介

> 劳动仲裁答辩书是被申请人针对申请人提交的《劳动仲裁申请书》中所提出的仲裁请求及其依据的事实理由进行回应，并依法向仲裁机关提交的法律文书。

文书样式

劳动仲裁答辩书

答辩人：_____

被答辩人：_____

答辩人因_____一案，现提出以下答辩意见：

_____

此致

×××劳动争议仲裁委员会

附：证明材料×份。

答辩人：_____
（印章）
××××年××月××日

制作要点

1. 标题：写"劳动仲裁答辩书"。

2. 当事人基本情况：公民应当写明姓名、性别、出生年月日、民族、职业或工作单位、住址及联系方式；法人、其他组织应写明其名称、住所地、法定代表人或者主要负责人的姓名、职务和联系方式。有委托代理人的，应写明姓名、年龄、职业、住址和与被代理人的关系；代理人是律师的，只写姓名和律师事务所名称。

3. 写明"答辩人因_____与答辩人劳动争议仲裁一案，现提出以下答辩意见"。

4. 事实和理由：针对被答辩人提出的问题，逐个予以回答，注意答辩内容的针对性，切忌偏离被答辩人诉求进行观点论述。亦可提出相反的事实、证据和理由，以证明答辩人的理由和观点是正确的，阐述要清楚，理由要真实。

5. 尾部及附项：尾部分行写明"此致""×××劳动争议仲裁委员会"字样。答辩人签名，答辩人为法人或其他组织的，应加盖单位公章，并由其法定代表人或者主要负责人签名，注明日期。附项可列明有关证据。

实例示范

> 我们链接到上一个案例。甲有限责任公司收到仲裁委员会转送的仲裁申请书副本以后，认为赵某所言与实际情况不符，其并未违反劳动法，也并未强制赵某加班，遂就该公司的观点和理由提出了答辩意见，提交了劳动仲裁答辩书。

劳动仲裁答辩书

答辩人：甲有限责任公司，住所地：淮南市乙区××路×号。

法定代表人：韩某，董事长；联系方式：××××××××。

被答辩人：赵某，女，1985年2月17日出生，汉族，住淮南市甲区××路×号，联系方式：137×××4578。

答辩人因赵某与答辩人劳动争议仲裁一案，现提出以下答辩意见：

（1）申请人赵某被迫加班的事实不存在，答辩人无须支付任何经济补偿金和休养费。

被答辩人于2015年3月4日进入答辩人处工作。工作一直认真负责，公司对被答辩人的工作能力极为肯定，根据被答辩人的业绩，每年都给其一定的补贴，而且公司给被答辩人的待遇一直不错。尤其在被答辩人怀孕后，公司对其更加照顾，尽量减少劳动量，降低工作强度，对于被答辩人提出的自己因长期工作力度大，造成自己身体亏损的说法，纯属片面之词，而被答辩人所说的自己加夜班，也是当时公司业务忙，被答辩人主动要求的，而且之后公司已对其行为进行了表彰奖励。

（2）答辩人已依法提供3个月的产假，不存在违法用工的情况。

被答辩人称公司只给了其1个月的产假，此说法严重扭曲事实。我公司一项坚持依法办事，保障职工基本合法权益，公司有关部门按时批准了赵某的产假申请，审批材料中明确载明了产假期间为3个月。被答辩人在生产前主动向公司承诺，称自己只需要1个月的产假，在生产后，由于身体问题而不能兑现，于是其亲人找到公司，态度极其恶劣，公司人员在情急之下才说出"不乐意可以辞职"的言论，实属无意，并非公司本意，亦不可作为裁决用工纠纷的依据。

希望贵委能认真查明事情的真实情况，不偏信对方的一面之词，驳回被答辩人的仲裁请求，维护本公司的合法权益。

此致
淮南市劳动人事争议仲裁委员会

附：本答辩状副本1份。

答辩人：甲有限责任公司
法定代表人：韩某
2019年6月28日

法条链接

《中华人民共和国劳动争议调解仲裁法》

第三十条　劳动争议仲裁委员会受理仲裁申请后，应当在五日内将仲裁申请书副本送达被申请人。

被申请人收到仲裁申请书副本后，应当在十日内向劳动争议仲裁委员会提交答辩书。劳动争议仲裁委员会收到答辩书后，应当在五日内将答辩书副本送达申请人。被申请人未提交答辩书的，不影响仲裁程序的进行。

执行劳动仲裁裁决申请书

文书简介

  执行劳动仲裁裁决申请书，是指劳动仲裁裁决的义务人不履行劳动仲裁裁决书中确定的义务时，仲裁裁决的另一方当事人向人民法院递交的申请强制义务人履行义务的法律文书。

文书样式

执行劳动仲裁裁决申请书

  申请执行人：_____

  被执行人：_____

  请求事项：_____

_____

  事实与理由：_____

_____

  此致

×××人民法院

  附：仲裁裁决书及相关证据材料×份。

申请执行人：_____
××××年××月××日

制作要点

  1. 标题：写"执行劳动仲裁裁决申请书"或"劳动仲裁强制执行申请书"。

  2. 当事人基本情况：公民应当写明姓名、性别、出生年月日、民族、职业或工作单位、住址及联系方式；法人、其他组织应写明其名称、住所地、法定代表人或者主要负责人的姓名、职务和联系方式。

3. 请求事项：仲裁机构已经作出裁决而被申请执行人未执行的具体事项，包括被申请执行人未履行或未完全履行的义务等。

4. 事实与理由：简要概括性地叙述原案情及处理结果，阐明现在的执行状况，进而阐明强制执行的必要性。尤其要注意避免对原诉状中所叙述事实和理由进行冗长复述，应着重交代何种法律文书确定了被申请执行人应该履行却拒不履行义务的情况，充分论证其具有履行能力而故意不履行文书规定义务的情况。在此基础上，请求人民法院依法给予强制执行。

5. 尾部及附项：写明致送人民法院名称，申请执行人签名，申请执行人为法人或其他组织的，应加盖单位公章，并由其法定代表人或者主要负责人签名，注明申请日期；附项附上执行依据的生效法律文书，以及其他相关证据材料，如被申请执行人财产状况证明、被申请执行人未履行义务的证明材料等。

实例示范

> 联系前述案例。赵某向淮南市劳动人事争议仲裁委员会提起劳动仲裁以后，仲裁委员会进行了仲裁。经调查，仲裁委员会认为甲有限责任公司让员工过度加班而不支付加班费，同时擅自缩短女职工产假假期，其行为已经违反了《劳动法》的有关规定。裁决甲有限责任公司赔偿赵某5000元的加班费，给予其3个月产假。

执行劳动仲裁裁决申请书

申请执行人：赵某，女，1985年2月17日出生，汉族，住淮南市甲区××路×号，联系方式：137×××× 4578。

被执行人：甲有限责任公司，住所地：淮南市乙区××路×号。

法定代表人：韩某，董事长；联系方式：××××××××。

请求事项：被执行人支付给申请执行人加班费5000元；给予申请人3个月的产假。

事实与理由：申请执行人赵某与被执行人甲有限责任公司因劳动纠纷，已经由淮南市劳动人事争议仲裁委员会依法作出裁决，但被执行人拒不遵照裁决履行义务。请求人民法院予以强制执行。

申请执行人在 2015 年 3 月 4 日到被申请执行人处工作。工作期间，被执行人要求申请人两年内不得怀孕生子，并且在工作期间，被执行人经常要求申请人加班，甚至在怀孕期间，也要求申请人加夜班，但是未给申请人支付加班费。在申请人生产后，被执行人只给予申请人 1 个月的产假，便要求其去上班。申请人对此提起了仲裁，淮南市劳动人事争议仲裁委员会对此作出了裁决，要求被执行人赔偿申请人 5000 元加班费，同时给予 3 个月产假。但当申请执行人要求被执行人按照仲裁裁决支付其 5000 元人民币时，被执行人仍以当初是申请人自愿加班为由拒不支付，并且拒绝给予申请人 3 个月的产假，仍让其按时上班，对于仲裁裁决拒不执行。申请人认为被执行人对该仲裁裁决完全具有履行能力，但是对于仲裁裁决的义务其应当履行而拒不履行。

故根据《中华人民共和国劳动争议调解仲裁法》和《中华人民共和国民事诉讼法》的有关规定，向人民法院申请强制被执行人给付加班费 5000 元人民币，并给予 3 个月的产假。

此致
淮南市中级人民法院

附：淮南市劳动人事争议仲裁委员会仲裁裁决书 1 份。

申请人：赵某
2019 年 8 月 16 日

法条链接

《中华人民共和国劳动争议调解仲裁法》

第五十一条　当事人对发生法律效力的调解书、裁决书，应当依照规定的期限履行。一方当事人逾期不履行的，另一方当事人可以依照民事诉讼法的有关规定向人民法院申请执行。受理申请的人民法院应当依法执行。

撤销劳动仲裁裁决申请书

文书简介

> 撤销劳动仲裁裁决申请书是指在仲裁机构作出裁决以后，当事人发现该裁决存在法定应予撤销的情形，而向人民法院提交的请求撤销某仲裁裁决的书面请求。

文书样式

撤销劳动仲裁裁决申请书

申请人：_____

申请撤销事项：_____

_____

事实和理由：_____

_____

此致

×××人民法院

附：1. 本申请书副本×份；
　　2. 仲裁委员会裁决书×份；
　　3. 证据×件。

申请人：_____

××××年××月××日

制作要点

1. 标题：写"撤销劳动仲裁裁决申请书"。

2. 申请人的基本情况：申请人是公民的，应当写明姓名、性别、出生年月日、民族、职业或工作单位、住址及联系方式；申请人是法人、其他组织的，应写明其名称、住所地、法定代表人或者主要负责人的姓名、职务和联系方式。

3. 申请撤销事项：明确写出请求人民法院予以撤销仲裁裁决书制作机关的名称及作出裁决的日期和编号。

4. 事实与理由：该部分主要是写明申请撤销劳动仲裁裁决的原因和事实。原因要明确，事实要真实客观，可以写明申请撤销仲裁裁决符合法定的理由，还要明确支持该理由所依据的证据和证据来源等。

5. 尾部及附项：致送人民法院名称，申请人签名，申请人为法人或其他组织的，应加盖单位公章，并由其法定代表人或者主要负责人签名，注明申请日期；附项附上相关证据及材料。

实例示范

> 赵某向淮南市劳动人事争议仲裁委员会申请仲裁后，仲裁委员会依法作出了裁决，要求甲有限责任公司向赵某支付加班费，同时给予赵某3个月的产假并保障休假期间的待遇。仲裁裁决作出以后，甲有限责任公司发现仲裁员康某对赵某有索贿行为。甲有限责任公司申请撤销仲裁裁决。

撤销劳动仲裁裁决申请书

申请人：甲有限责任公司，住所地：淮南市乙区××路×号。

法定代表人：韩某，董事长；联系方式：×××××××××。

申请撤销事项：

淮南市劳动人事争议仲裁委员会仲裁裁决不符合法律规定，请求人民法院依法撤销该裁决书。

事实和理由：

赵某于2015年3月4日到申请人处工作。后因加班和休假等问题与申请人产生纠纷。赵某向淮南市劳动人事争议仲裁委员会提起了仲裁申请，仲裁委员会作出了裁决。后来申请人发现在仲裁裁决作出之前，仲裁员康某对赵某有索贿的行为，因此，该仲裁裁决是违法的，而且损害了申请人的利益。申请人特请求贵院依法撤销该裁决书。

证据：2019年9月16日仲裁员康某向赵某索贿的照片。

此致

淮南市中级人民法院

附：1. 本申请书副本 1 份；
　　2. 淮南市劳动人事争议仲裁委员会仲裁裁决书 1 份；
　　3. 仲裁员康某向赵某索贿的照片 3 张。

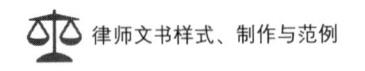

申请人：甲有限责任公司

法定代表人：韩某

2019 年 8 月 19 日

法条链接

《中华人民共和国劳动争议调解仲裁法》

第四十九条　用人单位有证据证明本法第四十七条规定的仲裁裁决有下列情形之一，可以自收到仲裁裁决书之日起三十日内向劳动争议仲裁委员会所在地的中级人民法院申请撤销裁决：

（一）适用法律、法规确有错误的；

（二）劳动争议仲裁委员会无管辖权的；

（三）违反法定程序的；

（四）裁决所根据的证据是伪造的；

（五）对方当事人隐瞒了足以影响公正裁决的证据的；

（六）仲裁员在仲裁该案时有索贿受贿、徇私舞弊、枉法裁决行为的。

人民法院经组成合议庭审查核实裁决有前款规定情形之一的，应当裁定撤销。

仲裁裁决被人民法院裁定撤销的，当事人可以自收到裁定书之日起十五日内就该劳动争议事项向人民法院提起诉讼。

第六章　知识产权类文书

发明专利请求书

文书简介

发明是指对产品、方法或者其改进所提出的新的技术方案。就此技术方案向有关部门申请专利时所递交的申请文书为发明专利请求书。

文书样式[①]

发明专利请求书

请按照"注意事项"正确填写本表各栏			此框内容由国家知识产权局填写
⑦发明名称			①申请号
^			②分案提交日
⑧发明人	发明人1	不公布姓名	③申请日
^	发明人2	不公布姓名	④费减审批
^	发明人3	不公布姓名	⑤向外申请审批
⑨第一发明人国籍或地区　居民身份证件号码			⑥挂号号码

[①] 来源于国家知识产权局。

续表

⑩申请人	申请人(1)	姓名或名称		申请人类型
		居民身份证件号码或统一社会信用代码/组织机构代码 □请求费减且已完成费减资格备案		电子邮箱
		国籍或注册国家（地区）	经常居所地或营业所所在地	
		邮政编码	电话	
		省、自治区、直辖市		
		市县		
		城区（乡）、街道、门牌号		
	申请人(2)	姓名或名称		申请人类型
		居民身份证件号码或统一社会信用代码/组织机构代码 □请求费减且已完成费减资格备案		电子邮箱
		国籍或注册国家（地区）	经常居所地或营业所所在地	
		邮政编码	电话	
		省、自治区、直辖市		
		市县		
		城区（乡）、街道、门牌号		
	申请人(3)	姓名或名称		申请人类型
		居民身份证件号码或统一社会信用代码/组织机构代码 □请求费减且已完成费减资格备案		电子邮箱
		国籍或注册国家（地区）	经常居所地或营业所所在地	
		邮政编码	电话	
		省、自治区、直辖市		
		市县		
		城区（乡）、街道、门牌号		
⑪联系人	姓　　名		电话	电子邮箱
	邮政编码			
	省、自治区、直辖市			
	市县			
	城区（乡）、街道、门牌号			

续表

⑫代表人为非第一署名申请人时声明			特声明第_____署名申请人为代表人			
⑬专利代理机构	□声明已经与申请人签订了专利代理委托书且本表中的信息与委托书中相应信息一致					
	名称				机构代码	
	代理人(1)	姓　名		代理人(2)	姓　名	
		执业证号			执业证号	
		电　话			电　话	
⑭分案申请	原申请号		针对的分案申请号		原申请日　年　月　日	
⑮生物材料样品	保藏单位代码		地址		是否存活	□是　□否
	保藏日期　年　月　日		保藏编号		分类命名	
⑯序列表	□本专利申请涉及核苷酸或氨基酸序列表			⑰遗传资源	□本专利申请涉及的发明创造是依赖于遗传资源完成的	
⑱要求优先权声明	原受理机构名称	在先申请日		在先申请号	⑲不丧失新颖性宽限期声明	□已在国家出现紧急状态或者非常情况时，为公共利益目的首次公开 □已在中国政府主办或承认的国际展览会上首次展出 □已在规定的学术会议或技术会议上首次发表 □他人未经申请人同意而泄露其内容
					⑳保密请求	□本专利申请可能涉及国家重大利益，请求按保密申请处理 □已提交保密证明材料
㉑□声明本申请人对同样的发明创造在申请本发明专利的同日申请了实用新型专利					㉒提前公布	□请求早日公布该专利申请
㉓摘要附图		指定说明书附图中的图_____为摘要附图				

续表

㉔申请文件清单	㉕附加文件清单
1. 请求书　　　　　　　　　份　　页 2. 说明书摘要　　　　　　　份　　页 3. 权利要求书　　　　　　　份　　页 4. 说明书　　　　　　　　　份　　页 5. 说明书附图　　　　　　　份　　页 6. 核苷酸或氨基酸序列表　　份　　页 7. 计算机可读形式的序列表　份　　页 　　　　权利要求的项数　　　项	□实质审查请求书　　　　　份 共　页 □实质审查参考资料　　　　份 共　页 □优先权转让证明　　　　　份 共　页 □优先权转让证明中文题录　份 共　页 □保密证明材料　　　　　　份 共　页 □专利代理委托书　　　　　份 共　页 　总委托书备案编号（_____） □在先申请文件副本　　　　份 □在先申请文件副本中文题录 份 共　页 □生物材料样品保藏及存活证明 份 共 页 □生物材料样品保藏及存活证明中文题录 　　　　　　　　　　　　　份 共　页 □向外国申请专利保密审查请求书 份 共 页 □其他证明文件（注明文件名称）份 共 页
㉖全体申请人或专利代理机构签字或者盖章 　　　　　　年　　月　　日	㉗国家知识产权局审核意见 　　　　　　年　　月　　日

发明专利请求书外文信息表

发明名称		
发明人姓名	发明人 1	
	发明人 2	
	发明人 3	
申请人名称及地址	申请人 1	名称 地址
	申请人 2	名称 地址
	申请人 3	名称 地址

📝 制作要点[①]

1. 申请发明专利，应当提交发明专利请求书、权利要求书、说明书、说明书摘要，有附图的应当同时提交说明书附图，并指定其中一幅作为摘要附图。

2. 本表应当使用国家公布的中文简化汉字填写，表中文字应当打字或者印刷，字迹为黑色。外国人姓名、名称、地名无统一译文时，应当同时在请求书英文信息表中注明。

3. 本表中方格供填表人选择使用，若有方格后所述内容的，应当在方格内作标记。

4. 本表中所有详细地址栏，本国的地址应当包括省（自治区）、市（自治州）、区、街道门牌号码，或者省（自治区）、县（自治县）、镇（乡）、街道门牌号码，或者直辖市、区、街道门牌号码。有邮政信箱的，可以按规定使用邮政信箱。外国的地址应当注明国别、市（县、州），并附具外文详细地址。其中申请人、专利代理机构、联系人的详细地址应当符合邮件能够迅速、准确投递的要求。

5. 填表说明

（1）本表第①、②、③、④、⑤、⑥、㉗栏由国家知识产权局填写。

（2）本表第⑦栏发明名称应当简短、准确，一般不得超过25个字。

（3）本表第⑧栏发明人应当是个人。发明人可以请求国家知识产权局不公布其姓名。

（4）本表第⑨栏应当填写第一发明人国籍，第一发明人为中国内地居民的，应当同时填写居民身份证件号码。

（5）本表第⑩栏申请人是个人的，应当填写本人真实姓名，不得使用笔名或者其他非正式姓名；申请人是单位的，应当填写单位正式全称，并与所使用公章上的单位名称一致。申请人是中国内地单位或者个人的，应当填写其名称或者姓名、地址、邮政编码、统一社会信用代码/组织机构代码或者居民身份证件号码；申请人是外国人、外国企业或者外国其他组织的，应当填写其姓名或者名称、国籍或者注册的国家或者地区、经常居所地或者营业所

[①] 来源于国家知识产权局。

所在地。申请人类型可从下列类型中选择填写：个人，企业，事业单位，机关团体，大专院校，科研单位。申请人请求费用减缴且已完成费减资格备案的，应当在方格内作标记，并在本栏填写证件号码处填写费减备案时使用的证件号码。

(6) 本表第⑪栏，申请人是单位且未委托专利代理机构的，应当填写联系人，并同时填写联系人的通信地址、邮政编码、电子邮箱和电话号码，联系人只能填写一人，且应当是本单位的工作人员。

(7) 本表第⑫栏，申请人指定非第一署名申请人为代表人时，应当在此栏指明被确定的代表人。

(8) 本表第⑬栏，申请人委托专利代理机构的，应当填写此栏。

(9) 本表第⑭栏，申请是分案申请的，应当填写此栏。申请是再次分案申请的，还应当填写所针对的分案申请的申请号。

(10) 本表第⑮栏，申请涉及生物材料的发明专利，应当填写此栏，并自申请日起四个月内提交生物材料样品保藏及存活证明，对于外国保藏单位出具的生物材料样品保藏及存活证明，还应同时提交生物材料样品保藏及存活证明中文题录。本栏分类命名应填写所保藏生物材料的中文分类名称及拉丁文分类名称。

(11) 本表第⑯栏，发明申请涉及核苷酸或氨基酸序列表的，应当填写此栏。

(12) 本表第⑰栏，发明创造的完成依赖于遗传资源的，应当填写此栏。

(13) 本表第⑱栏，申请人要求外国或者本国优先权的，应当填写此栏。

(14) 本表第⑲栏，申请人要求不丧失新颖性宽限期的，应当填写此栏，并自申请日起两个月内提交证明文件。

(15) 本表第⑳栏，申请人要求保密处理的，应当填写此栏。

(16) 本表第㉑栏，申请人同日对同样的发明创造既申请实用新型专利又申请发明专利的，应当填写此栏。未作说明的，依照专利法第九条第一款关于同样的发明创造只能授予一项专利权的规定处理。（注：申请人应当在同日提交实用新型专利申请文件。）

(17) 本表第㉒栏，申请人要求提前公布的，应当填写此栏。若填写此栏，不需要再提交发明专利请求提前公布声明。

(18) 本表第㉓栏，申请人应当填写说明书附图中的一幅附图的图号。

（19）本表第㉔、㉕栏，申请人应当按实际提交的文件名称、份数、页数及权利要求项数正确填写。

（20）本表第㉖栏，委托专利代理机构的，应当由专利代理机构加盖公章。未委托专利代理机构的，申请人为个人的应当由本人签字或者盖章，申请人为单位的应当加盖单位公章；有多个申请人的由全体申请人签字或者盖章。

（21）本表第⑧、⑩、⑮、⑱栏，发明人、申请人、生物材料样品保藏、要求优先权声明的内容填写不下时，应当使用规定格式的附页续写。

法条链接

《中华人民共和国专利法》

第二十六条 申请发明或者实用新型专利的，应当提交请求书、说明书及其摘要和权利要求书等文件。

请求书应当写明发明或者实用新型的名称，发明人的姓名，申请人姓名或者名称、地址，以及其他事项。

说明书应当对发明或者实用新型作出清楚、完整的说明，以所属技术领域的技术人员能够实现为准；必要的时候，应当有附图。摘要应当简要说明发明或者实用新型的技术要点。

权利要求书应当以说明书为依据，清楚、简要地限定要求专利保护的范围。

依赖遗传资源完成的发明创造，申请人应当在专利申请文件中说明该遗传资源的直接来源和原始来源；申请人无法说明原始来源的，应当陈述理由。

实用新型专利请求书

文书简介

实用新型是指对产品的形状、构造或者其结合所提出的适于实用的新的技术方案。就此技术方案向有关部门申请专利时所递交的申请文书即为实用新型专利请求书。

📖 文书样式①

实用新型专利请求书

请按照"注意事项"正确填写本表各栏		此框内容由国家知识产权局填写	
⑦实用新型名称		①申请号　　　（实用新型）	
:::		②分案提交日	
⑧发明人		③申请日	
:::		④费减审批	
:::		⑤向外申请审批	
⑨第一发明人国籍　　　居民身份证件号码		⑥挂号号码	
⑩申请人	申请人(1)	姓名或名称	申请人类型
:::	:::	居民身份证件号码或统一社会信用代码/组织机构代码 □请求费减且已完成费减资格备案	电子邮箱
:::	:::	国籍或注册国家（地区）　　　经常居所地或营业所所在地	
:::	:::	邮政编码	电话
:::	:::	省、自治区、直辖市	
:::	:::	市县	
:::	:::	城区（乡）、街道、门牌号	
:::	申请人(2)	姓名或名称	申请人类型
:::	:::	居民身份证件号码或统一社会信用代码/组织机构代码 □请求费减且已完成费减资格备案	
:::	:::	国籍或注册国家（地区）　　　经常居所地或营业所所在地	
:::	:::	邮政编码	电话
:::	:::	省、自治区、直辖市	
:::	:::	市县	
:::	:::	城区（乡）、街道、门牌号	

---

① 来源于国家知识产权局。

续表

⑩申请人	申请人(3)	姓名或名称		申请人类型	
		居民身份证件号码或统一社会信用代码/组织机构代码 □请求费减且已完成费减资格备案			
		国籍或注册国家（地区）		经常居所地或营业所所在地	
		邮政编码	电话		
		省、自治区、直辖市			
		市县			
		城区（乡）、街道、门牌号			
⑪联系人	姓　名		电话		电子邮箱
	邮政编码				
	省、自治区、直辖市				
	市县				
	城区（乡）、街道、门牌号				
⑫代表人为非第一署名申请人时声明			特声明第_____署名申请人为代表人		
⑬专利代理机构	□声明已经与申请人签订了专利代理委托书且本表中的信息与委托书中相应信息一致				
	名称			机构代码	
	代理人(1)	姓　名		代理人(2)	姓　名
		执业证号			执业证号
		电　话			电　话
⑭分案申请	原申请号		针对的分案申请号	原申请日　年　月　日	
⑮要求优先权声明	原受理机构名称	在先申请日	在先申请号	⑯不丧失新颖性宽限期声明	□已在国家出现紧急状态或者非常情况时，为公共利益目的首次公开 □已在中国政府主办或承认的国际展览会上首次展出 □已在规定的学术会议或技术会议上首次发表 □他人未经申请人同意而泄露其内容
				⑰保密请求	□本专利申请可能涉及国家重大利益，请求保密处理 □已提交保密证明材料

续表

⑱	□声明本申请人对同样的发明创造在申请本实用新型专利的同日申请了发明专利
⑲	指定说明书附图中的图_____为摘要附图

⑳申请文件清单	㉑附加文件清单
1. 请求书　　　　　　份　　页 2. 说明书摘要　　　　份　　页 3. 权利要求书　　　　份　　页 4. 说明书　　　　　　份　　页 5. 说明书附图　　　　份　　页 　　权利要求的项数　　　项	□优先权转让证明　　　　　　份 共　页 □优先权转让证明中文题录　　份 共　页 □保密证明材料　　　　　　　份 共　页 □专利代理委托书　　　　　　份 共　页 　总委托书备案编号（_____） □在先申请文件副本　　　　　份 □在先申请文件副本中文题录　份 共　页 □向外国申请专利保密审查请求书 份 共　页 □其他证明文件（名称_____）份 共　页
㉒全体申请人或专利代理机构签字或者盖章 　　　　　　　年　　月　　日	㉓国家知识产权局审核意见 　　　　　　　年　　月　　日

实用新型专利请求书英文信息表

实用新型名称	
发明人姓名	

续表

申请人名称及地址	

📝 制作要点[①]

1. 申请实用新型专利，应当提交实用新型专利请求书、权利要求书、说明书、说明书附图、说明书摘要、摘要附图。申请文件应当一式一份。

2. 本表应当使用国家公布的中文简化汉字填写，表中文字应当打字或者印刷，字迹为黑色。外国人姓名、名称、地名无统一译文时，应当同时在请求书英文信息表中注明。

3. 本表中方格供填表人选择使用，若有方格后所述内容的，应当在方格内作标记。

4. 本表中所有详细地址栏，本国的地址应当包括省（自治区）、市（自治州）、区、街道门牌号码，或者省（自治区）、县（自治县）、镇（乡）、街道门牌号码，或者直辖市、区、街道门牌号码。有邮政信箱的，可以按规定使用邮政信箱。外国的地址应当注明国别、市（县、州），并附具外文详细地址。其中申请人、专利代理机构、联系人的详细地址应当符合邮件能够迅速、准确投递的要求。

5. 填表说明

（1）本表第①、②、③、④、⑤、⑥、㉓栏由国家知识产权局填写。

（2）本表第⑦栏实用新型名称应当简短、准确，一般不得超过25个字。

（3）本表第⑧栏发明人应当是个人。发明人有两个以上的应当自左向右顺序填写。发明人姓名之间应当用分号隔开。发明人可以请求国家知识产权

---

① 来源于国家知识产权局。

局不公布其姓名。若请求不公布姓名，应当在此栏所填写的相应发明人后面注明"（不公布姓名）"。

（4）本表第⑨栏应当填写第一发明人国籍，第一发明人为中国内地居民的，应当同时填写居民身份证件号码。

（5）本表第⑩栏申请人是中国单位或者个人的，应当填写其名称或者姓名、地址、邮政编码、统一社会信用代码/组织机构代码或者居民身份证件号码；申请人是外国人、外国企业或者外国其他组织的，应当填写其姓名或者名称、国籍或者注册的国家或者地区。申请人是个人的，应当填写本人真实姓名，不得使用笔名或者其他非正式的姓名；申请人是单位的，应当填写单位正式全称，并与所使用的公章上的单位名称一致。申请人请求费用减缴且已完成费减资格备案的，应当在方格内作标记，并在本栏填写证件号码处填写费减备案时使用的证件号码。

（6）本表第⑪栏，申请人是单位且未委托专利代理机构的，应当填写联系人，并同时填写联系人的通信地址、邮政编码、电子邮箱和电话号码，联系人只能填写一人，且应当是本单位的工作人员。申请人为个人且需由他人代收国家知识产权局所发信函的，也可以填写联系人。

（7）本表第⑫栏，申请人指定非第一署名申请人为代表人时，应当在此栏指明被确定的代表人。

（8）本表第⑬栏，申请人委托专利代理机构的，应当填写此栏。

（9）本表第⑭栏，申请是分案申请的，应当填写此栏。申请是再次分案申请的，还应当填写所针对的分案申请的申请号。

（10）本表第⑮栏，申请人要求外国或者本国优先权的，应当填写此栏。

（11）本表第⑯栏，申请人要求不丧失新颖性宽限期的，应当填写此栏，并自申请日起两个月内提交证明文件。

（12）本表第⑰栏，申请人要求保密处理的，应当填写此栏。

（13）本表第⑱栏，申请人同日对同样的发明创造既申请实用新型专利又申请发明专利的，应当填写此栏。未作声明的，依照专利法第九条第一款关于同样的发明创造只能授予一项专利权的规定处理。（注：申请人应当在同日提交发明专利申请文件。）

（14）本表第⑲栏，申请人应当填写说明书附图中的一幅附图的图号。

（15）本表第⑳、㉑栏，申请人应当按实际提交的文件名称、份数、页数及权利要求项数正确填写。

（16）本表第㉒栏，委托专利代理机构的，应当由专利代理机构加盖公章。未委托专利代理机构的，申请人为个人的应当由本人签字或者盖章，申请人为单位的应当加盖单位公章；有多个申请人的由全体申请人签字或者盖章。

（17）本表第⑧、⑩、⑮栏，发明人、申请人、要求优先权声明的内容填写不下时，应当使用规定格式的附页续写。

法条链接

《中华人民共和国专利法》

第二十六条　申请发明或者实用新型专利的，应当提交请求书、说明书及其摘要和权利要求书等文件。

请求书应当写明发明或者实用新型的名称，发明人的姓名，申请人姓名或者名称、地址，以及其他事项。

说明书应当对发明或者实用新型作出清楚、完整的说明，以所属技术领域的技术人员能够实现为准；必要的时候，应当有附图。摘要应当简要说明发明或者实用新型的技术要点。

权利要求书应当以说明书为依据，清楚、简要地限定要求专利保护的范围。

依赖遗传资源完成的发明创造，申请人应当在专利申请文件中说明该遗传资源的直接来源和原始来源；申请人无法说明原始来源的，应当陈述理由。

外观设计专利请求书

文书简介

外观设计是指对产品的形状、图案或者其结合以及色彩与形状、图案的结合所作出的富有美感并适于工业应用的新设计。就此新设计向有关部门申请专利时所递交的申请文书即为外观设计专利请求书。

文书样式[①]

外观设计专利请求书

请按照"注意事项"正确填写本表各栏	此框内容由国家知识产权局填写
⑥使用外观设计的产品名称	①申请号　　　（外观设计）
	②分案提交日
⑦设计人	③申请日
	④费减审批
⑧第一设计人国籍　　　居民身份证件号码	⑤挂号号码

⑨申请人	申请人(1)	姓名或名称	电话	
		居民身份证件号码或统一社会信用代码/组织机构代码 □请求费减且已完成费减资格备案	电子邮箱	
		国籍或注册国家（地区）　　　经常居所地或营业所所在地		
		邮政编码	详细地址	
	申请人(2)	姓名或名称	电话	
		居民身份证件号码或统一社会信用代码/组织机构代码 □请求费减且已完成费减资格备案		
		国籍或注册国家（地区）　　　经常居所地或营业所所在地		
		邮政编码	详细地址	
	申请人(3)	姓名或名称	电话	
		居民身份证件号码或统一社会信用代码/组织机构代码 □请求费减且已完成费减资格备案		
		国籍或注册国家（地区）　　　经常居所地或营业所所在地		
		邮政编码	详细地址	
⑩联系人	姓　名	电话	电子邮箱
	邮政编码	详细地址	

[①] 来源于国家知识产权局。

续表

⑪代表人为非第一署名申请人时声明			特声明第_____署名申请人为代表人		
⑫专利代理机构	名称			机构代码	
	代理人(1)	姓　名		代理人(2)	姓　名
		执业证号			执业证号
		电　话			电　话

⑬分案申请	原申请号	针对的分案申请号	原申请日　年　月　日

⑭要求外国优先权声明	原受理机构名称	在先申请日	在先申请号	⑮不丧失新颖性宽限期声明	□已在国家出现紧急状态或者非常情况时，为公共利益目的首次公开 □已在中国政府主办或承认的国际展览会上首次展出 □已在规定的学术会议或技术会议上首次发表 □他人未经申请人同意而泄露其内容

⑯相似设计	□本案为同一产品的相似外观设计，其所包含的项数为_____项。

⑰成套产品	□本案为成套产品的多项外观设计，其所包含的项数为_____项。

⑱局部设计	□本案请求保护的外观设计为局部外观设计。

⑲延迟审查	□请求对本申请延迟审查，延迟期限为1年。 □请求对本申请延迟审查，延迟期限为2年。 □请求对本申请延迟审查，延迟期限为3年。

⑳申请文件清单 1. 请求书　　　　　　　　　份　　页 2. 图片或照片　　　　　　　份　　页 3. 简要说明　　　　　　　　份　　页 　　　　图片或照片　　　幅	㉑附加文件清单 □优先权转让证明　　　　　　份共　页 □专利代理委托书　　　　　　份共　页 　总委托书（编号_____） □在先申请文件副本　　　　　　　份 □在先申请文件副本首页译文　　　份 　其他证明文件（名称_____）份共　页

续表

㉒全体申请人或专利代理机构签字或者盖章 年　月　日	㉓国家知识产权局审核意见 年　月　日

外观设计专利请求书英文信息表

使用外观设计的产品名称	
设计人姓名	
申请人名称及地址	

📝 制作要点①

1. 申请外观设计专利，应当提交外观设计专利请求书、外观设计图片或照片，以及外观设计简要说明。

2. 本表应当使用国家公布的中文简化汉字填写，表中文字应当打字或者印刷，字迹为黑色。外国人姓名、名称、地名无统一译文时，应当同时在请求书英文信息表中注明。

3. 本表中方格供填表人选择使用，若有方格后所述内容的，应当在方格内作标记。

4. 本表中所有详细地址栏，本国的地址应当包括省（自治区）、市（自

---

① 来源于国家知识产权局。

治州）、区、街道门牌号码，或者省（自治区）、县（自治县）、镇（乡）、街道门牌号码，或者直辖市、区、街道门牌号码。有邮政信箱的，可以按规定使用邮政信箱。外国的地址应当注明国别、市（县、州），并附具外文详细地址。其中申请人、专利代理机构、联系人的详细地址应当符合邮件能够迅速、准确投递的要求。

5. 填表说明

（1）本表第①、②、③、④、⑤、㉓栏由国家知识产权局填写。

（2）本表第⑥栏使用外观设计的产品名称应当与外观设计图片或者照片中表示的外观设计相符合，准确、简明地表明要求保护的产品的外观设计。产品名称一般应当符合国际外观设计分类表中小类列举的名称。产品名称一般不得超过20个字。

（3）本表第⑦栏设计人应当是个人。设计人有两个以上的应当自左向右顺序填写。设计人姓名之间应当用分号隔开。设计人可以请求国家知识产权局不公布其姓名。若请求不公布姓名，应当在此栏所填写的相应设计人后面注明"（不公布姓名）"。

（4）本表第⑧栏应当填写第一设计人国籍，第一设计人为中国内地居民的，应当同时填写居民身份证件号码。

（5）本表第⑨栏申请人是个人的，应当填写本人真实姓名，不得使用笔名或者其他非正式的姓名；申请人是单位的，应当填写单位正式全称，并与所使用的公章上的单位名称一致。申请人是中国单位或者个人的，应当填写其名称或者姓名、地址、邮政编码、统一社会信用代码/组织机构代码或者居民身份证件号码；申请人是外国人、外国企业或者外国其他组织的，应当填写其姓名或者名称、国籍或者注册的国家或者地区、经常居所地或者营业所所在地。申请人请求费用减缴且已完成费减资格备案的，应当在方格内作标记，并在本栏填写证件号码处填写费减备案时使用的证件号码。

（6）本表第⑩栏，申请人是单位且未委托专利代理机构的，应当填写联系人，并同时填写联系人的通信地址、邮政编码、电子邮箱和电话号码，联系人只能填写一人，且应当是本单位的工作人员。申请人为个人且需由他人代收国家知识产权局所发信函的，也可以填写联系人。

（7）本表第⑪栏，申请人指定非第一署名申请人为代表人时，应当在此栏指明被确定的代表人。

（8）本表第⑫栏，申请人委托专利代理机构的，应当填写此栏。

（9）本表第⑬栏，申请是分案申请的，应当填写此栏。申请是再次分案申请的，还应当填写所针对的分案申请的申请号。

（10）本表第⑭栏，申请人要求外国优先权的，应当填写此栏。

（11）本表第⑮栏，申请人要求不丧失新颖性宽限期的，应当填写此栏，自申请日起两个月内提交证明文件。

（12）本表第⑯栏，同一产品两项以上的相似外观设计，作为一件申请提出时，申请人应当填写相关信息。一件外观设计专利申请中的相似外观设计不得超过10项。

（13）本表第⑰栏，用于同一类别并且成套出售或者使用的产品的两项以上外观设计，作为一件申请提出时，申请人应当填写相关信息。成套产品外观设计专利申请中不应包含某一件或者几件产品的相似外观设计。

（14）本表第⑱栏，用于表明请求保护的外观设计为局部外观设计。

（15）本表第⑲栏，申请人请求延迟审查的，应当填写此栏。请注意，延迟审查请求只能选择一项。

（16）本表第⑳、㉑栏，申请人应当按实际提交的文件名称、份数、页数及图片或照片幅数正确填写。

（17）本表第㉒栏，委托专利代理机构的，应当由专利代理机构加盖公章。未委托专利代理机构的，申请人为个人的应当由本人签字或盖章，申请人为单位的应当加盖单位公章；有多个申请人的由全体申请人签字或者盖章。

（18）本表第⑦、⑨、⑭栏，设计人、申请人、要求优先权声明的内容填写不下时，应当使用规定格式的附页续写。

法条链接

《中华人民共和国专利法》

第二十七条　申请外观设计专利的，应当提交请求书、该外观设计的图片或者照片以及对该外观设计的简要说明等文件。

申请人提交的有关图片或者照片应当清楚地显示要求专利保护的产品的外观设计。

商标注册申请书

文书简介

> 自然人、法人或者其他组织在生产经营活动中，对其商品或者服务需要取得商标专用权的，应当向商标局申请商标注册。申请人为此所提交的文书即为商标注册申请书。

文书样式①

商标注册申请书

申请人名称(中文)：

（英文）：

统一社会信用代码：

申请人国籍/地区：

申请人地址（中文）：

（英文）：

邮政编码：

国内申请人联系地址：

邮政编码：

国内申请人电子邮箱：

联系人：　　电话：

代理机构名称：

外国申请人的国内接收人：

国内接收人地址：

---

① 参见中国商标网：http://sbj.saic.gov.cn。

邮政编码：

商标申请声明：☐集体商标　　☐证明商标

☐以三维标志申请商标注册

☐以颜色组合申请商标注册

☐以声音标志申请商标注册

☐两个以上申请人共同申请注册同一商标

要求优先权声明：☐基于第一次申请的优先权　☐基于展会的优先权

☐优先权证明文件后补

申请/展出国家/地区：

申请/展出日期：

申请号：

申请人章戳（签字）：　　　　　　　代理机构章戳：

代理人签字：

注：请按说明填写

下框为商标图样粘贴处。图样应当不大于 10×10cm，不小于 5×5cm。以颜色组合或者着色图样申请商标注册的，应当提交着色图样并提交黑白稿1份；不指定颜色的，应当提交黑白图样。以三维标志申请商标注册的，应当提交能够确定三维形状的图样，提交的商标图样应当至少包含三面视图。以声音标志申请商标注册的，应当以五线谱或者简谱对申请用作商标的声音加以描述并附加文字说明；无法以五线谱或者简谱描述的，应当使用文字进行描述；商标描述与声音样本应当一致。

商标说明：

类别：
商品/服务项目：
类别：
商品/服务项目：

商标注册申请书（附页）

其他共同申请人名称列表：

制作要点[①]

1. 办理商标注册申请，适用本书式。申请书应当打字或者印刷。申请人应当按照规定并使用国家公布的中文简化汉字填写，不得修改格式。

2. "申请人名称"栏：申请人应当填写身份证明文件上的名称。申请人是自然人的，应当在姓名后注明证明文件号码。外国申请人应当同时在英文栏内填写英文名称。共同申请的，应将指定的代表人填写在"申请人名称"栏，其他共同申请人名称应当填写在"商标注册申请书附页——其他共同申请人名称列表"栏。没有指定代表人的，以申请书中顺序排列的第一人为代表人。

3. "统一社会信用代码"栏：此栏供国内申请人填写其证明文件上标注的统一社会信用代码。

4. "申请人国籍/地区"栏：申请人应当如实填写，国内申请人不填写此栏。

5. "申请人地址""邮政编码"栏：申请人应当按照身份证明文件中的地址填写；身份证明文件中的地址未冠有省、市、县等行政区划的，申请人应当增加相应行政区划名称。外国申请人应当同时详细填写英文地址。符合自行办理商标申请事宜条件的外国申请人详细填写其在中国的地址。

6. "国内申请人联系地址""邮政编码"栏：国内申请人填写此栏，用

---

① 参见中国商标网：http://sbj.saic.gov.cn。

于接收该商标后继商标业务的法律文件；同时，也用于自行办理的国内申请人接收本申请的各种文件。国内申请人未填写联系地址的，文件送达至申请人地址栏填写的地址。国家知识产权局文件无法送达的，通过公告方式送达。

7. "国内申请人电子邮箱""联系人""电话"栏：国内申请人填写此栏。符合自行办理商标申请事宜条件的外国申请人填写其在中国的联系方式。

8. "代理机构名称"栏：申请人委托已备案的商标代理机构代为办理商标申请事宜的，此栏填写商标代理机构名称。申请人自行办理商标申请事宜的，不填写此栏。

9. "外国申请人的国内接收人""国内接收人地址""邮政编码"栏：外国申请人应当在申请书中指定国内接收人负责接收国家知识产权局后继商标业务的法律文件。国内接收人地址应当冠以省、市、县等行政区划详细填写。

10. "商标申请声明"栏：申请注册集体商标、证明商标的，以三维标志、颜色组合、声音标志申请商标注册的，两个以上申请人共同申请注册同一商标的，应当在本栏声明。申请人应当按照申请内容进行选择，并附送相关文件。

11. "要求优先权声明"栏：申请人依据《商标法》第二十五条要求优先权的，选择"基于第一次申请的优先权"，并填写"申请/展出国家/地区""申请/展出日期""申请号"栏。申请人依据《商标法》第二十六条要求优先权的，选择"基于展会的优先权"，并填写"申请/展出国家/地区""申请/展出日期"栏。申请人应当同时提交优先权证明文件（包括原件和中文译文）；优先权证明文件不能同时提交的，应当选择"优先权证明文件后补"，并自申请日起三个月内提交。未提出书面声明或者逾期未提交优先权证明文件的，视为未要求优先权。

12. "申请人章戳（签字）"栏：申请人为法人或其他组织的，应加盖公章。申请人为自然人的，应当由本人签字。所盖章戳或者签字应当完整、清晰。

13. "代理机构章戳""代理人签字"栏：代为办理申请事宜的商标代理机构应在此栏加盖公章，并由代理人签字。

14. "商标图样"栏：商标图样应当粘贴在图样框内。

15. "商标说明"栏：申请人应当根据实际情况填写。以三维标志、声音标志申请商标注册的，应当说明商标使用方式。以颜色组合申请商标注册的，应当提交文字说明，注明色标，并说明商标使用方式。商标为外文或者包含外文的，应当说明含义。自然人将自己的肖像作为商标图样进行注册申请应当予以说明。申请人将他人肖像作为商标图样进行注册申请应当予以说明，附送肖像人的授权书。

16. "类别""商品/服务项目"栏：申请人应按《类似商品和服务项目区分表》填写类别、商品/服务项目名称。商品/服务项目应按类别对应填写，每个类别的项目前应分别标明顺序号。类别和商品/服务项目填写不下的，可按本申请书的格式填写在附页上。全部类别和项目填写完毕后应当注明"截止"字样。

17. "商标注册申请书附页——其他共同申请人名称列表"栏：此栏填写其他共同申请人名称，外国申请人应当同时填写中文名称和英文名称。并在空白处按顺序加盖申请人章戳或由申请人本人签字。

18. 收费标准：一个类别受理商标注册费 300 元人民币（限定本类 10 个商品/服务项目，本类中每超过 1 个另加收 30 元人民币）。受理集体商标注册费 1500 元人民币。受理证明商标注册费 1500 元人民币。

法条链接

《中华人民共和国商标法》

第四条 自然人、法人或者其他组织在生产经营活动中，对其商品或者服务需要取得商标专用权的，应当向商标局申请商标注册。不以使用为目的的恶意商标注册申请，应当予以驳回。

本法有关商品商标的规定，适用于服务商标。

第五条 两个以上的自然人、法人或者其他组织可以共同向商标局申请注册同一商标，共同享有和行使该商标专用权。

第六条 法律、行政法规规定必须使用注册商标的商品，必须申请商标注册，未经核准注册的，不得在市场销售。

专利申请权转让合同

文书简介

> 专利申请权转让合同是由具有某项产品专利申请权的人与受让该产品专利申请权的人签订的，将产品的专利申请权转让的合同。专利申请权转让合同由当事人在平等、自愿的基础上，遵循《专利法》的有关规定协商确定。

文书样式

专利申请权转让合同[①]

（示范文本）

合同编号：_____

项目名称：_____

签订时间：_____

签订地点：_____

有效期限：_____

受让方（甲方）：_____	让与方（乙方）：_____
住　所　地：_____	住　所　地：_____
法定代表人：_____	法定代表人：_____
项目联系人：_____	项目联系人：_____
联系方式：_____	联系方式：_____
通讯地址：_____	通讯地址：_____
电　　　话：_____	电　　　话：_____
传　　　真：_____	传　　　真：_____
电子信箱：_____	电子信箱：_____

[①] 《科学技术部关于印发〈技术合同示范文本〉的通知》（国科发政字［2001］244号）。

本合同乙方拥有_____的技术发明创造，甲方受让该项技术发明的专利申请权并支付相应的转让价款。双方就此项专利申请权转让事项，经过平等协商，在真实、充分地表达各自意愿的基础上，根据《中华人民共和国合同法》①的规定，达成如下协议，并由双方共同恪守。

第一条 本项发明创造的专利申请权：

1. 属于_____（发明、实用新型、外观设计）申请。
2. 发明人/设计人：_____。
3. 专利申请人：_____。
4. 专利申请日：_____。
5. 专利申请号：_____。

第二条 乙方在本合同签署前实施或转让本项发明创造的状况如下：

1. 乙方实施本发明创造的状况（时间、地点、方式和规模）：

_____

2. 乙方许可他人使用本发明创造的状况（时间、地点、方式和规模）：

_____

3. 本合同生效后，乙方有义务在_____日内将本发明创造专利申请权转让的状况告知被许可使用本发明创造的当事人。

第三条 甲方应在本合同生效后，保证原技术转让合同的履行。乙方在原技术转让合同中享有的权利和义务，自本合同生效之日起，由甲方承受。乙方应当在_____日内通知并协助原技术转让合同的让与人与甲方办理合同变更事项。

第四条 为保证甲方申请专利，乙方应向甲方提交以下技术资料：

1. _____；
2. _____；
3. _____；
4. _____。

第五条 乙方向甲方提交技术资料的时间、地点、方式如下：

1. 提交时间：_____

---

① 现为《中华人民共和国民法典》。

2. 提交地点：_____

3. 提交方式：_____

第六条 乙方应当保证其专利申请权不侵犯任何第三人的合法权益。如发生第三人指控甲方侵权的，乙方应当_____

第七条 甲方向乙方支付该发明创造专利申请权的价款及支付方式如下：

1. 专利申请权的转让价款总额为：_____

2. 专利申请权的转让价款由甲方_____（一次、分期或提成）支付乙方。

具体支付方式和时间如下：

（1）_____

（2）_____

（3）_____

乙方开户银行名称、地址和账号为：

开户银行：_____

地　　址：_____

账　　号：_____

3. 双方确定，甲方以实施研究开发成果所产生的利益提成支付乙方的研究开发经费和报酬的，乙方有权以_____方式查阅甲方有关的会计账目。

第八条 双方确定，本合同生效后，甲方专利申请被国家专利行政主管机关驳回的，乙方不退还已收取的转让费用；尚未收取的，按以下方式处理：

_____

_____。

双方对专利申请被驳回的特别约定如下：

_____

_____。

第九条 双方确定：

1. 本合同生效后，甲方取得专利权的，乙方应按以下约定实施或使用该发明创造：

_____

_____。

2. 本合同生效后，该项专利申请在专利公开前被驳回的，双方按以下约定实施或使用该发明创造：

_____

_____。

第十条　双方确定，在本发明创造专利申请公开前，以及专利申请被驳回后，均对该项发明创造负有保密义务。具体保密约定如下：

甲方：

1. 保密内容（包括技术信息和经营信息）：

_____

_____。

2. 涉密人员范围：

_____

_____。

3. 保密期限：

_____

_____。

4. 泄密责任：

_____

_____。

乙方：

1. 保密内容（包括技术信息和经营信息）：

_____

_____。

2. 涉密人员范围：

_____

_____。

3. 保密期限：

_____

_____。

4. 泄密责任：

_____

_____。

第十一条　本合同签署后，由_____方负责在_____日内办理专利申请权转让的登记事宜。

第十二条　双方确定：

1. 甲方有权利用乙方交付专利申请权所涉及的发明创造进行后续改进，由此产生的具有实质性或创造性技术进步特征的新的技术成果，归_____（甲方、双方）方所有。具体相关利益的分配办法如下：

_____

_____。

2. 乙方有权在已交付甲方专利申请权后对此发明创造进行后续改进，由此产生的具有实质性或创造性技术进步特征的新的技术成果，归_____（乙方、双方）方所有。具体相关利益的分配办法如下：

_____

_____。

第十三条　双方确定，按以下约定承担各自的违约责任：

1. _____方违反本合同第_____条约定，应当_____（支付违约金或损失赔偿额的计算方法）。

2. _____方违反本合同第_____条约定，应当_____（支付违约金或损失赔偿额的计算方法）。

3. _____方违反本合同第_____条约定，应当_____（支付违约金或损失赔偿额的计算方法）。

4. _____方违反本合同第_____条约定，应当_____（支付违约金或损失赔偿额的计算方法）。

第十四条　双方确定，在本合同有效期内，甲方指定_____为甲方项目联系人，乙方指定_____为乙方项目联系人。项目联系人承担以下责任：

1. _____

2. _____

3. _____

一方变更项目联系人的，应当及时以书面形式通知另一方。未及时通知并影响本合同履行或造成损失的，应承担相应的责任。

第十五条　双方确定，出现下列情形，致使本合同的履行成为不必要或不可能的，可以解除本合同：

1. 因发生不可抗力；
2. _____
3. _____

第十六条　双方因履行本合同而发生的争议，应协商、调解解决。协商、调解不成的，确定按以下第_____种方式处理：

1. 提交_____仲裁委员会仲裁；
2. 依法向人民法院起诉。

第十七条　双方确定：本合同及相关附件中所涉及的有关名词和技术术语，其定义和解释如下：

1. _____
2. _____
3. _____
4. _____
5. _____

第十八条　与履行本合同有关的下列技术文件，经双方以_____方式确认后，为本合同的组成部分：

1. 技术背景资料：_____；
2. 可行性论证报告：_____；
3. 技术评价报告：_____；
4. 技术标准和规范：_____；
5. 原始设计和工艺文件：_____；
6. 其他：_____。

第十九条　双方约定本合同其他相关事项为：_____
_____

第二十条　本合同一式_____份，具有同等法律效力。

第二十一条　本合同自国家专利行政主管机关登记之日起生效。

甲方：_____（盖章）　　乙方：_____（盖章）

法定代表人/委托代理人：_____　法定代表人/委托代理人：_____

（签名）_____　　　　　　　（签名）_____

　　年　　月　　日　　　　　　　　年　　月　　日

印花税票粘贴处：

_____

（此页由技术合同登记机构填写）

合同登记编号：

1. 申请登记人：_____
2. 登记材料：（1）_____
　　　　　　　（2）_____
　　　　　　　（3）_____
3. 合同类型：_____
4. 合同交易额：_____
5. 技术交易额：_____

技术合同登记机构（印章）

经办人：

××××年××月××日

制作要点

1. 本合同为中华人民共和国科学技术部印制的技术转让（专利申请权）合同示范文本，各技术合同认定登记机构可推介技术合同当事人参照使用。

2. 本合同书适用于一方当事人（让与方）将其就特定的发明创造申请专利的权利转让受让方，受让方支付约定价款而订立的合同。

3. 签约一方为多个当事人的，可按各自在合同关系中的作用等，在"委托方""受托方"项下（增页）分别排列为共同受让人或共同让与人。

4. 本合同书未尽事项，可由当事人附页另行约定，并作为本合同的组成部分。

5. 当事人使用本合同书时约定无需填写的条款，应在该条款处注明"无"等字样。

实例示范

专利申请权转让合同

合同编号：××××

项目名称：×××感应遥控器

签订时间：××××年××月××日

签订地点：××市××县×路×号

有效期限：××××年××月××日至××××年××月××日

受让方（甲方）：××市××电子有限责任公司

住 所 地：××市××县×路×号

法定代表人：李某

项目联系人：李某

通讯地址：××市××县×路×号

电　　话：××××××

传　　真：××××××

电子信箱：×××@163.com

让与方（乙方）：××市××科技有限责任公司

住 所 地：××市××县×路×号

法定代表人：谭某

项目联系人：孟某

通讯地址：××市××县×路×号

电　　话：××××××

传　　真：××××××

电子信箱：×××@163.com

本合同乙方拥有×××感应遥控器的技术发明创造并已申请专利，甲方受让该项技术发明的专利申请权并支付相应的转让价款。双方就此项专利申请权转让事项，经过平等协商，在真实、充分地表达各自意愿的基础上，根据《中华人民共和国民法典》的规定，达成如下协议，并由双方共同恪守。

第一条　本项发明创造的专利申请权：

1. 属于发明申请。

2. 发明人/设计人：××市××科技有限责任公司员工孟某。

3. 专利申请人：××市××科技有限责任公司。

4. 专利申请日：××××年××月××日。

5. 专利申请号：×××××××××××。

第二条　乙方在本合同签署前实施或转让本项发明创造的状况如下：

1. 乙方实施本发明创造的状况（时间、地点、方式和规模）：略

2. 乙方许可他人使用本发明创造的状况（时间、地点、方式和规模）：略

3. 本合同生效后，乙方有义务在10日内将本发明创造专利申请权转让的状况告知被许可使用本发明创造的当事人。

第三条　甲方应在本合同生效后，保证原技术转让合同的履行。乙方在原技术转让合同中享有的权利和义务，自本合同生效之日起，由甲方承受。乙方应当在15日内通知并协助原技术转让合同的让与人与甲方办理合同变更事项。

第四条　为保证甲方申请专利，乙方应向甲方提交以下技术资料：

1. 略；

2. 略；

3. 略。

第五条　乙方向甲方提交技术资料的时间、地点、方式如下：

1. 提交时间：××××年××月××日

2. 提交地点：××市××县×路×号

3. 提交方式：由乙方上门递交

第六条　乙方应当保证其专利申请权不侵犯任何第三人的合法权益。如发生第三人指控甲方侵权的，乙方应当赔偿甲方因此造成的损失。

第七条 甲方向乙方支付该发明创造专利申请权的价款及支付方式如下：

1. 专利申请权的转让价款总额为：200万元人民币。

2. 专利申请权的转让价款由甲方一次支付乙方。

具体支付方式和时间如下：

方式：现金支票支付

乙方开户银行名称、地址和账号为：

开户银行：××市××银行××支行

地　　址：××市××区×路×号

账　　号：×××××××××××××××

3. 双方确定，甲方以实施研究开发成果所产生的利益提成支付乙方的研究开发经费和报酬的，乙方有权以×××方式查阅甲方有关的会计账目。

第八条 双方确定，本合同生效后，甲方专利申请被国家专利行政主管机关驳回的，乙方不退还已收取的转让费用。

双方对专利申请被驳回的特别约定：略。

第九条 双方确定：

1. 本合同生效后，甲方取得专利权的，乙方应按以下约定实施或使用该发明创造：

乙方仅供自己使用，不得将专利技术告知他人，不得转让专利技术。

2. 本合同生效后，该项专利申请在专利公开前被驳回的，双方按以下约定实施或使用该发明创造：略。

第十条 双方确定，在本发明创造专利申请公开前，以及专利申请被驳回后，均对该项发明创造负有保密义务。具体保密约定如下：

甲方：

1. 保密内容（包括技术信息和经营信息）：

略。

2. 涉密人员范围：

公司董事长×××、总经理×××、副总经理×××、发明设计人李某。

3. 保密期限：

××××年××月××日至××××年××月××日。

4. 泄密责任：

赔偿因泄密给对方造成的一切损失。

乙方：

1. 保密内容（包括技术信息和经营信息）：

略。

2. 涉密人员范围：

公司董事长、总经理×××、副总经理×××。

3. 保密期限：

××××年××月××日至××××年××月××日。

4. 泄密责任：

赔偿因泄密给对方造成的一切损失。

第十一条　本合同签署后，由乙方负责在15日内办理专利申请权转让的登记事宜。

第十二条　双方确定：

1. 甲方有权利用乙方交付专利申请权所涉及的发明创造进行后续改进，由此产生的具有实质性或创造性技术进步特征的新的技术成果，归甲方所有。

2. 乙方有权在已交付甲方专利申请权后对此发明创造进行后续改进，由此产生的具有实质性或创造性技术进步特征的新的技术成果，归乙方所有。

第十三条　双方确定，按以下约定承担各自的违约责任：

1. 双方中的任何一方违反本合同第十条约定，应当支付违约金10万元人民币。

2. 双方中的任何一方违反本合同第十二条约定，应当支付违约金10万元人民币。

第十四条　双方确定，在本合同有效期内，甲方指定李某为甲方项目联系人，乙方指定孟某为乙方项目联系人。项目联系人承担以下责任：

略。

一方变更项目联系人的，应当及时以书面形式通知另一方。未及时通知并影响本合同履行或造成损失的，应承担相应的责任。

第十五条 双方确定，出现下列情形，致使本合同的履行成为不必要或不可能的，可以解除本合同：

1. 因发生不可抗力；
2. 一方或双方公司倒闭的。

第十六条 双方因履行本合同而发生的争议，应协商、调解解决。协商、调解不成的，确定按以下第×种方式处理：

1. 提交×××市仲裁委员会仲裁；
2. 依法向人民法院起诉。

第十七条 双方确定：本合同及相关附件中所涉及的有关名词和技术术语，其定义和解释如下：

略。

第十八条 与履行本合同有关的下列技术文件，经双方确认后，为本合同的组成部分：

1. 技术背景资料：略；
2. 可行性论证报告：略；
3. 技术评价报告：略；
4. 技术标准和规范：略；
5. 原始设计和工艺文件：略；
6. 其他：略。

第十九条 本合同一式两份，具有同等法律效力。

第二十条 本合同自国家专利行政主管机关登记之日起生效。

甲方：××市××电子有限　　乙方：××市××科技有限
　　责任公司（盖章）　　　　　　责任公司（盖章）
法定代表人/委托代理人：李某　法定代表人/委托代理人：谭某
××××年××月××日　　　　××××年××月××日

法条链接

《中华人民共和国专利法》

第十条　专利申请权和专利权可以转让。

中国单位或者个人向外国人、外国企业或者外国其他组织转让专利申请权或者专利权的，应当依照有关法律、行政法规的规定办理手续。

转让专利申请权或者专利权的，当事人应当订立书面合同，并向国务院专利行政部门登记，由国务院专利行政部门予以公告。专利申请权或者专利权的转让自登记之日起生效。

技术转让（专利实施许可）合同

文书简介

> 技术转让（专利实施许可）合同是指专利权人、专利申请人或者其他权利人作为让与人，许可受让人在约定的范围内实施专利，受让人支付约定使用费所订立的合同。

文书样式

技术转让（专利实施许可）合同①
（示范文本）

受让方（甲方）：_____

住　　所　　地：_____

法 定 代 表 人：_____

项 目 联 系 人：_____

联 系 方 式：_____

通 讯 地 址：_____

电　　　　话：_____　传真：_____

---

① 《科学技术部关于印发〈技术合同示范文本〉的通知》（国科发政字〔2001〕244号）。

电 子 信 箱：_____
让与方（乙方）：_____
住 所 地：_____
法 定 代 表 人：_____
项 目 联 系 人：_____
联 系 方 式：_____
通 讯 地 址：_____
电 话：_____ 传真：_____
电 子 信 箱：_____

本合同乙方以_____（独占、排他、普通）方式许可甲方实施其所拥有的_____专利权，甲方受让该项专利的实施许可并支付相应的实施许可使用费。双方经过平等协商，在真实、充分地表达各自意愿的基础上，根据《中华人民共和国合同法》① 的规定，达成如下协议，并由双方共同恪守。

第一条 本合同许可实施的专利权：

1. 为_____（发明、实用新型、外观设计）专利。

2. 发明人/设计人：_____

3. 专利权人为：_____

4. 专利授权日：_____

5. 专利号：_____

6. 专利有效期限：_____

7. 专利年费已交至_____

第二条 乙方在本合同生效前实施或许可本项专利的基本状况如下：

1. 乙方实施本项专利权的状况（时间、地点、方式和规模）：

_____

_____

2. 乙方许可他人使用本项专利权的状况（时间、地点、方式和规模）：

_____

_____

---

① 现为《中华人民共和国民法典》。

第三条 乙方许可甲方以如下范围、方式和期限实施本项专利：

1. 实施方式：_____

_____

2. 实施范围：_____

_____

3. 实施期限：_____

_____

第四条 为保证甲方有效实施本项专利，乙方应向甲方提交以下技术资料：

1. _____；
2. _____；
3. _____；
4. _____。

第五条 乙方提交技术资料的时间、地点、方式如下：

1. 提交时间：_____；
2. 提交地点：_____；
3. 提交方式：_____。

第六条 为保证甲方有效实施本项专利，乙方向甲方转让与实施本项专利有关的技术秘密：

1. 技术秘密的内容：_____

_____

2. 技术秘密的实施要求：_____

_____

3. 技术秘密的保密范围和期限：_____

_____

第七条 为保证甲方有效实施本项专利，乙方向甲方提供以下技术服务和技术指导：

1. 技术服务和技术指导的内容：_____

_____

2. 技术服务和技术指导的方式：_____

_____

第八条　双方确定，乙方许可甲方实施本项专利及转让技术秘密、提供技术服务和技术指导，按以下标准和方式验收：

1. _____
2. _____
3. _____

第九条　甲方向乙方支付实施该项专利权使用费及支付方式为：

1. 许可实施使用费总额为：_____

其中：技术秘密的使用费为：_____

技术服务和指导费为：_____

2. 许可实施使用费由甲方_____（一次、分期或提成）支付乙方。

具体支付方式和时间如下：

（1）_____
（2）_____
（3）_____

乙方开户银行名称、地址和账号为：

开户银行：_____

地址：_____

账号：_____

3. 双方确定，甲方以实施专利技术所产生的利益提成支付乙方许可使用费的，乙方有权以_____方式查阅甲方有关的会计账目。

第十条　乙方应当保证其专利权实施许可不侵犯任何第三人的合法权益，如发生第三人指控甲方侵犯专利权的，乙方应当_____

第十一条　乙方应当在本合同有效期内维持本项专利权的有效性。如由于乙方过错致使本项专利权终止的，乙方应当按本合同第十六条的约定，支付甲方违约金或赔偿损失。

本项专利权被国家专利行政主管机关宣布无效的，乙方应当赔偿甲方损失，但甲方已给付乙方的使用费，不再返还。

第十二条　甲方应当在本合同生效后_____日内开始实施本项专利；逾期未实施的，应当及时通知乙方并予以正当解释，征得乙方认可。甲方逾期_____日未实施本项专利且未予解释，影响乙方技术转让提成收益的，乙方有权要求甲方支付违约金或赔偿损失。

第十三条 双方确定，在本合同履行中，任何一方不得以下列方式限制另一方的技术竞争和技术发展：

1. _____
2. _____
3. _____

第十四条 双方确定：

1. 甲方有权利用乙方许可实施的专利技术和技术秘密进行后续改进。由此产生的具有实质性或创造性技术进步特征的新的技术成果，归_____（甲方、双方）方所有。具体相关利益的分配办法如下：

_____

2. 乙方有权在许可甲方实施该项专利权后，对该项专利权涉及的发明创造及技术秘密进行后续改进。由此产生的具有实质性或创造性技术进步特征的新的技术成果，归_____（乙方、双方）方所有。具体相关利益的分配办法如下：

_____

第十五条 本合同的变更必须由双方协商一致，并以书面形式确定。但有下列情形之一的，一方可以向另一方提出变更合同权利与义务的请求，另一方应当在_____日内予以答复；逾期未予答复的，视为同意：

1. _____；
2. _____；
3. _____；
4. _____。

第十六条 双方确定，按以下约定承担各自的违约责任：

1. _____方违反本合同第_____条约定，应当_____（支付违约金或损失赔偿额的计算方法）。

2. _____方违反本合同第_____条约定，应当_____（支付违约金或损失赔偿额的计算方法）。

3. _____方违反本合同第_____条约定，应当

_____（支付违约金或损失赔偿额的计算方法）。

4. _____方违反本合同第_____条约定，应当_____（支付违约金或损失赔偿额的计算方法）。

第十七条　双方确定，在本合同有效期内，甲方指定_____为甲方项目联系人，乙方指定_____为乙方项目联系人。项目联系人承担以下责任：

1. _____
2. _____
3. _____

一方变更项目联系人的，应当及时以书面形式通知另一方。未及时通知并影响本合同履行或造成损失的，应承担相应的责任。

第十八条　双方确定，出现下列情形，致使本合同的履行成为不必要或不可能，可以解除本合同：

1. 发生不可抗力；
2. _____
3. _____

第十九条　双方因履行本合同而发生的争议，应协商、调解解决。协商、调解不成的，确定按以下第_____种方式处理：

1. 提交_____仲裁委员会仲裁；
2. 依法向人民法院起诉。

第二十条　双方确定：本合同及相关附件中所涉及的有关名词和技术术语，其定义和解释如下：

1. _____
2. _____
3. _____
4. _____
5. _____

第二十一条　与履行本合同有关的下列技术文件，经双方以_____方式确认后，为本合同的组成部分：

1. 技术背景资料：_____；
2. 可行性论证报告：_____；

3. 技术评价报告：_____；

4. 技术标准和规范：_____；

5. 原始设计和工艺文件：_____；

6. 其他：_____。

第二十二条　双方约定本合同其他相关事项为：_____
_____

第二十三条　本合同一式_____份，具有同等法律效力。

第二十四条　本合同经双方签字盖章后生效。

甲方：_____（盖章）

法定代表人/委托代理人：_____（签名）

×××年××月××日

乙方：_____（盖章）

法定代表人/委托代理人：_____（签名）

×××年××月××日

印花税票粘贴处：
_____

（此页由技术合同登记机构填写）

合同登记编号：

1. 申请登记人：_____

2. 登记材料：（1）_____
　　　　　　　（2）_____
　　　　　　　（3）_____

3. 合同类型：_____

4. 合同交易额：_____

5. 技术交易额：_____

技术合同登记机构（印章）

经办人：

×××年××月××日

制作要点

1. 本合同为中华人民共和国科学技术部印制的技术转让（专利实施许可）合同示范文本，各技术合同认定登记机构可推介技术合同当事人参照使用。

2. 本合同书适用于让与人（专利权人或者其授权的人）许可受让方在约定的范围内实施专利，受让方支付约定使用费而订立的合同。

3. 签约一方为多个当事人的，可按各自在合同关系中的作用等，在"委托方""受托方"项下（增页）分别排列为共同受让人或共同让与人。

4. 本合同书未尽事项，可由当事人附页另行约定，并作为本合同的组成部分。

5. 当事人使用本合同书时约定无需填写的条款，应在该条款处注明"无"等字样。

实例示范

合同编号：××××

项目名称：×××汽车驾驶室降温器

签订时间：××××年××月××日

签订地点：××市××县×路×号

有效期限：××××年××月××日至××××年××月××日

受让方（甲方）：乙科技有限责任公司

住所地：××市××县×路×号

法定代表人：李某

项目联系人：李某

通讯地址：××市××县×路×号

电话：×××××××

传真：×××××××

电子信箱：×××@163.com

让与方（乙方）：甲科技有限责任公司

住所地：××市××县×路×号

法定代表人：谭某

项目联系人：孟某

通讯地址：××市××县×路×号

电话：×××××××

传真：×××××××

电子信箱：×××@163.com

本合同乙方以排他方式许可甲方实施其所拥有的某某汽车驾驶室降温器专利权，甲方受让该项专利的实施许可并支付相应的实施许可使用费。双方经过平等协商，在真实、充分地表达各自意愿的基础上，根据《中华人民共和国民法典》的规定，达成如下协议，并由双方共同恪守。

第一条　本合同许可实施的专利权：

1. 为发明专利。

2. 发明人/设计人：孟某。

3. 专利权人为：甲科技有限责任公司。

4. 专利授权日：××××年××月××日。

5. 专利号：××××××××。

6. 专利有效期限：××年。

7. 专利年费已交至××××年××月××日。

第二条　乙方在本合同生效前实施或许可本项专利的基本状况如下：

1. 乙方实施本项专利权的状况（时间、地点、方式和规模）：略。

2. 乙方许可他人使用本项专利权的状况（时间、地点、方式和规模）：略。

第三条　乙方许可甲方以如下范围、方式和期限实施本项专利：

1. 实施方式：排他方式。

2. 实施范围：略。

3. 实施期限：××××年××月××日至××××年××月××日。

第四条　为保证甲方有效实施本项专利，乙方应向甲方提交以下技术资料：

略。

第五条　乙方提交技术资料的时间、地点、方式如下

1. 提交时间：××××年××月××日
2. 提交地点：××市××县×路×号
3. 提交方式：甲方到乙方处自提。

第六条 为保证甲方有效实施本项专利，乙方向甲方转让与实施本项专利有关的技术秘密：

1. 技术秘密的内容：略。
2. 技术秘密的实施要求：略。
3. 技术秘密的保密范围和期限：略。

第七条 为保证甲方有效实施本项专利，乙方向甲方提供以下技术服务和技术指导：

1. 技术服务和技术指导的内容：略。
2. 技术服务和技术指导的方式：略。

第八条 双方确定，乙方许可甲方实施本项专利及转让技术秘密、提供技术服务和技术指导，按以下标准和方式验收：略。

第九条 甲方向乙方支付实施该项专利权使用费及支付方式为：

1. 许可实施使用费总额为：200万元人民币。
   其中：技术秘密的使用费为：100万元人民币
         技术服务和指导费为：100万元人民币
2. 许可实施使用费由甲方一次支付乙方。

具体支付方式和时间如下：
方式：现金支票支付
乙方开户银行名称、地址和账号为：
开户银行：××市××银行
地　　址：××市××区×路×号
账　　号：××××××××××××××

第十条 乙方应当保证其专利权实施许可不侵犯任何第三人的合法权益，如发生第三人指控甲方侵犯专利权的，乙方应当赔偿甲方由此造成的损失。

第十一条 乙方应当在本合同有效期内维持本项专利权的有效性。如由于乙方过错致使本项专利权终止的，乙方应当按本合同第十六条的约定，支付甲方违约金或赔偿损失。

本项专利权被国家专利行政主管机关宣布无效的，乙方应当赔偿甲方损失，但甲方已给付乙方的使用费，不再返还。

第十二条　甲方应当在本合同生效后30日内开始实施本项专利；逾期未实施的，应当及时通知乙方并予以正当解释，征得乙方认可。甲方逾期15日未实施本项专利且未予解释，影响乙方技术转让提成收益的，乙方有权要求甲方支付违约金或赔偿损失。

第十三条　双方确定，在本合同履行中，任何一方不得以任何方式限制另一方的技术竞争和技术发展。

第十四条　双方确定：

1. 甲方有权利用乙方许可实施的专利技术和技术秘密进行后续改进。由此产生的具有实质性或创造性技术进步特征的新的技术成果，归甲方所有。

2. 乙方有权在许可甲方实施该项专利权后，对该项专利权涉及的发明创造及技术秘密进行后续改进。由此产生的具有实质性或创造性技术进步特征的新的技术成果，归乙方所有。

第十五条　本合同的变更必须由双方协商一致，并以书面形式确定。但有下列情形之一的，一方可以向另一方提出变更合同权利与义务的请求，另一方应当在10日内予以答复；逾期未予答复的，视为同意：

1. 一方公司生产需要的；
2. 略；
3. 略。

第十六条　双方确定，按以下约定承担各自的违约责任：

1. 任何一方违反本合同第十三条约定，应当支付违约金10万元。
2. 任何一方违反本合同第十四条约定，应当支付违约金10万元。
3. 任何一方违反本合同第十五条约定，应当支付违约金10万元。

第十七条　双方确定，在本合同有效期内，甲方指定李某为甲方项目联系人，乙方指定孟某为乙方项目联系人。项目联系人承担以下责任：

略。

一方变更项目联系人的，应当及时以书面形式通知另一方。未及时通知并影响本合同履行或造成损失的，应承担相应的责任。

第十八条 双方确定，出现下列情形，致使本合同的履行成为不必要或不可能，可以解除本合同：

1. 发生不可抗力；

2. 公司解散的。

第十九条 双方因履行本合同而发生的争议，应协商、调解解决。协商、调解不成的，提交×××仲裁委员会仲裁；

第二十条 双方确定：本合同及相关附件中所涉及的有关名词和技术术语，其定义和解释如下：略。

第二十一条 与履行本合同有关的下列技术文件，经双方确认后，均为本合同的组成部分：

1. 技术背景资料：略；

2. 可行性论证报告：略；

3. 技术评价报告：略；

4. 技术标准和规范：略；

5. 原始设计和工艺文件：略；

6. 其他：略。

第二十二条 本合同一式两份，具有同等法律效力。

第二十三条 本合同经双方签字盖章后生效。

甲方：乙科技有限责任公司（盖章）

法定代表人/委托代理人：李某

×××× 年 × 月 × 日

乙方：甲科技有限责任公司（盖章）

法定代表人/委托代理人：谭某

×××× 年 ×× 月 ×× 日

印花税票粘贴处

（此页由技术合同登记机构填写）

```
合同登记编号：
1. 申请登记人：_____
2. 登记材料：(1)_____
            (2)_____
            (3)_____
3. 合同类型：_____
4. 合同交易额：_____
5. 技术交易额：_____

                    技术合同登记机构（印章）
                              经办人：
                        ××××年××月××日
```

专利权质押合同

文书简介

专利权质押合同，是指合同当事人中的债务人或者第三人为了担保合同的履行而以自己依法享有的或者持有的专利权作为出质标的与合同债权人订立的质押合同。其中，专利权所有人或者持有人称为"出质人"，债权人称为"质权人"，被质押的专利权称为"质押标的"。

文书样式 ①

专利权质押合同

（一）

出质人（甲方）：_____

通讯地址：_____

---

① 来源于国家知识产权局。

法定代表人：_____
质权人（乙方）：_____
通讯地址：_____
法定代表人：_____
签订日期：_____
登记日期：_____
质押期限：_____年___月___日至_____年___月___日

为确保债务的偿还，甲方愿意以其有权处分的财产作质押，乙方经审查，同意接受甲方的财产质押，甲、乙双方根据有关法律规定，经协商一致，约定如下条款：

第一条　甲方以"质押财产清单"（附后）所列之财产设定质押。

第二条　甲方质押担保的贷款金额（大写）_____元，贷款期限自××××年××月××日至××××年××月××日。

第三条　甲方保证对质押物依法享有完全的所有权。

第四条　甲方应于××××年××月××日将质押财产交付乙方占有并同时向乙方支付保管费_____元。

第五条　质押担保的范围：贷款金额（大写）_____元及利息、违约金（包括罚息）、赔偿金、质物保管费用及实现贷款债权和质权的费用（包括诉讼费、律师费等）。

第六条　本合同项下有关的评估、鉴定、保险、保管、运输等费用均由甲方承担。

第七条　质押期间，_____方有维持专利权有效的义务，负责交纳专利年费，处理专利纠纷等事务。

第八条　甲方应负责质押财产在质押期间的财产保险。财产保险的第一受益人为乙方。保险单证由乙方代为保管。

第九条　质押期间，质押财产如发生投保范围的损失，或者因第三人的行为导致质押财产价值减少的，保险赔偿金或损害赔偿金应作为质押财产，存入乙方指定的账户，质押期间双方均不得动用。

第十条　非因乙方过错导致质押财产价值减少，甲方应在_____天内向乙方提供与减少的价值相当的担保。

第十一条　质押期间，质押财产造成环境污染或造成其他损害，应由甲方独立承担责任。

第十二条　质押期间，未经乙方书面同意，甲方不得赠与、迁移、出租、转让、再抵押（质押）或以其他任何方式处分本合同项下质押财产。

第十三条　质押期间，经乙方书面同意，甲方转让质押财产所得的价款应优先用于向乙方提前清偿其所担保的债权。

第十四条　借款合同履行期限届满，借款人未能清偿债务，乙方有权以质押财产折价或以拍卖、变卖、兑现质押财产所得的价款优先受偿，实现质权。

第十五条　发生下列情况之一，乙方有权提前处分质押财产实现质权、停止发放借款合同项下贷款或者提前收回借款合同项下已发放的贷款本息。

（1）甲方被宣告破产或被解散；

（2）甲方违反本合同第八条、第十条、第十二条、第十三条的约定或发生其他严重违约行为；

（3）借款合同履行期间借款人被宣告破产、被解散、擅自变更企业体制至乙方贷款债权落空、改变贷款用途、卷入或即将卷入重大的诉讼（或仲裁）程序、发生其他足以影响其偿债能力或缺乏偿债诚意的行为等情况。

第十六条　甲方因隐瞒质押财产存在共有、争议、被查封、被扣压或已设定抵押权等情况而给乙方造成经济损失的，应向乙方支付借款合同项下贷款金额_____%的违约金，违约金不足以弥补乙方损失的，甲方还应就不足部分予以赔偿。乙方有权就违约金、赔偿金直接与甲方存款账户中的资金予以抵销。

第十七条　乙方贪污处分质押财产所得的价款，按下列顺序分配：

（1）支付处分质押财产所需的费用；

（2）清偿借款人所欠乙方贷款利息；

（3）愈偿借款人所欠乙方贷款本金、违约金（包括罚息）和赔偿金等；

（4）支付其他费用。

第十八条　其他约定事项：_____

第十九条　因本合同发生的争议，经协商解决达不成一致意见，应当向乙方所在地人民法院提起诉讼。

第二十条　本合同应由双方法定代表人（或其授权代理人）签字并加盖公章。

第二十一条 本合同正本一式三份，甲乙双方各执一份，用于登记备案一份。

甲方：_____（公章）　　　　乙方：_____（公章）

法定代表人：　　　　　　　　　　法定代表人：

(或授权代理人)　　　　　　　　　(或授权代理人)

　年　月　日　　　　　　　　　　　年　月　日

附：质押财产清单

序号	专利名称	申请日	颁证日	有效期	评估值

专利权质押合同
（二）

出质人：_____

通讯地址：_____

法定代表人：_____

质权人：_____

通讯地址：_____

法定代表人：_____

签订日期：_____

登记日期：_____

质押期限：_____年_____月_____日至_____年_____月_____日

前言：_____

第1条　被担保的主债权种类

_____

第2条　质押期限

_____

第3条　专利件数、名称、专利号、申请号、颁证日

_____

第4条　质押担保的范围

_____

第5条　质押的金额与支付方式

_____

第6条　对质押期间进行专利权转让或实施许可的约定

_____

第7条　对质押期间维持专利权有效的约定

_____

第8条　出现专利纠纷时出质人的责任

_____

第9条　质押期间专利权被撤销或被宣告无效时的处理

_____

第10条　违约及索赔

_____

第11条　争议的解决方法

_____

第12条　质押期满而债权不能按时实现时，质物的处置方式

_____

第13条　当事人认为需要约定的其他事项

_____

第14条　合同签订日期、签名、盖章

出质人（全体专利权人）：

质权人：

代理人：

制作要点[①]

专利权质押合同登记指南

1. 质押是法律规定的担保方式之一。专利权质押是指债务人或者拥有专利的第三人将其专利权移交全权人占有，以此作为债务的担保，当债务人不能如期履行债务时，债权人有权依法以该专利要求折价或者以拍卖、变卖该专利权的价款优先受偿。

其中，债务人或者第三人为出质人，债权人为质权人，用以质押的专利权为质物。

2. 出质人与质权人应当订立书面专利权质押合同（以下简称质押合同），并向中国专利局办理出质登记。质押合同自登记之日起生效。

3. 当事人向中国专利局提交（寄交或面交）以下文件并按规定缴纳登记费：

（1）质押合同登记申请表

该表格由中国专利局统一印制。当事人应认真填写，并签名盖章。

（2）主合同和质押合同

主合同是指经济合同，质押合同是主合同的从合同，可以单独订立，也可以是主合同中的担保条款，内容应包括按《专利权质押登记办法》中规定的有关条款。

（3）出质人的合法身份证明

出质人的身份证明材料应与其在专利申请文件中的记载保持一致。如果一项专利有两个以上的共同专利权人，则出质人应为全体专利权人，并出具全体同意出质的书面证明。

出质人为全民所有制单位时，应得到上级主管部门批准；中国单位或个人向境外出质专利权时，须经国务院主管部门批准。办理登记时应出具批准文件。

---

① 来源于国家知识产权局。

（4）委托书及代理人的身份证明

代理人受委托办理登记时，要出具委托书及其身份证明，作为具体承办的联系人应出具本单位的授权委托书及其个人身份证明、企业营业执照副本。

（5）专利权的有效证明

指用作质物的所有专利的专利证书复印件，专利年费收据复印件等其他证明专利有效文件。

（6）专利权出质前的实施及许可情况

包括实施规模、经济效益、许可次数、许可合同等。

（7）其他有关材料，如公证书、评估材料等

4.专利权质押合同的主要条款：

（1）前言

当事人签订本合同的主要目的、基本情况。

（2）出质人、质权人及代理人、联系人的姓名（名称）、通讯地址

联系人系指出质人、质权人自己办理登记的具体承办人，代理人系指受出质人、质权人的委托代办登记的人员。地址应确保通讯无误。

（3）被担保的主债权种类

指质押担保的主债权性质及债务基本情况，属于何种法律上的原因产生的债权，如金钱债权、特定物给予债权等，应与主合同保持一致。

（4）专利件数、名称、专利号、申请日、颁证日

本款要求的内容应与专利证书的记载相同。

若用作质物的专利不止一件，应分别填写清楚。

（5）债务人履行债务的期限

指清偿债务的时间，在此期间，当事人依法享有相应的权利和义务。根据《民法典》，质权与其担保的债权同时存在，但质物（专利权）的有效期可能短于债务期限，所以履行债务的期限应在专利有效时间内，可称为质押期限。据此期限可以明确质权人开始实现质权的时间，以保障当事人的合法权益。

（6）质押担保的范围

可以是以下几种费用的全部或其中几项：主债权及利息、违约金、损害赔偿金、质物保管费用、实现质权（变卖、拍卖或折价等）费用、专利年费、

处理专利纠纷费用、转让或许可他人实施时可能产生的违约金、赔偿金、向第三人提存收益所需的保管费等。

（7）质押的金额

指被担保的主债权以金钱来衡量的数量，不属于金钱债权的，应注明债权标的数量和价款，以明确实现质权时就质物优先清偿的债务数额。

（8）质押金支付方式

对已往债务，不需约定支付方式；对因借贷、预付款等形成的未来债务，质押金的支付时间、地点、次数等由当事人约定。

（9）以质押期间进行专利权转让或实施许可的约定

指是否可以转让或许可，若可以转让或许可对相应收益的保管、处置所作的约定等。

（10）质押期间维持专利权有效的约定

专利年费由谁交纳；

出现专利纠纷时，一般以出质人负责处理为宜，也可由当事人另行约定；

专利权被撤销或被宣告无效时的处理，包括应诉及补救责任由哪方承担，一旦专利权被撤销或宣告无效，各方相应的对策等。

《民法典》规定，质权人有妥善保管质物的义务，但是考虑到专利事务的特点，当事人可慎重约定。

（11）违约及索赔

当事人违反以上约定给另一方造成损失时，对方相应的索赔办法。

（12）争议的解决办法

在合同执行过程中产生争议时，当事人是协商解决或者约定以其他方式解决。

（13）质押期满债务的清偿方式

质押期满，若债务不能得以清偿时，质权人可以与出质人协议以质物折价，也可以依法拍卖、变卖，以所得款项用以清偿债务，但不得约定质物自动移转为质权人所有。

（14）当事人认为需要约定的其他事项

对质押期间质物所值明显减少时，或其他异常情况下如何处理等。

（15）合同签订日期，当事人签名、盖章

5. 登记变更

（1）对质押期间的专利著录项目作变更时，当事人应出具书面同意变更的协议和原《专利权质押合同登记通知书》，经质押合同登记管理部门审核批准后，著录项目变更程序才能继续进行。

（2）变更质押合同内容的，当事人应出具书面协议、原登记通知书，填写《专利权质押合同登记变更申请表》，报质押合同登记管理部门审批。

6. 需要补正的，当事人应按补正通知书的要求进行补正。

7. 对出现下列情况之一的质押合同，将不予登记：

（1）专利权人身份证明与专利文档的记载不符；

（2）专利权存在纠纷或已终止；

（3）质押期限超过专利有效期；

（4）合同约定债务未受清偿时，质物自动归质权人所有；

（5）其他原因。

8. 需要办理登记注销的情况：

（1）专利权因故丧失；

（2）主合同无效，导致质押合同无效；

（3）质押期满；

（4）其他原因。

9. 质押合同自登记注销之日起失效。

（1）当事人提交原登记通知书、书面协议及其他证明材料；

（2）经专利局审核后，发出《专利权质押合同登记注销通知书》；

（3）质押期限届满后15日内当事人不主动办理注销登记的，该合同登记将被自动注销。登记注销日以届满日为准。

10. 期满债务未履行完毕的，当事人可依约或依法处置质物。

法条链接

《中华人民共和国民法典》

第四百四十四条　以注册商标专用权、专利权、著作权等知识产权中的财产权出质的，质权自办理出质登记时设立。

知识产权中的财产权出质后，出质人不得转让或者许可他人使用，但是出质人与质权人协商同意的除外。出质人转让或者许可他人使用出质的知识产权中的财产权所得的价款，应当向质权人提前清偿债务或者提存。

要求恢复被删除或断开链接的网络内容的说明

文书简介

要求恢复被删除或断开链接的网络内容的说明，指被网络服务提供者删除或断开链接有关内容的当事人（包含自然人、法人和其他组织）要求恢复被删除或断开链接的网络内容的说明文书。

文书样式[①]

要求恢复被删除或断开链接的网络内容的说明

（示范格式）

网络服务提供者	名　称*			
	通信地址		邮　编	
	域　名		E – mail	
	电　话		传　真	
权利人	姓名/名称*		有效证件*（复印件附后）	
	法定代表人*			
	通信地址*		邮　编*	
	网站名称*		域　名*	
	IP 地址*		备案号或许可证号*	
	联系人*		电　话*	
	E – mail*		传　真	

[①] 来源于国家版权局。

续表

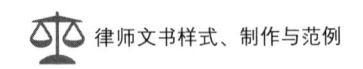

已被删除或断开链接的网络内容*	
已被删除或断开链接的网络内容的网页地址*	
不构成侵权的证明材料*	
说明要求*	说明人保证本说明内容的真实性,并对此承担法律责任。
保证声明	
说明人签名（盖章）*	年　　月　　日
备注	

制作要点①

1.《要求恢复被删除或断开链接的网络内容的说明》是国家版权局依据《信息网络传播权保护条例》的有关规定制定的指导性格式范本,仅向社会推荐使用。

2. 通知中带"＊"的栏目为必填事项。

3."网络服务提供者",指从事网络信息存储空间服务或网络搜索、链接服务的网络服务提供者。

4."域名",是信息网络上识别和定位计算机的层次结构式的字符标识,与该计算机的互联网协议（IP）地址相对应,在信息网络上代表某个企业、机构或个人。域名的形式是以若干个英文字母和数字组成,由"."分隔成几部分。

5."说明人",指《信息网络传播权保护条例》第16条所规定的"服务对象"。即被网络服务提供者删除或断开链接有关内容的当事人,包含自然人、法人和其他组织。

---

① 来源于国家版权局。

6. "有效证件",包括自然人的身份证、护照,法人的工商营业执照,其他组织相应的执照等。填写有效证件号码需同时注明证件类型,并将证件的复印件作为本通知的附件一并提供。

7. "电话",必须填写固定电话号码,可同时填写移动电话号码。

8. "备案号或许可证号",指根据《互联网信息服务管理办法》第4条,非经营性互联网信息服务提供者向国家信息产业主管部门进行备案的登记号码;或经营性互联网信息服务提供者向国家信息产业主管部门申请信息服务的许可文件号码。备案号或许可证号一般会在网站首页底部显示。登录信息产业部ICP-IP地址信息备案管理系统可查询验证其真实有效性,网址为:www.miibeian.gov.cn。

9. "IP地址",指以数字形式显示信息网络上计算机终端的地址。按照TCP/IP协议(传输控制协议/Internet协议)规定,它是一串4组由圆点分割的数字组成的,其中每一组数字都在0-256之间,如:202.202.96.33就是一个主机服务器的IP地址。IP地址可以通过IP WHOIS数据库等IP地址查询服务的网站查询。

10. "已被删除或断开链接的内容",指说明人被网络服务提供者删除或断开链接的作品、表演、录音录像制品。

11. "已被删除或断开链接的内容网页地址",指说明人被网络服务提供者删除或断开链接的内容在未被删除前的网络地址。即浏览器顶部地址框中显示的信息。该信息对应网络内容的位置。

12. "不构成侵权的证明材料",指说明人拥有合法权利,不侵犯他人权利的相关证据。包括物证、书证及权属证明等。权属证明包括著作权登记证书(号)、首次出版的出版物版权页、授权证明等证明文件。填写证明材料应以附件的形式提供证明性文件的原件或复印件。

13. "说明要求",指发出本说明的一方向网络服务提供者提出的要求履行的具体事项。如要求恢复被删除内容或重新链接被断开的内容。

14. "说明人签名(盖章)",自然人签名或使用名章;法人和其他组织加盖公章,并由法定代表人或相关负责人签字。

要求删除或断开链接侵权网络内容的通知

📄 文书简介

> 要求删除或断开链接侵权网络内容的通知,指权利人或代理人(包含自然人、法人和其他组织)要求侵权网站删除或断开链接侵权网络内容的通知文书。

📖 文书样式①

要求删除或断开链接侵权网络内容的通知

(示范文本)

网络服务提供者	名　　称*			
	通信地址		邮　编	
	域　　名		E-mail	
	电　　话		传　真	
权利人	姓名/名称*		有效证件* (复印件 附后)	
	法定代表人*			
	通信地址*		邮　编*	
	联系人*		电　话*	
	E-mail*		传　真	
代理人	姓名/名称*		有效证件* (复印件 附后)	
	法定代表人*			
	通信地址*		邮　编*	
	联系人*		电　话*	
	E-mail*		传　真	

---

① 来源于国家版权局。

续表

侵权网站	名　称*			
	域　名*		备案号或许可证号	
	IP 地址*		电　话	
	E – mail		传　真	
侵权内容*				
侵权内容网页地址*				
侵权事实及证明材料*				
通知要求*				
保证声明	通知人保证本通知内容的真实性，并对此承担法律责任。			
权利人（或其代理人）签名（盖章）*	年　　　月　　　日			
备注				

制作要点①

1. 《要求删除或断开链接侵权网络内容的通知》是国家版权局依据《信息网络传播权保护条例》的有关规定制定的指导性格式范本，仅向社会推荐使用。

2. 通知中带"＊"的栏目为必填事项。

3. "网络服务提供者"，指从事网络信息存储空间服务或网络搜索、链接服务的网络服务提供者。作为本通知的接受方，网络服务提供者的相关信息，如通信地址、邮编、域名、E – Mail、电话、传真等可以通过互联网检索获得。权利人可以通过"IP WHOIS 数据库"网站或者其他提供 IP 地址查询服务的网站查询涉嫌侵权网站及网络服务提供者的相关信息。

4. "域名"，是信息网络上识别和定位计算机的层次结构式的字符标识，与该计算机的互联网协议（IP）地址相对应，在信息网络上代表某个企业、机构或个人。域名的形式是以若干个英文字母和数字组成，由"."分隔成几部分。

---

① 来源于国家版权局。

5. "权利人或代理人"，包含自然人、法人和其他组织。权利人委托代理人发出通知的，代理人必须向网络服务提供者出示权利人的委托书。代理人发出的每个不同的通知均需获得权利人的分别授权。

6. "有效证件"，包括自然人的身份证、护照，法人的工商营业执照，其他组织相应的执照等。填写有效证件号码需同时注明证件类型，并将证件的复印件作为本通知的附件一并提供。

7. "电话"，必须填写固定电话号码，可同时填写移动电话号码。

8. "侵权网站"，是指权利人认为未经合法授权，在信息网络上传播其作品、表演、录音录像制品，侵犯权利人的信息网络传播权或者删除改变其权利管理电子信息的网站。

9. "备案号或许可证号"，指根据《互联网信息服务管理办法》第4条，非经营性互联网信息服务提供者向国家信息产业主管部门进行备案的登记号码；或经营性互联网信息服务提供者向国家信息产业主管部门申请信息服务的许可文件号码。备案号或许可证号一般会在网站首页底部显示，登录信息产业部 ICP－IP 地址信息备案管理系统可查询验证其真实有效性，网址为：www.miibeian.gov.cn。

10. "IP 地址"，指以数字形式显示信息网络上计算机终端的地址。按照 TCP/IP 协议（传输控制协议/Internet 协议）规定，它是一串4组由圆点分割的数字组成的，其中每一组数字都在0－256之间，如：202.202.96.33 就是一个主机服务器的 IP 地址。IP 地址可以通过 IP WHOIS 数据库等 IP 地址查询服务的网站查询。

11. "侵权内容"，指权利人认为侵犯其信息网络传播权或者删除改变其权利管理电子信息的作品、表演、录音录像制品。

12. "侵权内容网页地址"，指权利人提出的侵权作品所在的具体网络地址。即浏览器顶部地址框中显示的信息。该信息对应网络内容的位置。

13. "侵权事实及证明材料"，侵权事实，指侵犯权利人信息网络传播权或者删除改变其权利管理电子信息的客观情况。证明材料包括侵权的物证、书证及著作权人的权属证明等。权属证明包括著作权登记证书（号）、首次出版的出版物版权页、授权证明、代理人授权委托书等证明文件。填写证明材料应以附件的形式提供证明性文件的原件或复印件。

14. "通知要求",指发出本通知的一方向接受通知一方提出的需要履行的具体事项。包括立即删除或断开链接侵权网络内容等事项。

15. "权利人或代理人签名（盖章）",自然人签名或使用名章；法人加盖公章,并由法定代表人或相关负责人签字。

第七章　婚姻家庭类文书

收养协议

文书简介

> 收养协议是指收养人与送养人之间达成的有关收养被收养人的权利义务关系的协议。
>
> 根据《民法典》的规定，下列未成年人可以被收养：(1) 丧失父母的孤儿；(2) 查找不到生父母的未成年人；(3) 生父母有特殊困难无力抚养的子女。
>
> 收养人应当具备下列条件：(1) 无子女或只有一名子女；(2) 有抚养、教育和保护被收养人的能力；(3) 年满30周岁；(4) 未患有在医学上认为不应当收养子女的疾病；(5) 无不利于被收养人健康成长的违法犯罪记录。
>
> 送养人的条件是：(1) 孤儿的监护人；(2) 儿童福利机构；(3) 有特殊困难无力抚养子女的生父母；(4) 生父母送养子女，须双方共同送养，生父母一方不明或者查找不到的可以单方送养。

文书样式

收养协议

甲方（收养人）：＿＿＿＿＿＿＿＿＿＿

乙方（送养人）：＿＿＿＿＿＿＿＿＿＿

甲乙双方就收养（被收养人姓名）达成如下协议：

第一条　被收养人的基本情况

＿＿＿＿＿＿＿＿＿＿＿＿＿＿＿＿＿＿＿＿＿＿＿＿＿＿＿＿＿＿＿＿＿＿

第二条　收养人的基本情况

(1) _____
(2) _____
第三条　送养人的基本情况及送养的理由
_____
第四条　收养人保证在收养关系存续期间，尽抚养被收养人之义务。
第五条　甲乙双方在本协议签订后＿＿＿日内，到民政局办理收养登记手续。本收养协议自公证机关公证之日起生效。

甲方：_____
乙方：_____
证明人：_____，_____
××××年××月××日

制作要点

1. 被收养人的基本情况：主要是写明被收养人的姓名、性别、年龄、健康状况、现住址等。

2. 收养人的基本情况（已婚的，收养人为夫妻双方）：写明收养人的工作单位、职务、年龄、住址、健康状况、财产状况等。写清楚收养人符合收养的条件。

3. 送养人的基本情况及送养的理由：写明送养人的姓名或者名称以及为什么要送养。

4. 收养人保证条款：收养人保证在收养关系存续期间，尽抚养被收养人之义务。

5. 写明生效条款，即生效条件或日期。

6. 收养人、送养人及证明人签名并注明日期。

实例示范

> 　　孙某和刘某是小米村的养殖专业户，两人勤劳能干，家里经济条件也比较富裕，唯一不足的是，两人虽结婚多年，却尚无子女。两人年龄已大，便打算不再生育，而是收养一个儿子。恰巧，大米村高奶奶家的孙子要送人，因为高奶奶患了半身不遂，无力抚养父母双亡的孙子小宝，便打算为孩子找个家。刘某得知此事后，便去高奶奶家商量收养事宜。

收养协议

甲方（收养人）：孙某，男，现年41岁，住山西省××市××县小米村。
刘某，女，现年41岁，住山西省××市××县小米村。
乙方（送养人）：高某，女，现年78岁，住山西省××市××县大米村。

收养人孙某和刘某是合法夫妻，二人无子女，家庭条件富裕，想收养一个孩子。送养人高某因身体状况不好，无力抚养父母双亡的孙子，打算将孩子小宝送他人抚养。经协商，高某愿意将小宝送给孙某和刘某抚养，孙某和刘某也表示愿意收养小宝，现双方自愿达成如下收养协议：

第一条 被收养人的基本情况

小宝，男，6岁，住山西省××市××县大米村，身体健康。

第二条 收养人的基本情况

孙某，男，现年41岁，身份证号：××××××19800303××××；

刘某，女，现年41岁，身份证号：××××××19800121××××；

孙某与刘某是夫妻，两人无子女，住山西省××市××县小米村，是养殖专业户，年收入8万元左右，家庭条件尚可。两位收养人目前均身体健康，无不良嗜好，并具备抚养和教育被收养人的能力。

第三条 送养人的基本情况及送养的理由

送养人高某，女，现年78岁，住山西省××市××县大米村。小宝是孤儿，父母双亡，由高某抚养，现在高某患病，生活不能自理，无法照顾小宝的生活，决定把小宝送给有抚养能力的人收养。

第四条 收养关系的成立

收养人孙某和刘某收养小宝后，自行与之建立亲属关系以及相应的权利和义务；收养人保证在收养关系存续期间，尽到抚养被收养人小宝的责任和义务。送养收养关系成立之后，非因特殊情况，原则上送养人不得前来打扰收养人和被收养人的正常生活。

第五条 违背本协议应承担的责任

收养关系成立后，送养人不得随意要回孩子，如有违反，应向收养人支付被收养人在收养期间内的生活费、教育费等所有费用。收养关系成立后，收养人不得随意退回孩子或者将孩子转送他人，如有违反，应向送养人支付被收养人在收养期间所产生的相关费用作为补偿,并赔偿送养人一定的精神损失费。

第六条　双方应遵守诚信原则

送养人应配合收养人对孩子的户口、学籍进行迁移,并告知收养人关于被收养人的生活、体质特点,便于收养人了解被收养人,以便更好地抚养和教育被收养人。收养人应按照约定,定期带孩子去看望送养人,直到送养人去世。

第七条　送养收养过程中的其他证明人

在送养收养过程中,双方邀请了被收养人的舅舅王某和小米村村干部张某亲自到场见证,并在本协议书上签字、按印,以确保本协议真实有效。

第八条　协议份数及生效时间

本协议一式三份,其中送养人、收养人各一份,公证机关保留一份。双方在本协议签订后2日内,到山西省××市××县民政局办理收养登记手续。本收养协议自××县公证机关公证之日起生效。

甲方:孙某
刘某
乙方:高某
证明人:王某,张某
2021年3月11日

法条链接

《中华人民共和国民法典》

第一千一百零五条第三款　收养关系当事人愿意签订收养协议的,可以签订收养协议。

遗赠扶养协议

文书简介

遗赠扶养协议是指受扶养人（公民）和扶养人之间订立的关于扶养人承担受扶养人的生养死葬义务，受扶养人将自己的财产遗赠给扶养人的协议。遗赠扶养协议分为两种：一种是与继承人以外的个人签订的遗赠扶养协议，另一种是与继承人以外的组织签订的遗赠扶养协议。

文书样式

遗赠扶养协议

甲方（遗赠人）：_____

乙方（受赠人）：_____

甲乙双方就遗赠事宜达成如下协议：

一、甲方愿将自己如下财产赠给乙方。乙方在甲方去世后即受领下述全部财产：

_____

二、乙方应于每月_____日前给付甲方生活费_____元。

三、乙方保证继续悉心照顾甲方，甲方去世后由乙方负责送终安葬。

四、甲方应负对遗赠财产的维护责任，不得随意处理遗赠的财产。如果甲方故意将财产损坏或者送给他人，乙方有权要求甲方修理、更换或者收回；甲方拒不修理、更换或者收回的，乙方有权终止协议。

五、乙方应当按时给付甲方费用。逾期给付的，甲方有权要求乙方履行协议。如果连续_____个月不给付费用的，甲方有权终止协议。

六、本协议自_____起生效。

本协议一式两份，双方各执一份。

甲方：_____

乙方：_____

××××年××月××日

制作要点

1. 写明遗赠人与受赠人的姓名、性别、身份证号、住址等基本情况。

2. 表明遗赠人愿将财产在死亡后赠送给受赠人。写明遗赠财产的基本情况。必要时注明财产权属证明。

3. 受赠人的义务：如给予遗赠人的各种费用，对遗赠人养老送终等。

4. 遗赠人和受赠人有权终止协议的条款。

5. 生效条款：如可以约定协议自签订之日起生效，也可以约定自公证之日起生效。

6. 双方签名并注明日期。

实例示范

> 赵某30岁丧偶，独自一人把儿子抚养长大，后儿子学业有成，出国留学，并在国外定居。儿子看着父亲现已年老体衰，多次劝说父亲到国外和自己一起生活，但赵某离不开自己的故土，拒绝了儿子的请求。本村的青年王某平时对赵某照顾有加。之后在赵某的提议下，二人签订了遗赠扶养协议。

遗赠扶养协议

甲方（遗赠人）：赵某，男，1959年8月30日出生，现住××市××镇××村。

乙方（扶养人）：王某，男，1985年10月20日出生，现住××市××镇××村。

甲乙双方在平等自愿的基础上，就遗赠事宜达成如下协议，双方共同遵守：

一、甲方愿将自己所有的如下个人财产在去世后赠给乙方：

（1）位于××市××镇××路×号一栋2层小楼及室内家具；

（2）农用播种机一台；

（3）农用三轮车一辆；

（4）股票 5 万元；

（5）支票 2 万元。

二、乙方要按照约定对甲方尽扶养义务，生活上照顾甲方的衣、食、住、行，经济上按月支付甲方生活费 300 元，精神上给予甲方慰藉，在甲方生病时应及时安排就医，甲方去世后为其送终安葬，就医和安葬费用均由乙方承担。

三、甲方应妥善保管和维护遗赠财产，不得随意损害或者处置。如甲方故意损害或者处置遗赠财产，乙方有权要求甲方修理、更换或者恢复原状，甲方拒不履行的，乙方有权终止协议，并可以要求甲方退还已支付的扶养费。

四、乙方应履行本协议并在甲方生前不得转移、处置甲方个人财产。如果乙方不履行本协议或者在甲方生前未经其同意处置甲方个人财产，甲方有权解除本协议，乙方无权享受遗赠财产，且已支付的扶养费也不予退回。

五、甲乙双方一致同意指定村民委员会负责监督本协议的履行。

六、本协议自签订之日起成立，公证之日起生效。

七、本协议一式三份，甲乙双方各执一份，××市公证处留存一份。

遗赠人：赵某

扶养人：王某

2021 年 1 月 6 日

法条链接

《中华人民共和国民法典》

第一千一百五十八条　自然人可以与继承人以外的组织或者个人签订遗赠扶养协议。按照协议，该组织或者个人承担该自然人生养死葬的义务，享有受遗赠的权利。

遗　嘱

文书简介

遗嘱是指遗嘱人生前按照法律规定的方式，在法律允许的范围内对其财产或其他事务进行处分，并于遗嘱人死亡时发生效力的法律行为。

📖 **文书样式**

遗　嘱

立遗嘱人：＿＿＿＿＿＿＿＿＿＿＿＿＿＿＿＿＿＿＿＿＿＿

我＿＿＿＿＿＿，特立此遗嘱，对＿＿＿＿＿＿作如下处理：

一、＿＿＿＿＿＿＿＿＿＿＿＿＿＿＿＿＿＿＿＿＿＿＿＿＿＿

二、＿＿＿＿＿＿＿＿＿＿＿＿＿＿＿＿＿＿＿＿＿＿＿＿＿＿

三、＿＿＿＿＿＿＿＿＿＿＿＿＿＿＿＿＿＿＿＿＿＿＿＿＿＿

本遗嘱一式＿＿＿＿＿＿份，由＿＿＿＿＿＿各执一份，存公证处一份。

本遗嘱由监督执行。

立遗嘱人：＿＿＿＿＿＿
证 明 人：＿＿＿＿＿＿
代 书 人：＿＿＿＿＿＿
×××年××月××日

📝 **制作要点**

1. 标题：写"遗嘱"或"某某的遗嘱"。

2. 立遗嘱人的基本情况：包括姓名、性别、年龄、民族、住址等。

3. 立遗嘱原因。常见的立遗嘱的原因有："因年老多病，不久于人世，恐去世后家属子女为继承遗产发生纠纷"；"因生前受好友（或邻居、远亲）体贴、照顾，为报其深情厚谊"；"因命旦夕，为表眷子之心（或为表恋故土之情）"等。在制作时，要表明立遗嘱人立遗嘱的真实意图。

4. 遗嘱事项：这是遗嘱的主要部分，一定要写得清楚、明白、具体。本部分一般包括：立遗嘱人的财产说明，如房产、存款、股票、汽车、现金、债权等；其财产以前是否曾以遗嘱或者遗赠扶养协议等方式进行过处分，是否已设立担保、已被查封、扣押等限制所有权的情况；财产如何处理，如何分配；立遗嘱人的相关事务的执行；如债权债务问题、财产分配问题、保险问题、信函呈送；等等。

5. 写明所立遗嘱的份数以及遗嘱在何处保存、由何人或何机关监督执行等，曾订立过遗嘱，而内容有抵触的，声明以最后的遗嘱为有效遗嘱。

6. 立遗嘱人签名，注明日期；如有证明人在场，证明人也应签名。如系请人代书，代书人应签名。如果有书证、物证和需要附带说明的问题，可以附项内注明。

实例示范

> 老人高某的老伴已经去世，育有一儿一女。女儿已出嫁，儿子已成家。由于儿媳妇嫌弃高某，所以一直都由女儿照顾高某。后高某病重，将不久于人世，高某担心按照农村的风俗女儿分不到遗产，便打算立下遗嘱，防止儿子独占家产。

遗　嘱

立遗嘱人：高某，男，1945 年 2 月 3 日生，汉族，身份证号：××××××19450203××××，住××市××镇蔡家坡村。

我因年老体衰，患有脑出血，常年由女儿悉心照顾，近期我病情加重，身体随时可能发生意外，为了防止日后因我的个人财产发生纠纷，现经慎重考虑，特立此遗嘱，对我的财产作出如下处理：

一、位于××市××镇蔡家坡村的老房子 3 间由女儿高某如继承，另外 2 间由儿子高某逸继承。

二、存款 5 万元由女儿高某如继承。

三、农用三轮车一辆由儿子高某逸继承。

四、老房子中的家具及装饰物全部由女儿高某如继承。

五、本遗嘱委托肖某（男，汉族，身份证号：××××××19650220××××，住××市××镇蔡家坡村）执行。

六、本遗嘱是由公证员根据我的意思打印，我确认无误并在本遗嘱上签名、捺指印。

七、本遗嘱一式三份，由本人与委托执行人肖某各执一份，××市公证处一份。

立遗嘱人：高某
2021 年 2 月 2 日

法条链接

《中华人民共和国民法典》

第一千一百三十三条　自然人可以依照本法规定立遗嘱处分个人财产，并可以指定遗嘱执行人。

自然人可以立遗嘱将个人财产指定由法定继承人中的一人或者数人继承。

自然人可以立遗嘱将个人财产赠与国家、集体或者法定继承人以外的组织、个人。

自然人可以依法设立遗嘱信托。

第一千一百三十九条　公证遗嘱由遗嘱人经公证机构办理。

离婚协议

文书简介

离婚协议是夫妻双方自愿离婚的意思表示以及对子女抚养、财产及债务处理等事项协商一致而达成的协议或者意见。

文书样式

离婚协议

姓名：_____性别：_____××××年××月××日出生

身份证号：_____住址：_____

姓名：_____性别：_____××××年××月××日出生

身份证号：_____住址：_____

我们于××××年××月××日在_____登记结婚，结婚证编号：_____，因_____原因，现双方就自愿离婚一事达成如下协议：

一、与_____自愿离婚

二、关于子女抚养问题（子女姓名、性别、年龄、抚养、教育、探望等）

三、关于财产及债务问题（财产种类、数量、金额、债务等分割、处理等）

_____

_____

四、其他（双方认为应在协议书中进行明确的事项）

_____

_____

对协议书的意见：_____

签名：　　　　　　　　　　　　签名：

××××年××月××日　　　　　××××年××月××日

制作要点

1. 当事人基本情况：写明双方姓名、性别、出生年月日、民族、住址、身份证号等基本信息，以及结婚时间、子女、离婚原因等。

2. 写明双方当事人自愿离婚的真实意思表示。

3. 对未成年和不能独立生活的成年子女的生活安排：写明离婚后子女和哪方共同生活，对方支付抚养费的数额、方式和期限，不和子女共同生活一方对子女的探视问题。

4. 夫妻共同财产的分割，要制作明确的财产清单。写明夫妻共同财产都有哪些，各部分归谁所有。

5. 夫妻共同债务的清偿，包括清偿金额及方式。写明夫妻共同债务有哪些，各部分由谁负责清偿。

6. 其他需要在协议中明确的事项。结合实际情况列举写明即可。

7. 双方当事人的签名并注明日期。

实例示范

　　岳某和牛某经人介绍结婚，婚后育有一个女儿。由于成长的家庭背景差异较大，两人在日常生活习惯及教育子女问题上，经常发生争执。久而久之，双方都厌倦了这种生活，于是打算离婚，现准备拟定一份离婚协议。

离婚协议

男方：牛某，1983年5月23日出生，汉族，身份证号：××××××19830523××××，现住址：××市××村。

女方：岳某，1986年8月2日出生，汉族，身份证号：××××××19860802××××，现住址：××市××村。

双方于2012年6月18日在××市民政局登记结婚，现因双方性格不合，无法共同生活，夫妻感情已完全破裂，自愿离婚，经双方协商一致，达成如下协议：

一、男方牛某与女方岳某自愿离婚。

二、婚生女儿牛小某离婚后随母亲岳某共同生活，由父亲牛某一次性支付20万元作为抚养费（包括生活费、教育费、医疗费），于2020年9月25日前汇款到女方岳某指定的银行账户。

在不影响孩子正常生活、学习的情况下，男方牛某可随时探望女儿牛小某，每月可以带女儿外出游玩2天，但应事先通知女方岳某。

三、以男方牛某名义存入银行的35万元为夫妻共有财产，其中25万元归女方岳某所有，10万元归男方牛某所有。男方要积极配合女方进行存款户名变更。

婚后购买的位于××市永盛大街×号的一间商铺归男方所有，女方在本协议生效后15日内协助男方办理房地产权证书的业主姓名变更手续，办理变更的一切费用由男方负担。

夫妻各自所有的私人物品及生活用品、饰品归各自所有。

四、男方在婚姻关系存续期间从银行贷款10万元由男方负责清偿。

五、双方要全面履行本协议，任何一方不按本协议约定期限履行支付款项等义务的，应向对方支付3万元违约金。

六、本协议一式三份，自婚姻登记机关颁发《离婚证》之日起生效，双方各执一份，婚姻登记机关存档一份。

七、如本协议生效后在执行中发生争议的，双方应协商解决，协商不成，任何一方均可向××市人民法院起诉。

对协议书的意见：同意　　　　　　　　　　对协议书的意见：同意

男方：牛某   女方：岳某
2020 年 8 月 25 日   2020 年 8 月 25 日

法条链接

《中华人民共和国民法典》

第一千零七十六条　夫妻双方自愿离婚的，应当签订书面离婚协议，并亲自到婚姻登记机关申请离婚登记。

离婚协议应当载明双方自愿离婚的意思表示和对子女抚养、财产以及债务处理等事项协商一致的意见。

第一千零七十七条　自婚姻登记机关收到离婚登记申请之日起三十日内，任何一方不愿意离婚的，可以向婚姻登记机关撤回离婚登记申请。

前款规定期限届满后三十日内，双方应当亲自到婚姻登记机关申请发给离婚证；未申请的，视为撤回离婚登记申请。

第一千零七十八条　婚姻登记机关查明双方确实是自愿离婚，并已经对子女抚养、财产以及债务处理等事项协商一致的，予以登记，发给离婚证。

《婚姻登记条例》

第十一条　办理离婚登记的内地居民应当出具下列证件和证明材料：

（一）本人的户口簿、身份证；

（二）本人的结婚证；

（三）双方当事人共同签署的离婚协议书。

……

离婚协议书应当载明双方当事人自愿离婚的意思表示以及对子女抚养、财产及债务处理等事项协商一致的意见。

财产分割协议

文书简介

这里所说的财产分割是离婚财产分割，即夫妻共同财产的分割，是指离婚时依法将夫妻共同财产划分为各自的个人财产。离婚财产分割协议即为夫妻二人在离婚时就分割财产的情况所达成的协议。

根据法律规定，离婚财产分割只能就夫妻共同财产进行分割，而不能分割个人财产。那么，就需要注意哪些属于夫妻共同财产，哪些属于夫妻个人财产。

《民法典》规定，夫妻在婚姻关系存续期间所得的下列财产，归夫妻共同所有：

(1) 工资、奖金、劳务报酬；

(2) 生产、经营、投资的收益；

(3) 知识产权的收益；

(4) 继承或受赠的财产，但是遗嘱或者赠与合同中确定只归一方的财产除外；

(5) 其他应当归共同所有的财产。

夫妻对共同所有的财产，有平等的处理权。

有下列情形之一的，为夫妻一方的财产：

(1) 一方的婚前财产；

(2) 一方因身体受到伤害获得的赔偿或者补偿；

(3) 遗嘱或赠与合同中确定只归一方的财产；

(4) 一方专用的生活用品；

(5) 其他应当归一方的财产。

📖 文书样式

财产分割协议

男方：＿＿＿＿＿＿＿＿＿＿＿＿＿＿＿

女方：＿＿＿＿＿＿＿＿＿＿＿＿＿＿＿

协议双方由于感情不和，经协商一致自愿离婚，现就婚内财产分割达成协议如下：

一、＿＿＿＿＿＿＿＿＿＿＿＿＿＿＿＿＿＿＿＿＿

二、＿＿＿＿＿＿＿＿＿＿＿＿＿＿＿＿＿＿＿＿＿

三、＿＿＿＿＿＿＿＿＿＿＿＿＿＿＿＿＿＿＿＿＿

本协议生效后，如发生违约，则由违约一方承担相应的经济、法律责任。

男方：_____

女方：_____

××××年××月××日

制作要点

1. 当事人的基本情况：写明双方的姓名、性别、出生年月日、民族、工作单位、住址、身份证号等基本信息，以及结婚时间、子女、离婚原因。

2. 写明双方同意离婚的真实意思表示。需要注意的是，不离婚的，离婚财产分割协议无效。

3. 夫妻共同财产清单以及如何分割：写明夫妻共同财产都包括哪些，各部分归谁所有。

4. 夫妻共同债务清单以及如何分担：写明夫妻共同债务都有哪些，这些债务该由谁负责清偿，清偿的具体份额是多少。

5. 夫妻共同财产分割后，如何进行转移以及无法分割的财产如何处理：写明对需要办理变更登记手续的财产，一方如何协助另一方办理。如果财产无法分割，所有权归属以及处理方式。

6. 夫妻共同财产分割后的履行方式、履行期限：写明以什么方式履行协议，在什么时间范围内履行完协议。

7. 违反本协议应承担的责任：写明如果一方或双方不遵守本协议，应承担的责任。

8. 双方签名并注明日期。

实例示范

> 于某与方某经人介绍相识并登记结婚。自从2016年12月方某生下一子于小某后，两人经常为照顾孩子以及家庭琐事吵闹，双方父母也多次劝说两人，但都无济于事，最终两人达成共识，自愿离婚。现准备就离婚后的财产分割起草一份书面协议。

财产分割协议

男方：于某，汉族，1981年6月10日出生，住××市××县××路×号，身份证号：×××××19810610××××。

女方：方某，满族，1984年2月25日出生，住××市××县××路×号，身份证号：×××××19840225××××。

协议双方于2011年8月15日登记结婚。婚后育有一子于小某，由于两人性格不合，经常吵闹，无法继续共同生活，夫妻感情已完全破裂，现两人自愿离婚，经双方协商一致对财产分割达成如下协议：

一、2015年5月购买的登记在于某名下的住房一套（位于××市××县东风大街×号×楼×单元×室），系于某与方某双方父母共同出资购买的婚房，该房归于某所有，于某向方某支付购房款25万元；

二、2015年10月购买的价值18万元的轿车登记在方某名下，该轿车归方某所有；

三、2016年10月、2017年5月所购的价值8万元的金条及黄金饰品归方某所有；

四、婚后双方工作收入归自己支配，各自工资卡中的存款归各自所有；

五、儿子于小某随母亲方某生活，于某一次性支付抚养费8万元；

六、双方结婚时父母购买的结婚用品及家具归各自所有；

七、双方的私人生活用品及所购物品归各自所有；

八、双方在婚姻关系存续期间无对外债权债务。

男方：于某

女方：方某

2021年3月31日

法条链接

《中华人民共和国民法典》

第一千零六十二条 夫妻在婚姻关系存续期间所得的下列财产，为夫妻的共同财产，归夫妻共同所有：

（一）工资、奖金、劳务报酬；

（二）生产、经营、投资的收益；

（三）知识产权的收益；

（四）继承或者受赠的财产，但是本法第一千零六十三条第三项规定的除外；

（五）其他应当归共同所有的财产。

夫妻对共同财产，有平等的处理权。

第一千零六十三条　下列财产为夫妻一方的个人财产：

（一）一方的婚前财产；

（二）一方因受到人身损害获得的赔偿或者补偿；

（三）遗嘱或者赠与合同中确定只归一方的财产；

（四）一方专用的生活用品；

（五）其他应当归一方的财产。

《最高人民法院关于适用〈中华人民共和国民法典〉婚姻家庭编的解释（一）》

第六十九条　当事人达成的以协议离婚或者到人民法院调解离婚为条件的财产以及债务处理协议，如果双方离婚未成，一方在离婚诉讼中反悔的，人民法院应当认定该财产以及债务处理协议没有生效，并根据实际情况依照民法典第一千零八十七条和第一千零八十九条的规定判决。

当事人依照民法典第一千零七十六条签订的离婚协议中关于财产以及债务处理的条款，对男女双方具有法律约束力。登记离婚后当事人因履行上述协议发生纠纷提起诉讼的，人民法院应当受理。

第七十条　夫妻双方协议离婚后就财产分割问题反悔，请求撤销财产分割协议的，人民法院应当受理。

人民法院审理后，未发现订立财产分割协议时存在欺诈、胁迫等情形的，应当依法驳回当事人的诉讼请求。

婚前财产协议

文书简介

婚前财产协议是指男女双方对各自婚前、婚后所得财产的归属所作的约定。约定的内容可以是归各自所有、共同所有或部分各自所有、部分共同所有。

婚前财产协议可以采取书面形式，也可以采取口头形式，但如采取口头形式，很难举证证明双方有口头的约定。所以，为了避免将来发生纠纷，最好采取书面形式。

文书样式

婚前财产协议

甲方：_____

乙方：_____

甲、乙双方根据《中华人民共和国民法典》的有关规定，经平等、自愿、充分协商，达成以下协议：

一、就婚前财产的约定：_____。

二、就婚后财产的约定：_____。

三、就债务问题的约定：_____。

四、就其他问题的约定：_____。

本协议自甲、乙双方签字即行生效。

附婚前各自财产清单：（略）

甲方：_____

乙方：_____

××××年××月××日

制作要点

1. 当事人的基本情况：写明双方的姓名、性别、出生年月日、身份证号、工作单位、住址等基本情况。

2. 婚前财产的范围及价值确认：写明婚前财产的名称、数额、价值、种类、数量、状态等信息，必要时可以列举财产清单。

3. 婚前财产的权利归属及婚后共享的比例：写明婚前财产归谁所有，由谁处置和支配，哪些婚前财产婚后共享，共享的比例是多少。

4. 婚前财产婚后进行处分或者产生的孳息等收益的归属与处理方式：写

明孳息收入、增值收入等由原财产所有人享有,还是共同享有,以及如何使用这些收益。

5. 婚前财产的保护、管理、使用、维修由谁承担:写明婚前一方财产在婚后由双方共同使用、管理等还是由各自进行。

6. 婚前债务归属与清偿方式:写明婚前一方所负债务是由各自承担,还是由婚后夫妻共同偿还。

7. 婚前财产协议生效的条件和时间:协议的生效若未作特别约定,一般是结婚登记后生效。但有时当事人为了增强婚前财产协议的公示力,会增加经公证机关公证或律师见证后生效的限制。

8. 双方签名并注明日期。

实例示范

> 杨某和梁某都是独生子女,双方的家庭条件都比较好。两人经朋友介绍相识一段时间后,现打算结婚。但为了防止日后可能出现不必要的财产纠纷,两人经过沟通,决定对婚前和婚后涉及的个人财产与共同财产的归属问题签订一份协议。

婚前财产协议

甲方:梁某,男,1990年2月1日出生,身份证号:××××××19900201××××,某煤矿集团职工,住××市××县××路×号。

乙方:杨某,女,1992年5月12日出生,身份证号:××××××19920512××××,某布业公司文员,住××市××县××路×号。

甲、乙双方经人介绍相识、相爱,自愿登记结婚。但为了避免日后出现不必要的财产纠纷,现双方在自愿、平等、协商的基础上达成如下协议:

一、甲方婚前购买并居住的房屋(位于××市××县××路×号××小区5号楼3单元302室,房产证编号20******),婚后作为婚房共同使用,但所有权归甲方所有,不属于共同财产。

二、甲方父母婚前出资为甲方购买的登记于甲方名下的宝马X6(车牌号:冀******),婚后可以共同使用,但所有权归甲方所有,不属于共同财产。

三、甲方父母赠与甲方的结婚礼金15万元，婚后作为夫妻共同财产，双方可以共同使用、处分。

四、乙方父母为乙方置办的嫁妆黄金及珠宝饰品价值30万元，婚后所有权及增值价值均归乙方所有，甲方无权处置。

五、乙方父母为乙方购买的登记于乙方名下的房屋一套（位于××市××县××路××小区6号楼1单元301室，房产证编号20******），婚后归乙方所有，不属于夫妻共同财产。但该房屋自登记结婚之日起出租所得的租金属于夫妻共同财产，可以共同使用。

六、甲、乙双方婚后所得工资收入属于夫妻共同财产，双方可以共同使用、支配。

七、甲、乙双方婚后所得的除工资收入以外的其他收入均归各自所有，不属于共同财产。

八、甲、乙双方婚前或婚后各自所产生的债务，由各自独立承担，另一方不负清偿责任。

九、任何一方在婚后继承所得，亦归各自所有，无论是否实际分配到各自名下，均不影响个人财产的属性。

十、本协议一式两份，甲、乙双方各执一份，自签字时生效。

甲方：梁某

乙方：杨某

2021年3月5日

法条链接

《中华人民共和国民法典》

第一千零六十五条　男女双方可以约定婚姻关系存续期间所得的财产以及婚前财产归各自所有、共同所有或者部分各自所有、部分共同所有。约定应当采用书面形式。没有约定或者约定不明确的，适用本法第一千零六十二条、第一千零六十三条的规定。

夫妻对婚姻关系存续期间所得的财产以及婚前财产的约定，对双方具有法律约束力。

夫妻对婚姻关系存续期间所得的财产约定归各自所有，夫或者妻一方对外所负的债务，相对人知道该约定的，以夫或者妻一方的个人财产清偿。

抚养协议

文书简介

抚养协议是子女双方因离婚等原因无法继续共同抚养子女的情况下，所签订的关于子女抚养权以及抚养费用如何确定的协议。在签订抚养协议时，父母双方应当按照最有利于子女的原则来确定子女抚养权的归属问题。一旦抚养协议签订，双方就有义务按照协议执行。不直接抚养子女的一方有义务定期支付抚养费，同时享有对子女的探望权。而直接抚养子女的一方也应当协助另一方实现探望权，不得阻止对方探望子女。

文书样式

抚养协议

甲方：_____

乙方：_____

甲、乙双方自愿离婚，现就离婚后对子女_____的抚养事宜达成协议如下：

一、女儿/儿子_____现年_____岁，归_____方抚养。

二、从×××年××月××日起由_____方_____付给_____方人民币_____元，作为女儿/儿子_____的抚养费，至其_____岁止。

三、女儿/儿子_____的医药费、教育费，由甲乙双方共同承担。不超过_____元的，由_____方先行垫付。

四、如果发生特殊情形需要增加或减少抚养费的，经甲乙双方协商一致，可以对抚养费进行调整。

五、女儿/儿子由_____抚养后，_____可以_____行使探望权。

探望结束后，应及时将女儿/儿子送回。

六、其他＿＿＿＿＿＿＿＿＿＿＿＿＿＿＿＿＿＿＿＿＿＿＿＿＿＿

（双方认为应在协议书中进行明确的事项。）

七、此协议一式二份，甲、乙双方各执一份，此协议自签字起生效。

甲方（签字）：　　　　　　　　乙方：（签字）：

×××年××月××日　　　　　×××年××月××日

制作要点

1. 标题：写"抚养协议"。

2. 当事人基本情况：写清双方的姓名、性别、出生年月日、民族、工作单位、职业、住址、身份证号等基本情况以及与子女的关系。

3. 具体事项：这一部分应当写明子女的年龄，以及由哪方直接抚养。如果父母双方约定轮流抚养子女的，也应当写明。再者，应当写清抚养费的具体数额、支付方式和支付期限，以及在子女成长过程中需要花费的医药费、教育费、生活费等该如何分配。此外，还应当约定不直接抚养子女的一方应当如何探望子女等。

4. 其他需要写明的事项：结合实际情况列举写明即可。

5. 双方签字并注明时间。

实例示范

> 周某与郭某是一对夫妻，婚后育有一个女儿周小某。在周小某 3 周岁时，郭某与周某因感情不和打算离婚。在达成对夫妻共同财产的分割协议以后，郭某与周某开始讨论女儿的抚养权问题。两人经过讨论最终决定，尚且年幼的周小某应当跟随母亲郭某生活，并由父亲周某每月支付抚养费。随后，周某与郭某签订了抚养协议。

抚养协议

甲方：郭某，女，1992 年 5 月 7 日出生，身份证号××××××

19920507××××，某公司职工，住××市××县××路××小区7号楼4单元601。系母亲。

乙方：周某，男，1989年6月2日出生，身份证号××××××19890602××××，某公司职工，住××市××县××路××小区1号楼1单元503。系父亲。

甲、乙双方自愿离婚，现就离婚后对女儿周小某的抚养事宜达成协议如下：

一、女儿周小某现年3周岁，归甲方抚养。

二、从2021年7月1日起由乙方每月通过银行转账方式付给甲方人民币1500元作为女儿周小某的抚养费，至周小某18周岁止。

三、女儿周小某的医药费、教育费，由甲乙双方共同承担。不超过5000元的，由甲方先行垫付。

四、如果发生特殊情形需要增加或减少抚养费的，经甲乙双方协商一致，可以对抚养费进行调整。

五、女儿周小某由郭某抚养后，周某可以每周行使一次探望权。探望结束后，周某应及时将女儿周小某送回。

六、郭某不得擅自给女儿周小某更改姓氏，否则周某有权要求改回。

七、此协议一式二份，甲、乙双方各执一份，此协议签字生效。

甲方：郭某　　　　　　　乙方：周某
2021年6月20日　　　　　2021年6月20日

法条链接

《中华人民共和国民法典》

第一千零八十五条　离婚后，子女由一方直接抚养的，另一方应当负担部分或者全部抚养费。负担费用的多少和期限的长短，由双方协议；协议不成的，由人民法院判决。

前款规定的协议或者判决，不妨碍子女在必要时向父母任何一方提出超过协议或者判决原定数额的合理要求。

赡养协议

文书简介

当负有赡养义务的人有多人时，赡养人之间可以就老人赡养问题签订赡养协议。在签订赡养协议时，赡养人之间应当秉持互谅互让、团结友爱的精神，在尊重老人真实意愿的前提下确认赡养协议的内容。同时，赡养人之间的赡养义务可以有轻重之分，但是任何赡养人都不得以赡养协议为借口规避对老人的赡养责任。

文书样式

赡养协议

被赡养人：_____

赡养人：_____

因被赡养人_____年事已高，需要赡养人赡养。经赡养人商议并经被赡养人同意，特定如下协议：

一、_____

二、_____

三、_____

四、_____

五、其他（双方认为应在协议书中进行明确的事项）。

此协议一式____份，被赡养人_____一份，赡养人_____各一份，自协议签订之日起生效。

赡养人：

被赡养人：

签订日期：××××年××月××日

制作要点

1. 标题：写"赡养协议"。

2. 当事人基本情况：在这一部分写清赡养人与被赡养人的姓名、性别、出生年月日、民族、工作单位、职业、住址、身份证号等基本情况，以及赡养人与被赡养人的关系。

3. 具体事项：这部分内容中，应当写出赡养人对赡养义务的具体分配内容。包括被赡养人是随赡养人居住还是独自居住，被赡养人的生活费应当由谁负担、按照怎样的比例负担、以何种方式向被赡养人支付，医疗费应当由谁承担、被赡养人的安葬问题如何解决等。赡养人还应当对被赡养人进行生活上的照顾和心理上的安慰，定期联系和探望被赡养人。

4. 其他需要写明的事项：结合实际情况写明即可。

5. 写明赡养人与被赡养人的姓名以及签订赡养协议的具体日期，如果有监督执行的组织的，也应当在尾部注明并加盖公章。

实例示范

纪某有三个子女，纪甲、纪乙和纪丙。老伴去世以后，纪某需要子女照顾日常生活。子女们经过讨论，为了避免以后产生纠纷，决定签订一份赡养协议来分配对纪某的赡养义务。子女们在决定赡养协议的内容时，也征询了纪某的意见，最终在大家的一致同意下签订了赡养协议。

赡养协议

被赡养人：纪某，男，1950 年 9 月 15 日出生，身份证号×××××× 19500915××××，某工厂退休职工，住××市××县××路 123 号。

赡养人：纪甲，男，1975 年 7 月 13 日出生，身份证号×××××× 19750713××××，某工厂职工，住××市××县××路 678 号。系被赡养人儿子。

纪乙，女，1978 年 6 月 21 日出生，身份证号××××××19780621××××，某公司员工，住××市××县××路 567 号。系被赡养人长女。

纪丙，女，1980 年 12 月 3 日出生，身份证号××××××19801203××××，

某公司员工，住××市××县××小区9号楼2单元501。系被赡养人次女。

因被赡养人年事已高，需要赡养人赡养。经赡养人商议并经被赡养人同意，特定如下协议：

一、由纪甲、纪乙和纪丙三人共同对纪某履行经济上供养、生活上照料和精神上慰藉的赡养义务，照顾纪某的特殊需要。

二、纪某可以自行选择是否与纪甲、纪乙或纪丙共同居住，也可以选择单独一人居住。纪某选择单独居住时，需要雇用看护人员的，由纪甲负责为纪某提供看护人员的费用。

三、纪甲每月应向纪某提供800元的生活费，纪乙和纪丙每月各向纪某提供500元的生活费。

四、纪某需要就医治疗时，医疗费先由纪甲垫付，随后凭票据由纪甲、纪乙和纪丙三人平分。需要对纪某进行护理时，由纪乙承担对纪某的护理职责。纪甲和纪丙给予纪乙适当的经济补偿。

五、纪某百年后，丧葬费用由纪甲、纪乙和纪丙三人平分。

此协议一式四份，被赡养人纪某一份，纪甲、纪乙、纪丙各一份，并自协议签订之日起生效。

被赡养人：纪某

赡养人：纪甲

纪丙

纪乙

签订日期：2021年3月14日

法条链接

《中华人民共和国老年人权益保障法》

第二十条　经老年人同意，赡养人之间可以就履行赡养义务签订协议。赡养协议的内容不得违反法律的规定和老年人的意愿。

基层群众性自治组织、老年人组织或者赡养人所在单位监督协议的履行。

第八章　投资创业类文书

公司章程

文书简介

公司章程是指公司必备的，规定公司组织与活动基本规则的书面文件，是以书面形式固定下来的全体股东共同的意思表示。这里介绍有限责任公司章程。

文书样式

有限责任公司章程（示范文本）[①]

＿＿＿＿有限（责任）公司章程

（参考格式）

第一章　总　　则

第一条　依据《中华人民共和国公司法》（以下简称《公司法》）及有关法律、法规的规定，由＿＿＿＿等＿＿＿＿方共同出资，设立＿＿＿＿有限（责任）公司，（以下简称公司）特制定本章程。

第二条　本章程中的各项条款与法律、法规、规章不符的，以法律、法规、规章的规定为准。

[①] 北京市市场监督管理局（2021年第1版）。

第二章　公司名称和住所

第三条　公司名称：_____。

第四条　住所：_____。

第三章　公司经营范围

第五条　公司经营范围：（注：根据实际情况具体填写。最后应注明"以登记机关核定的经营范围为准。"）

第四章　公司注册资本及股东的姓名（名称）、出资额、出资时间、出资方式

第六条　公司注册资本：_____万元人民币。

第七条　股东的姓名（名称）、认缴的出资额、出资时间、出资方式如下：

股东姓名或名称	认缴情况		
	认缴出资额	出资时间	出资方式
合计			

第五章　公司的机构及其产生办法、职权、议事规则

第八条　股东会由全体股东组成，是公司的权力机构，行使下列职权：

（一）决定公司的经营方针和投资计划；

（二）选举和更换非由职工代表担任的董事、监事，决定有关董事、监事的报酬事项；

（三）审议批准董事会（或执行董事）的报告；

（四）审议批准监事会（或监事）的报告；

（五）审议批准公司的年度财务预算方案、决算方案；

（六）审议批准公司的利润分配方案和弥补亏损的方案；

（七）对公司增加或者减少注册资本作出决议；

（八）对发行公司债券作出决议；

（九）对公司合并、分立、解散、清算或者变更公司形式作出决议；

（十）修改公司章程；

（十一）其他职权。（注：由股东自行确定，如股东不作具体规定应将此条删除）

第九条　股东作出的公司经营方针和投资计划的决定，应当采用书面形式，并由股东签字后置备于公司。

第十条　公司设董事会，成员为＿＿人，由＿＿＿＿＿＿产生。董事任期＿＿年（注：每届不得超过三年），任期届满，可连选连任。

董事会设董事长一人，由＿＿＿＿＿＿产生。（注：股东自行确定董事长的产生方式）

（注：有限公司不设董事会的，此条应改为：公司不设董事会，设执行董事一人，由股东选举产生。执行董事任期＿＿年，任期届满，可连选连任。）

第十一条　董事会行使下列职权：

（一）负责向股东报告工作；

（二）执行股东的决议；

（三）审定公司的经营计划和投资方案；

（四）制订公司的年度财务预算方案、决算方案；

（五）制订公司的利润分配方案和弥补亏损方案；

（六）制订公司增加或者减少注册资本以及发行公司债券的方案；

（七）制订公司合并、分立、变更公司形式、解散的方案；

（八）决定公司内部管理机构的设置；

（九）决定聘任或者解聘公司经理及其报酬事项，并根据经理的提名决定聘任或者解聘公司副经理、财务负责人及其报酬事项；

（十）制定公司的基本管理制度。

（注：股东人数较少或者规模较小的有限责任公司，可以设一名执行董事，不设董事会。执行董事的职权由股东自行确定。）

第十二条　公司设经理，由董事会决定聘任或者解聘。经理对董事会负责，行使下列职权：

（一）主持公司的生产经营管理工作；

（二）组织实施公司年度经营计划和投资方案；

（三）拟订公司内部管理机构设置方案；

（四）拟订公司的基本管理制度；

（五）制定公司的具体规章；

（六）提请聘任或者解聘公司副经理、财务负责人；

（七）决定聘任或者解聘除应由股东决定聘任或者解聘以外的负责管理人员。

（注：以上内容也可由股东自行确定）

第十三条　公司设监事会，成员_____人，监事会设主席一人，由全体监事过半数选举产生。监事会中股东代表监事与职工代表监事的比例为_____：_____。（注：由股东自行确定，但其中职工代表的比例不得低于三分之一）

监事的任期每届为三年，任期届满，可连选连任。

（注：股东人数较少规格较小的公司可以设一至二名监事，此条应改为：公司不设监事会，设监事____人，由股东会选举产生。监事的任期每届为3年，任期届满，可连选连任。）

第十四条　监事会或者监事行使下列职权：

（一）检查公司财务；

（二）对执行董事、高级管理人员执行公司职务的行为进行监督，对违反法律、行政法规、公司章程或者股东会决议的执行董事、高级管理人员提出罢免的建议；

（三）当执行董事、高级管理人员的行为损害公司的利益时，要求执行董事、高级管理人员予以纠正；

（四）向股东提出提案；

（五）依照《公司法》第一百五十二条的规定，对执行董事、高级管理人员提起诉讼。

第六章 公司的法定代表人

第十五条 董事长为公司的法定代表人。

（注：也可是执行董事或者经理，由股东自行确定）

第七章 股东会会议认为需要规定的其他事项

第十六条 公司的营业期限____年，自公司营业执照签发之日起计算。

第十七条 有下列情形之一的，公司清算组应当自公司清算结束之日起30日内向原公司登记机关申请注销登记：

（一）公司被依法宣告破产；

（二）公司章程规定的营业期限届满或者公司章程规定的其他解散事由出现，但公司通过修改公司章程而存续的除外；

（三）股东决定解散；

（四）依法被吊销营业执照、责令关闭或者被撤销；

（五）人民法院依法予以解散；

（六）法律、行政法规规定的其他解散情形。

第十八条 一人有限责任公司的股东不能证明公司财产独立于自己的财产的，应当对公司债务承担连带责任。

（注：本章节内容除上述条款外，股东可根据《公司法》的有关规定，将认为需要记载的其他内容一并列明。）

第八章 附 则

第十九条 公司登记事项以公司登记机关核定的为准。

第二十条 本章程一式____份，并报公司登记机关一份。

全体股东亲笔签字、盖公章：

（注：自然人股东应亲笔签字，法人股东应加盖公章且法人股东的法定代表人亲笔签字。）

年 月 日

制定有限责任公司章程须知

一、为方便投资人，北京市市场监督管理局制作了有限责任公司（包括一人有限公司）章程参考格式。股东可以参照章程参考格式制定章程，也可以根据实际情况自行制定，但章程中必须记载本须知第二条所列事项。

二、根据《中华人民共和国公司法》第二十五条规定，有限责任公司章程应当载明下列事项：

（一）公司名称和住所；

（二）公司经营范围；

（三）公司注册资本；

（四）股东的姓名或者名称；

（五）股东的出资方式、出资额和出资时间；

（六）公司的机构及其产生办法、职权、议事规则；

（七）公司法定代表人；

（八）股东会会议认为需要规定的其他事项。

三、章程中应当载明"本章程与法律法规不符的，以法律法规的规定为准"。经营范围条款中应当注明"以登记机关核定的经营范围为准"。

四、股东应当在公司章程上签名、盖章，自然人股东应亲笔签字，法人股东应加盖公章且法人股东的法定代表人亲笔签字。

五、公司章程应提交原件，并应使用 A4 规格纸张打印。

法条链接

《中华人民共和国公司法》

第十一条 设立公司必须依法制定公司章程。公司章程对公司、股东、董事、监事、高级管理人员具有约束力。

第十二条 公司的经营范围由公司章程规定，并依法登记。公司可以修改公司章程，改变经营范围，但是应当办理变更登记。

公司的经营范围中属于法律、行政法规规定须经批准的项目，应当依法经过批准。

合伙协议

文书简介

合伙协议类似于公司章程,是调整合伙关系,规范合伙人之间权利义务的法律文件,是合伙企业设立和从事经营管理活动的基本依据。

文书样式

合伙协议[①]

(参考格式)

第一条 根据《民法典》《合伙企业法》《合伙企业登记管理办法》的有关规定,经协商一致订立协议。

第二条 本企业为合伙企业,是根据协议自愿组成的共同经营体。合伙人愿意遵守国家有关的法律、法规、规章,依法纳税,守法经营。

第三条 企业的名称:

第四条 合伙人姓名:

第五条 合伙人共出资

第六条 本协议中的各项条款与法律、法规、规章不符的,以法律、法规、规章的规定为准。

第七条 企业经营场所:

第八条 合伙目的:

第九条 经营范围:(注:根据实际情况具体填写。)

第十条 合伙人姓名及其住所

[①] 参见原北京市工商行政管理局。

姓　　名	住　　所

第十一条　合伙人的出资方式、数额和缴付出资的期限

合伙人	出资方式	出资数额（万元）	出资权属证明	缴付出资期限	占出资总额比例

第十二条　利润分配和亏损分担办法

1. 企业的利润和亏损，由合伙人依照以下比例分配和分担：（合伙协议未约定利润分配和亏损分担比例的，由合伙人平均分配和分担。）

2. 合伙企业存续期间，合伙人依据合伙协议的约定或者经全体合伙人决定，可以增加对合伙企业的出资，用于扩大经营规模或者弥补亏损。

3. 企业年度的或者一定时期的利润分配或亏损分担的具体方案，由全体合伙人协商决定或者按照合伙协议约定的办法决定。

第十三条　合伙企业事务执行

1. 执行合伙企业事务的合伙人对外代表企业。委托合伙人为执行合伙企业事务的合伙人，其他合伙人不再执行合伙企业事务。不参加执行事务的合伙人有权监督执行事务的合伙人，检查其执行合伙企业事务的情况，并依照约定向其他不参加执行事务的合伙人报告事务执行情况以及合伙企业的经营状况和财务状况，收益归全体合伙人，所产生的亏损或者民事责任，由全体合伙人承担。

2. 合伙协议约定或者经全体合伙人决定，合伙人分别执行合伙企业事务时，合伙人可以对其他合伙人执行的事务提出异议，暂停该事务的执行。如果发生争议由全体合伙人共同决定。被委托执行合伙企业事务的合伙人不按照合伙协议或者全体合伙人的决定执行事务的，其他合伙人可以决定撤销该委托。

第十四条　入伙、退伙

1. 新合伙人入伙时，经全体合伙人同意，并依法订立书面协议。订立书面协议时，原合伙人向新合伙人告知合伙企业的经营状况和财物状况。

2. 新合伙人与原合伙人享有同等权利，承担同等责任。新合伙人对入伙前合伙企业债务承担连带责任。

3. 协议约定合伙企业经营期限的，有下列情形之一时，合伙人可以退伙：

①合伙协议约定的退伙事由出现；

②经全体合伙人同意退伙；

③发生合伙人难以继续参加合伙企业的事由；

④其他合伙人严重违反合伙协议约定的义务。

协议未约定合伙企业经营期限的，合伙人在不给合伙企业事务执行造成不利影响的情况下，可以退伙，但应当提前三十日通知其他合伙人。擅自退伙的，应当赔偿由此给其他合伙人造成的损失。

第十五条　解散与清算

1. 本企业发生了法律规定的解散事由，致使合伙企业无法存续、合伙协议终止，合伙人的合伙关系消灭。

2. 企业解散、经营资格终止，不得从事经营活动，只可从事一些与清算活动相关的活动。

3. 企业解散后，由清算人对企业的财产债权债务进行清理和结算，处理所有尚未了结的事务，还应当通知和公告债权人。

4. 清算人主要职责：

①清理企业财产，分别编制资产负债表和财产清单；

②处理与清算有关的合伙企业未了结的事务；

③清缴所欠税款；

④清理债权、债务；

⑤处理合伙企业清偿债务后的剩余财产；

⑥代表企业参与民事活动。

清算结束后，编制清算报告，经全体合伙人签字、盖章，在15日内向企业登记机关报送清算报告，办理企业注销登记。

第十六条　违约责任

1. 合伙人违反合伙协议的，依法承担违约责任；

2. 合伙人履行合伙协议发生争议，通过协商或者调解解决，合伙人不愿通过协商、调解解决或者协商、调解不成的，可以依据合伙协议中的仲裁条款或者事后达成的书面仲裁协议，向仲裁机构申请仲裁。当事人没有在合伙协议中订立仲裁条款，事后又没有达成书面仲裁协议的，可以向人民法院起诉。

全体合伙人签字：_____
××××年××月××日

制作要点

1. 合伙协议应当载明下列事项：

（1）合伙企业的名称和主要经营场所的地点；

（2）合伙目的和合伙企业的经营范围；

（3）合伙人的姓名及其住所；

（4）合伙人出资的方式、数额和缴付出资的期限；

（5）利润分配和亏损分担办法；

（6）合伙企业事务的执行；

（7）入伙与退伙；

（8）合伙企业的解散与清算；

（9）违约责任。

2. 全体合伙人应当在协议上签名。

法条链接

《中华人民共和国合伙企业法》

第四条　合伙协议依法由全体合伙人协商一致、以书面形式订立。

第五条　订立合伙协议、设立合伙企业，应当遵循自愿、平等、公平、诚实信用原则。

破产申请书

文书简介

破产申请书一般是指企业法人由于经营不善或其他情况的发生，而使其资不抵债或明显缺乏清偿能力时，由当事人或相关利害关系人为请求宣告破产而向法院递交的文书。破产主体一般是指法人，破产申请书又称企业破产申请书。依申请人的身份不同，可以分为债权人破产申请书和债务人破产申请书。二者的写作办法大致相同，下面主要以债务人破产申请书为例，对此文书进行介绍。

文书样式

破产申请书

申请人：_____公司

住所：_____

法定代表人：_____，职务：_____

委托代理人：_____律师事务所_____律师

请求事项：申请_____公司破产

事实与理由：（说明破产原因及根据）_____

_____

此致

×××人民法院

申请人（盖章）：_____

××××年××月××日

制作要点

1. 标题：写"破产申请书"。

2. 写清申请人的基本信息，包括名称、住所、法定代表人等；有代理人的，写明代理人姓名、单位。

3. 写明申请事项，申请某公司的破产。

4. 说明事实与理由，对公司的破产原因及一些资产状况等进行列举介绍。

5. 尾部：写明受理法院名称，申请人盖公章，法定代表人签名；注明日期。

实例示范

> 甲汽车零部件制造有限责任公司是一家早期的小型制造公司，在建立之初，由于国内汽车制造业不太发达，市场竞争压力小，经营状况还不错。随着国内经济的不断进步，汽车行业的压力也在不断增大，一些大型的汽车制造公司开始进行垄断，使甲公司的经营风险日益增大，为改善目前的状况，公司决定背水一战，于是向银行贷了50万元并向一些合作伙伴借了一些款项，准备拓宽公司的业务，使公司有更好的发展前景，但以失败告终，并欠下了大批债务，迫于无奈，只能以资不抵债为由向法院提出破产申请。

破产申请书

申请人：甲汽车零部件制造有限责任公司

住所：石家庄市××路×号

法定代表人：李某，总经理，联系方式：×××××××××

委托代理人：乙律师事务所律师张某

请求事项：申请甲汽车零部件制造有限责任公司破产

事实与理由：甲汽车零部件制造有限责任公司于1998年成立，在1998年至2008年，处于持续盈利阶段，经营状况良好。2008年受国际金融危机影响，受到一定打击，经营规模有所缩减，一直到2010年，每年的盈利与支出基本处于持平阶段，后为改变公司现状，向银行贷款50万元，向一些合作公司借款60万元，用来拓展公司业务，但由于投资失败，使公司损失严重，负债230万元，严重资不抵债。

以上情况有申请人公司财务审计报告、债务清册、债权清册、资产清册可以证明。现根据相关法律规定，向贵院提出破产申请。

此致
×××中级人民法院

申请人（盖章）：甲汽车零部件制造有限责任公司
法定代表人：李某
2016 年 6 月 17 日

法条链接

《中华人民共和国企业破产法》

第八条　向人民法院提出破产申请，应当提交破产申请书和有关证据。

破产申请书应当载明下列事项：

（一）申请人、被申请人的基本情况；

（二）申请目的；

（三）申请的事实和理由；

（四）人民法院认为应当载明的其他事项。

债务人提出申请的，还应当向人民法院提交财产状况说明、债务清册、债权清册、有关财务会计报告、职工安置预案以及职工工资的支付和社会保险费用的缴纳情况。

股份转让书

文书简介

> 股份转让书，是股份的持有人想要将所持有的股份以一定的价款转让给他人，受让人要支付给股份持有人即转让人一定资金的行为。因转让主体的不同，可分为公司股份转让书与个人股份转让书。

📖 **文书样式**

股份转让书

出让方：＿＿＿＿＿＿＿＿＿＿＿＿＿＿＿＿＿＿＿＿＿＿＿

受让方：＿＿＿＿＿＿＿＿＿＿＿＿＿＿＿＿＿＿＿＿＿＿＿

经双方协议，就有关股份转让事宜达成以下协议：

1. 出让方将其在＿＿＿＿＿＿公司的＿＿＿＿＿＿％的股份转让给受让方。

2. 受让方愿意受让该股份。

3. 受让方需以每股＿＿＿＿＿＿元，共计＿＿＿＿＿＿元的价格向出让方进行支付，并在＿＿＿＿＿＿日内向出让方支付完毕。

4.（若为公司股份转让）双方在＿＿＿＿＿＿日内到市场监督管理机关办理变更登记，自市场监督管理机关核准登记之日起，公司向受让方签发《出资证明书》，受让方成为公司股东，依法享有股东权利、承担股东义务和相关民事责任。

（若为个人股份转让）双方在＿＿＿＿＿＿日内办理股份过户手续，该股份转让书自双方签字盖章并经＿＿＿＿＿＿公司股东（大）会通过后生效。

5. 该协议一式＿＿＿＿＿＿份，经双方签字后生效。

出让方：＿＿＿＿＿＿

受让方：＿＿＿＿＿＿

××××年××月××日

📝 **制作要点**

1. 首部：写明文书名称。

2. 写明出让人、受让人基本信息。

3. 写明出让人与受让人双方就股权转让问题所达成的协议内容，主要包括出让人要出让的股份，受让人要支付的价款以及签订协议后双方应办理的相关手续。

4. 尾部：出让人、受让人签字或盖章，注明日期。

实例示范

> 甲股份有限公司是一家大型服装公司，公司经营范围大，在国内享有不错的声誉。张某为甲股份有限公司的股东，持有该公司8%的股份，由于公司股价一直处于上涨趋势，张某想要将自己手中的股份转让给他人，从中得到部分利润，但公司内的其他股东均无购买意向，视为放弃了优先购买权，张某的一位工作伙伴李某得知此消息后很有兴趣，于是找到张某就相关事项进行商议，后张某与李某就有关股份转让问题达成协议。

个人股份转让书

出让方：张某，性别：男，1966年6月7日生，身份证号：××××××19660607××××，联系方式：181××××2313。

受让方：李某，性别：男，1963年9月18日生，身份证号：××××××19630918××××，联系方式：151××××2311。

经双方协议，就有关股份转让事宜达成以下协议：

1. 出让方将其在甲股份有限公司的8%的股份转让给受让方。

2. 受让方愿意受让该股份。

3. 受让方需以每股8元，共计10万元的价格向出让方进行支付，并在15日内向出让方支付完毕。

4. 双方在30日内办理股份过户手续，该股份转让书自双方签字盖章并经甲股份有限公司股东大会通过后生效。

5. 该协议一式两份，经双方签字后生效。

出让方：张某
受让方：李某
2018年4月27日

法条链接

《中华人民共和国公司法》

第一百三十七条　股东持有的股份可以依法转让。

第一百三十八条　股东转让其股份，应当在依法设立的证券交易场所进行或者按照国务院规定的其他方式进行。

出资证明书

文书简介

出资证明书，主要用来体现有限责任公司各股东的股东权益或股东地位，是用来记载各股东的出资额的一种法律文书，是股东对公司享有权利、承担义务的重要依据。

文书样式

出资证明书

证书编号：_____

一、公司名称：_____

二、公司成立日期：_____

三、公司注册资本：_____

四、公司股东：_____于××××年向本公司缴纳货币出资_____元。该股东自本出资证明书核发之日起，享有本公司章程所规定的股东权利。

核发日期：××××年××月××日
公司公章
法定代表人（签章）：_____

制作要点

1. 标题：写"出资证明书"。

2. 标明证书编号，并依次写明该公司的名称、成立日期、注册资本以及该名股东的具体出资信息。

3. 尾部：注明核发日期，公司盖章，法定代表人签章。

实例示范

李某、张某是好朋友，两人想共同出资设立一家有限责任公司，但由于两人资金有限，于是又找到他们共同的朋友刘某，想让刘某也出一部

> 分资金。刘某考虑到三人关系较好，且看好此行业的发展前景，便欣然同意。一个月后，三人确定了公司的住所、名称及公司章程，同时，三人也按期足额缴纳公司章程中规定的出资额，其中李某出资10万元，张某出资7万元，刘某出资3万元，在按照法律规定办理了相关手续后，甲贸易有限责任公司正式成立，依据我国《公司法》的规定，公司成立后，应当向各股东出具资产证明书。

出资证明书

证书编号：股东出资证明书第（2）号

一、公司名称：甲贸易有限责任公司

二、公司成立日期：2019年2月10日

三、公司注册资本：20万元

四、公司股东：刘某于2019年向本公司缴纳货币出资3万元。该股东自本出资证明书核发之日起，享有本公司章程所规定的股东权利。

核发日期：2019年7月4日

公司公章

法定代表人：李某

法条链接

《中华人民共和国公司法》

第三十一条　有限责任公司成立后，应当向股东签发出资证明书。

出资证明书应当载明下列事项：

（一）公司名称；

（二）公司成立日期；

（三）公司注册资本；

（四）股东的姓名或者名称、缴纳的出资额和出资日期；

（五）出资证明书的编号和核发日期。

出资证明书由公司盖章。

第九章　法律服务类文书

法律意见书

文书简介

法律意见书是律师向咨询者提供法律建议、法律依据和解决问题的方案等法律服务的一种书面文件。

文书样式

法律意见书

致：（致送单位或人的名称）

　　_____律师事务所是具有中华人民共和国执业资格的律师事务所。现接受_____的委托，就_____（相关问题），出具本法律意见书。

　　出具本法律意见书的主要依据：_____

_____

　　律师对委托事项的分析及意见：_____

_____

　　律师及律所对出具意见书应承担的责任的声明：_____

_____

　　本法律意见书一式两份，_____与_____律师事务所各持一份。

××律师事务所
执业律师（签名）：_____
××××年××月××日

制作要点

1. 首部：写"法律意见书"。
2. 正文：
（1）对委托人及法律文书出具人的相关情况进行介绍；
（2）对委托事项进行说明；
（3）说明出具该法律意见书的主要依据；
（4）由律师对委托事项进行具体法理分析；
（5）由律师写明对此委托事项的处理意见。
3. 尾部：出具人署名盖章，注明日期。

实例示范

> 甲科技有限责任公司成立以来，一直严格按照规范经营，运营良好。近年来，各种高科技层出不穷，给公司发展带来了前所未有的机遇，公司当前的规模已经无法满足其长远发展。于是，通过召开股东会，大家一致同意将现在的甲科技有限公司变更为甲科技股份有限公司，以此来拓宽公司的业务，也使公司更具竞争力。该公司依据相关法律规定办理了变更手续，然而，该公司名称的变更也引起了一些不必要的麻烦。于是该公司负责人找到了乙律师事务所，想请其为公司名称的变更出具一份法律意见书，以证明该公司的名称变更符合法律的规定。

法律意见书

致：甲科技股份有限公司

乙律师事务所是具有中华人民共和国执业资格的律师事务所。现接受甲科技股份有限公司的委托，就甲科技股份有限公司由原来的甲科技有限公司变更为甲科技股份有限公司的事实进行确认，出具本法律意见书。

出具本法律意见书的主要依据：《中华人民共和国公司法》。

甲科技股份有限公司，由之前的甲科技有限公司变更而来，根据《中华人民共和国公司法》的相关规定，甲科技股份有限公司提供的公司资产证明表、出资情况登记表以及在市场监督管理部门依法办理的变更登记手续，皆查证属实，可以证明甲科技股份有限公司的变更是有效的。

现本律师事务所，就甲科技股份有限公司的性质变更，出具该法律意见书，用以证明该变更合法有效，甲科技股份有限公司具备股份有限公司的相关资质，相关变更手续也符合法律规定。

本法律意见书一式两份，甲科技股份有限公司与乙律师事务所各持一份。

乙律师事务所

执业律师：张某

2018 年 10 月 19 日

非诉讼调解书

文书简介

> 非诉讼法律事务是指不含有纠纷，无需进行诉讼的事务；或者虽已形成纠纷，但不到法院诉讼，仅仅在当事人之间，通过调解或仲裁予以解决的事务。简言之，就是无需或者不用诉讼程序加以解决的法律事务。下面以律师调解协议书为例进行介绍。

文书样式

律师调解协议书

当事人：_____公司或_____（甲方）

当事人：_____公司或_____（乙方）

调解人：_____律师事务所_____律师（甲方委托）

_____律师事务所_____律师（乙方委托）

（当事人双方的争议原因及达成的协议内容）

_____

本协议自×××年××月××日起生效。

甲方：_____

乙方：_____

甲方律师：_____律师事务所_____律师

乙方律师：_____律师事务所_____律师

×××年××月××日

制作要点

1. 标题：写"非诉讼调解书"或"_____调解协议书"。

2. 写明双方当事人的名称或姓名，若当事人双方或一方为法人或其他组织的，应该写明其法定代表人的姓名，并注明双方所委托的律师姓名和所在律师事务所的名称。

3. 正文部分要写清楚双方当事人的矛盾和纠纷所在，以及双方当事人就该矛盾或者纠纷达成的协议，并写明解决该纠纷的方法。

4. 尾部要有当事人及委托律师签名盖章，注明日期。

实例示范

> 甲公司是一家食品批发公司，对周边一些超市及零售店进行供货。乙超市与甲公司合作多年，关系一直很融洽。2018年7月，乙超市从甲公司批发了一批冰激凌，货款已结清，约定由甲公司送货上门，但是，甲公司在送货途中，由于堵车严重以及冷藏箱的失效，导致冰激凌大量融化，造成一定损失。乙超市提出退货，让甲公司重新送一批过来，或者让甲公司将钱退回来，甲公司得知乙超市的要求后，认为自己与乙公司的交易早已完成，并无送货义务，至于送货途中的损失应由乙超市自行承担。针对这种情况，双方各执一词，但念及以往的情分，双方均找到各自的委托律师，想要通过非诉讼调解来解决此次纠纷。

律师调解协议书

当事人：甲公司（甲方）

法定代表人：张某

当事人：乙超市（乙方）

法定代表人：李某

调解人：A 律师事务所张某左律师（甲方委托）

B 律师事务所李某峰律师（乙方委托）

甲公司与乙超市因甲公司在送货途中冰激凌融化所造成的损失由谁承担而产生争议。甲方认为自己没有给乙方送货的义务，在乙超市与自己把钱结清之时，这批冰激凌就已经归属于乙超市了，自己对这批冰激凌的亏损不负责；乙方则认为，甲公司送货是之前就约定好的，提前将钱给予甲公司是出于对其信任，且冰激凌的损失与甲公司的冷藏箱出现瑕疵有很大的关系，甲公司理应赔偿。双方律师认为，可以通过调解来解决此次纠纷，甲公司律师认为自己的当事人为乙超市送货上门并非法律义务，但由于自己的冷藏箱出现故障也是造成冰激凌大量融化的原因之一，遂提议自行承担这部分损失，将这部分的钱退还给乙超市，乙超市律师对于甲公司律师的提议表示赞同，之后双方达成协议如下：

1. 乙超市对于完好的冰激凌予以接收，损失的部分由甲公司自行承担；
2. 由甲公司将那部分损失的冰激凌价款退给乙超市。

本协议自 2018 年 8 月 1 日起生效。

甲方：甲公司

法定代表人：张某

乙方：乙超市

法定代表人：李某

甲方律师：A 律师事务所张某左律师

乙方律师：B 律师事务所李某峰律师

2018 年 7 月 25 日

律师声明

文书简介

> 律师声明是指律师根据当事人的委托，在当事人的授权范围内，为维护当事人的合法权益，对涉及或可能涉及当事人的民事权益问题而发表的书面材料。

文书样式

律师声明

经_____或_____公司授权，_____律师事务所_____律师郑重声明如下：

_____

_____（声明事项与声明内容）

特此声明

_____律师事务所_____律师
××××年××月××日

制作要点

1. 标题：写"律师声明"。

2. 正文：写明声明事项与声明意见。声明事项主要是用来说明发此声明的原因，声明意见是律师为维护当事人的合法权益对相关有损当事人利益的行为所持的主张。

3. 尾部：写明授权律师事务所及律师的签名和发表该声明的日期。

实例示范

> 甲茶叶有限责任公司是一家有着悠久历史的传统茶叶公司。该公司以其独特的烘焙方法而著称，依此方法烘焙处理的茶叶，清新自然，深受广大群众的喜爱。为保障该茶叶的推广以及提高它的知名度，该公司申请了"甲"为该茶叶的注册商标，想要通过这种方式来保证自己的权益。可是，随着"甲"茶叶越来越受市场的欢迎，一些不良厂商也开始私自生产标有"甲"标志的茶叶或者将自己的茶叶装在有"甲"商标的袋子里，这样的行为使"甲"茶叶在市场上的信誉受到严重影响，公司利益严重受损。在此情况下，甲茶叶有限责任公司委托乙律师事务所律师刘某发表律师声明，依法维护自己的合法权益。

律师声明

经甲茶叶有限责任公司授权，乙律师事务所律师刘某郑重声明如下：

甲茶叶有限责任公司，有悠久的茶叶生产历史，其烘焙方式独特，深受群众喜爱，并已于 2012 年依法取得"甲"的注册商标，享有对该商标的排他使用权。但最近市场上不时出现一些冒用"甲"商标的茶叶，甚至有一些假冒伪劣产品，这些产品在市面上的流行，不仅有损消费者的利益，也使"甲"茶叶的声誉受到了很大损失，遭受了一些消费者的投诉。

为避免类似事件再次发生，依法维护甲有限责任公司的合法利益，特出具此律师声明，希望相关厂商停止其侵权行为，不擅自使用"甲"商标，否则，本律师受甲茶叶有限责任公司的授权委托，将依法追究其法律责任。

特此声明

乙律师事务所律师　刘某
2019 年 3 月 21 日

委托代理协议

文书简介

> 委托代理协议是代理人与被代理人就代理的相关事项所达成的协议，可以是口头的，也可以是书面的，这里我们主要介绍书面形式的委托代理协议。

文书样式

委托代理协议

委托人（甲方）：姓名（名称）、出生年月日、身份证号、住址、联系方式

受托人（乙方）：姓名（名称）、出生年月日、身份证号、住址、联系方式

（甲方）_____就_____纠纷一案，现委托（乙方）_____代理，经双方充分协商达成以下协议，以便参照执行。

一、（乙方）_____由_____律师全权处理_____纠纷一案。

二、(甲方)_____根据_____向（乙方）_____支付律师费用_____元，此款已在甲乙双方签订本委托代理协议当日，由甲方支付完毕。

三、甲方需如实叙述案情，提供证据，如弄虚作假，乙方有权终止合同。

四、本协议有效期至_____为止，如有变更另行协商。

五、本协议一式两份，双方各执一份，签字或盖章后生效。

甲方：_____
乙方：_____
××××年××月××日

制作要点

1. 标题：写"委托代理协议"。

2. 写明甲乙双方的相关情况，介绍甲方委托乙方代理的相关事项，以及对甲方应付给乙方的相关费用等问题进行说明。注意：主要就甲乙双方的权利义务进行说明，规范双方的行为。

3. 尾部：甲乙双方签字或盖章，注明日期。

实例示范

甲有限责任公司是一家小型服装公司，开业之初，由于管理层的妥善经营，运营状况良好，后因公司内部矛盾不断升级，导致管理混乱，公司持续亏损，并欠下大量债务。后乙有限责任公司为拓展公司规模，决定与甲公司合并，甲公司答应了乙公司的提议，决定并入该公司。依法定程序合并后，一些原甲公司的债权人找到原甲公司的负责人，让其偿还债务，原甲公司负责人让其找现在的乙公司，但乙公司拒不偿还，称那不是自己公司所欠的债务。在此情况下，原甲公司负责人李某委托丙律师事务所律师张某，解决其与乙公司的纠纷。

委托代理协议

委托人（甲方）：李某，男，身份证号：××××××19690203××××，现居住于沈阳市××小区×栋×单元×号，联系方式：122×××3982。

受托人（乙方）：丙律师事务所，住址：沈阳市民族路×号。

（甲方）原甲有限责任公司负责人李某就乙有限责任公司是否有义务清偿原甲有限责任公司所欠债务纠纷一案，委托（乙方）丙律师事务所代理，经双方充分协商达成以下协议，以便参照执行。

一、（乙方）丙律师事务所由张某作为代理人来处理乙有限责任公司是否有义务清偿原甲有限责任公司所欠债务纠纷一案，代理权限为一般代理。

二、（甲方）原甲有限责任公司负责人李某根据协商及相关法律规定，向乙方支付律师费用30000元，此款已在甲乙双方签订本委托代理协议当日，由甲方支付完毕。

三、甲方需如实叙述案情，提供证据，如弄虚作假，乙方有权终止合同。

四、本协议有效期至纠纷结束为止，如有变更另行协商。

五、本协议一式两份，双方各执一份，签字或盖章后生效。

甲方（签名）：李某　　　　　　乙方（签名）：张某
2018年4月30日　　　　　　　　2018年4月30日

会见笔录

文书简介

会见笔录，是指律师依法会见犯罪嫌疑人、被告人时，对他们的陈述所作的记录。

文书样式

会见犯罪嫌疑人/被告人笔录

第_____次

时间：××××年××月××日××时××分至××时××分

地点：_____

会见律师：_____

被会见人：_____

案由：_____

记录人：_____

笔录内容：_____

_____

_____

被会见人签字：_____

××××年××月××日

制作要点

1. 标题：写"会见笔录"或"会见犯罪嫌疑人/被告人笔录"。下面注明第几次会见。

2. 写明会见的具体时间、会见地点、会见律师和被会见人，注明案由。

3. 笔录内容就是律师和犯罪嫌疑人、被告人谈话的内容。若第一次会见，一般需要律师先表明身份、出具委托书，然后告知被会见人要如实陈述，并了解被会见人的基本情况。然后就是律师对案情的了解，如被会见人是否认罪，是否有自首等其他情节。

4. 谈话结束后，让被会见人核对本次会见笔录，确认无误后签署意见并逐页签名确认，最后注明日期。

> **实例示范**
>
> 魏某因涉嫌故意伤害罪被县公安机关依法拘留，魏某的父亲为了充分维护儿子的利益，为魏某聘请了律师。甲律师事务所律师汪某接受了委托，愿意作为魏某的辩护律师，维护其合法权益。2018年9月4日，律师汪某和助手杨某到县看守所会见了魏某，并制作了会见笔录。

会见笔录

第1次

时间：2018年9月4日9时20分至10时10分

地点：××县看守所第三会见室

会见律师：汪某、杨某

被会见人：魏某

案由：故意伤害

记录人：杨某

笔录内容：

问：你是魏某吗？

答：是的。

问：我们是甲律师事务所的律师，我是汪某，这位是我的助理杨某。受你父亲魏某某的委托，律师事务所指派我们为你提供法律帮助。我们会根据事实和法律，维护你的合法权益。对于你父亲的委托，你同意我们为你提供法律服务吗？

答：我同意。

问：好的，说一下你的出生日期和籍贯。

答：1983年9月23日，我就是××县达厂村的，一直没离开过。

问：公安机关认为你涉嫌故意伤害罪，你能说一下案子的经过吗？

答：我不觉得我犯罪了，当时我和我们村的魏某超就是打起来了，他先打的我，然后我还手，不小心就打到他头上了，我也没想到就把他打死了。我现在也挺后悔的，但是我也不能不还手啊。

问：你们为什么打架？

答：他上个月开我的摩托车，结果给我弄坏了，一直没还我。那天我去找他要，见车坏了，语气不太好，他就生气了，然后说我不把他当兄弟。然后我俩就吵起来了，他就推我，把我推倒了，我站起来的时候就顺手拿起来个凳子。他说你还想打我是吧，然后就开始用拳头打我的脸。我就拿凳子还手，打到他脑袋了。

问：就是说，是他把你推倒以后，你才顺手拿起来的凳子，对吗？

答：是，那儿正好有个凳子。

问：那你打他之前，没想到凳子可能会把他打死吗？

答：肯定没想到啊，谁知道凳子还能打死人啊，当时就是他打我，我趁机一还手。

问：你们之前还有什么矛盾吗？

答：没有，我俩是哥们儿，关系不错。

问：好了，你还有什么要说的吗？

答：没有了，这事儿我也很难受，可我没想伤害他，就被人说成故意伤害罪了。

问：好，你也不要着急，我会尽力帮你的。你看看笔录，看看记的有没有不对的，没问题的话请签名吧。

答：好的，以上笔录我都看了，和我讲的一致。

被会见人签字：魏某

2018 年 9 月 4 日

图书在版编目(CIP)数据

律师文书样式、制作与范例／司法文书研究中心编著.—北京：中国法制出版社，2022.10（2024.3 重印）
ISBN 978-7-5216-2916-3

Ⅰ.①律… Ⅱ.①司… Ⅲ.①法律文书-写作-中国 Ⅳ.①D926.13

中国版本图书馆 CIP 数据核字（2022）第 175474 号

策划/责任编辑：靳晓婷　　　　　　　　　　　　封面设计：周黎明

律师文书样式、制作与范例

LÜSHI WENSHU YANGSHI、ZHIZUO YU FANLI

编著/司法文书研究中心
经销/新华书店
印刷/三河市紫恒印装有限公司

开本/730 毫米×1030 毫米　16 开　　　　　印张/ 24　字数/ 382 千
版次/2022 年 10 月第 1 版　　　　　　　　　2024 年 3 月第 2 次印刷

中国法制出版社出版
书号 ISBN 978-7-5216-2916-3　　　　　　　　　定价：88.00 元

北京市西城区西便门西里甲 16 号西便门办公区
邮政编码：100053　　　　　　　　　　　　　传真：010-63141600
网址 http://www.zgfzs.com　　　　　　　　 编辑部电话：010-63141827
市场营销部电话：010-63141612　　　　　　 印务部电话：010-63141606

（如有印装质量问题，请与本社印务部联系。）